BLUE BOOK

智 库 成 果 出 版 与 传 播 平 台

城投蓝皮书

BLUE BOOK OF LGFV SECTOR

中国城投行业发展报告
（2024）

ANNUAL REPORT ON DEVELOPMENT OF LGFV SECTOR

IN CHINA (2024)

中国城市发展研究会城市建设投融资研究专业委员会
联合研创／江苏现代资产投资管理顾问有限公司
城市投资网

主　　编／李红良　郑国良　丁伯康

社会科学文献出版社
SOCIAL SCIENCES ACADEMIC PRESS（CHINA）

图书在版编目（CIP）数据

中国城投行业发展报告.2024／李红良，郑国良，
丁伯康主编.--北京：社会科学文献出版社，2024.
12.--（城投蓝皮书）.--ISBN 978-7-5228-4670-5

Ⅰ.F299.2

中国国家版本馆 CIP 数据核字第 2024UC5074 号

城投蓝皮书

中国城投行业发展报告（2024）

主　　编／李红良　郑国良　丁伯康

出 版 人／冀祥德
组稿编辑／任文武
责任编辑／方　丽　张丽丽
文稿编辑／赵亚汝　曹玉琪
责任印制／王京美

出　　版／社会科学文献出版社·生态文明分社（010）59367143
　　　　　地址：北京市北三环中路甲 29 号院华龙大厦　邮编：100029
　　　　　网址：www.ssap.com.cn
发　　行／社会科学文献出版社（010）59367028
印　　装／天津千鹤文化传播有限公司

规　　格／开本：787mm×1092mm　1/16
　　　　　印张：23　字数：343 千字
版　　次／2024 年 12 月第 1 版　2024 年 12 月第 1 次印刷
书　　号／ISBN 978-7-5228-4670-5
定　　价／300.00 元

读者服务电话：4008918866

编辑指导委员会

余新民　武汉市城市建设投资开发集团有限公司党委书记、董事长

赵卫东　成都城建投资管理集团有限责任公司党委书记、董事长

韩红丽　西安城市基础设施建设投资集团有限公司党委书记、董事长

李　蔚　青岛城市建设投资（集团）有限责任公司党委书记、董事长

雍凤山　合肥市建设投资控股（集团）有限公司党委书记、董事长

黄志强　福州城市建设投资集团有限公司党委书记、董事长

邹春林　长沙城市发展集团有限公司党委书记、董事长

徐晓勇　沈阳市城市建设投资集团有限公司党委书记、董事长

涂建平　南昌市建设投资集团有限公司党委书记、董事长

张占宗　石家庄国控城市发展投资集团有限责任公司党委书记、董事长

周圣果　南宁城市建设投资集团有限责任公司党委书记、董事长

马传壮　海口市城市建设投资集团有限公司党委书记、董事长

李学忠　兰州建设投资（控股）集团有限公司党委书记、董事长

孙　强　西宁城市投资管理有限公司党委副书记、总经理

杨　锋　银川城市建设发展投资集团有限公司党委书记、董事长

宋金刚　乌鲁木齐城市建设投资（集团）有限公司党委书记、董事长

孙　炜　太原市龙城发展投资集团有限公司党委书记、董事长

唐　懿　广西柳州市城市建设投资发展集团有限公司党委书记、董事长

袁文革　三亚城市投资建设集团有限公司党委书记、董事长

委　员　（排名不分先后）

秦建斌　中原豫资投资控股集团有限公司党委书记、董事长

李垂举　泉州城建集团有限公司党委书记、董事长

董庆标　温州市城市建设发展集团有限公司党委书记、董事长

张　强　徐州市新盛投资控股集团有限公司党委书记、董事长

刘在东　淄博市城市资产运营有限公司党委书记、董事长

马永军　潍坊市城市建设发展投资集团有限公司党委书记、董事长

郭闽军　赣州城市投资控股集团有限责任公司党委书记、董事长

姜来富　朝阳城市发展集团有限公司党总支书记、董事长

朱建河　大庆市城市建设投资开发有限公司党委书记、
　　　　董事长

柴冠辉　呼伦贝尔城市建设投资（集团）有限责任公司
　　　　党委书记、董事长

李晓东　鄂尔多斯市城市建设投资集团有限公司党委书
　　　　记、董事长

张邦彦　江东控股集团有限责任公司党委书记、董事长

丁志凯　阜阳市建设投资控股集团有限公司党委书记、
　　　　董事长

李　涛　亳州城建发展控股集团有限公司党委书记、董
　　　　事长

李　炜　临沂城市发展集团有限公司党委书记、董事长

胥高远　东营市城市建设发展集团有限公司党委书记、
　　　　董事长

张云飞　荆州市城市发展控股集团有限公司党委书记、
　　　　董事长

夏春良　株洲市城市建设发展集团有限公司党委书记、
　　　　董事长

林国梁　汉江国有资本投资集团有限公司党委书记、董
　　　　事长

黄少洲　韶关市城市投资发展集团有限公司党委书记、
　　　　董事长

唐志华　广西柳州市东城投资开发集团有限公司党委书
　　　　记、董事长

许　晟　上饶市城市建设投资开发集团有限公司党委书
　　　　记、董事长

郝　君　榆林市城市投资经营集团有限公司党委书记、董事长

杨小平　咸阳市城市建设投资控股集团有限公司党委书记、董事长

同天成　延安城市建设投资（集团）有限责任公司党委书记、董事长

唐劲松　无锡城建发展集团有限公司党委书记、董事局主席

庞　迅　镇江城市建设产业集团有限公司党委书记、董事长

张思忠　扬州市城建国有资产控股（集团）有限责任公司党委书记、董事长

孙恩杰　宿迁城市建设发展控股集团有限公司党委书记、董事长

袁　泉　淮安市城市发展投资控股集团有限公司党委书记、董事长、总经理

王　伟　淮安市国有联合投资发展集团有限公司党委书记、董事长、总经理

王　亮　同安控股有限责任公司党委书记、董事长、总经理

任鸿雁　邯郸市建设投资集团有限公司党委书记、董事长

豆利刚　邯郸市城市投资运营集团有限公司党委书记、董事长

傅　强　长春城投建设投资（集团）有限公司党委书记、董事长

胡承勇　重庆大足实业发展集团有限公司党委书记、董事长

安　健　开封城市运营投资集团有限公司党委书记、董事长

吴金德　兴安盟城市投资集团有限公司党委书记、董事长

邓铁成　永州市城市发展集团有限责任公司党委书记、董事长

鲁耀纯　永州市经济建设投资发展集团有限责任公司党委书记、董事长

简艳兵　新余市投资控股集团有限公司党委书记、董事长

王　强　新乡投资集团有限公司党委书记、董事长

梅建英　平顶山发展投资控股集团有限公司党委书记、董事长

齐　方　安阳投资集团有限公司党委书记、董事长

郝四春　周口市投资集团有限公司党委书记、董事长

张春盛　锡林郭勒盟城乡投资集团有限公司党总支书记、董事长

殷　俊　宜昌城市发展投资集团有限公司党委书记、董事长

张国征　乌鲁木齐经济技术开发区建设投资开发（集团）有限公司党委书记、董事长

李顺平　唐山市城市发展集团有限公司党委书记、董事长

杨增君　许昌市投资集团有限公司党委书记、董事长

周玉伟　辽源城市发展投资控股集团有限公司党委书记、
　　　　董事长、总经理

马永刚　通化市城建投资集团有限公司党总支书记、董
　　　　事长、总经理

李俊峰　白银市城市发展投资（集团）有限公司党委书
　　　　记、董事长

邓英魁　乌兰察布市投资开发有限公司党委书记、董
　　　　事长

《中国城投行业发展报告（2024）》
编　委　会

顾　问（排名不分先后）

王连洲　全国人大财经委办公室原副主任

刘尚希　中国财政科学研究院研究员、原院长

韩志峰　国家发展和改革委员会固定资产投资司副司长、一级巡视员

孟　春　国务院发展研究中心宏观经济研究部原副部长

曹远征　中银国际研究公司董事长

秦玉文　中国建设会计学会首席专家

贾　康　财政部财政科学研究所原所长

秦　虹　中国人民大学国家发展研究院城市更新研究中心主任

王国刚　中国社会科学院金融研究所原所长

主　编　李红良（中国城市发展研究会城市建设投融资研究专业委员会会长）

郑国良（中国城市发展研究会城市建设投融资研究专业委员会秘书长）

丁伯康（江苏现代资产投资管理顾问有限公司董事长）

副主编　蔡宏华（中国城市发展研究会城市建设投融资研究专业
　　　　　　委员会副秘书长）

　　　　陈卫华（中国城市发展研究会城市建设投融资研究专业
　　　　　　委员会副秘书长）

　　　　丁　逸（江苏现代资产投资管理顾问有限公司总经理）

　　　　朱容男（江苏现代资产投资管理顾问有限公司市场中心
　　　　　　副经理）

撰稿人　（排名不分先后）

　　　　蔡朋莉　陈志骏　丁伯康　丁　逸　丁　颖

　　　　富亦灵　葛勇文　江　星　李彩霞　汪苑晖

　　　　吴一冬　吴中强　熊旺求　杨小平　姚懿斯

　　　　尹　诚　袁海霞　张　堃　周文静

组织编写单位简介

中国城市发展研究会城市建设投融资研究专业委员会

中国城市发展研究会城市建设投融资研究专业委员会（简称"城投协会"）是中国城市发展研究会的二级分会，是在全国城投公司协作联络会基础上组建的。全国城投公司协作联络会（简称"联络会"）是由全国大中城市从事城市建设投融资的国有企事业单位组成的全国性行业性组织。联络会由沈阳城投和上海城投发起，并于1999年举办了第一届年会，在2002年第四届年会上通过了《全国城投公司协作联络会章程》，自此正式成立。联络会自成立以来，坚持规范化、合规化的发展方向，成员单位数量不断增加，均为各城市政府所属的承担基础设施投融资建设任务的大型国有企业。沈阳、广州、天津、重庆、南京、长春、哈尔滨等城市的城投公司先后担任理事长单位。目前，杭州市城市建设投资集团有限公司担任第八届理事长单位。

2009年4月，联络会在民政部正式注册成为国家级社团组织，这标志着联络会的各项工作迈上了一个新的台阶。城投协会每年举办年会、专题研讨会和信息工作会等大型会议，加强各会员单位的交流与沟通，并邀请国内城建投融资领域的专家学者以及相关职能管理部门的领导参加，体现出较强的研究性和专业性，对各会员单位的工作起到了有效的指导和促进作用。城投协会还利用内部刊物《中国城投》（双月刊）和专门的网站作为沟通和交流的平台，跟踪各地城投的工作思路、动态和经验总结，及时把握国家相关政策法规，推动城建投融资理论研究，充分发挥了桥梁和纽带的作用。

江苏现代资产投资管理顾问有限公司

江苏现代资产投资管理顾问有限公司（简称"现代咨询"）是国内一流的政府投融资咨询和国企平台公司管理咨询机构，也是国内较早从事国资国企改革和城市经济发展咨询的专业机构。现代咨询成立于1997年，由江苏省体改委股份制咨询中心、江苏省股份制企业协会、江苏航空产业集团、熊猫电子集团、常柴股份有限公司等单位共同出资设立，注册资本为人民币1000万元。

公司成立27年来，为各级政府、大型国有企事业单位提供了投融资体制改革设计、PPP项目咨询、企业境内外股票上市（IPO）、债券融资咨询、企业改制重组、管理咨询及投融资项目对接等服务。先后创造了"苏南乡镇企业改制上市模式""企业海外融资成本控制方法""大型市政公用企业改制和招商""大型交通基础设施项目BOT/TOT融资模式""国内首例城建资产证券化融资"等诸多全国较有影响力的案例。其中，南京长江第三大桥PPP项目于2018年入选联合国欧经会PPP可持续发展项目案例。现代咨询现为河北、福建、江苏、广西及南京、合肥、石家庄等三十多个省、市的政府顾问和国资国企改革发展顾问单位。

现代咨询自成立以来，获得软件著作权20多项。已为全国30多个省会的国企平台公司、600多个地方政府和国企平台公司提供了投融资、战略规划、转型发展、整合重组、组织管控、人力资源管理、国资国企改革、产业导入咨询和产融对接等服务，成功打造了城投转型的"天津模式""兰州模式""合肥模式"等诸多全国经典案例，以及国资国企改革"银川模式""石家庄模式"和国有资产整合重组"六步法"等。2022年，又获得一项国家发明专利和编制一张《城投知识地图》，填补了中国城投行业的空白。

城市投资网（www.cfacn.com）

城市投资网（简称"城投网"）由中国城市经济学会、中国建设会计学会和江苏现代资产投资管理顾问有限公司联合主办，是中国城镇化建设投融资和城市发展领域的领先门户网站。城投网汇集政府融资动态、政策解读、信息发布、行业人物、研究成果及操作实务等多个板块，是社会各界了解掌握中国城镇化建设投融资信息的首选平台。

城投网自 2007 年参与举办"首届中国城市建设投融资论坛"以来，已连续参与举办了十六届。论坛把握中国城镇化发展脉搏，洞悉城市建设投融资精要，交流行业信息，推进平台公司转型，是政府提升决策和投资效率、增强融资平台运作能力的有效渠道。目前已发展成为国有企业平台公司和城市产业合作的重要交流媒介。

主编简介

李红良 1968 年 9 月生，1989 年 2 月参加工作，1992 年 6 月入党，杭州市高层次 C 类人才，正高级经济师。现任杭州市城市建设投资集团有限公司党委书记、董事长，兼任中国城市发展研究会城市建设投融资研究专业委员会会长。

在余杭工作期间，先后担任学校校长、乡镇党委书记、区政府副区长等职务。积极推动乡镇经济结构优化、乡村面貌改善、旅游产业升级，主导杭州西溪国家湿地公园三期规划建设，加强对湿地的生态保护，打造具有地方特色的旅游品牌，实现了生态效益与经济效益的双赢。在国企工作期间，组织实施千岛湖配水工程，使杭州形成"多水源"供水格局，从根本上提升城市供水保障水平和逾千万居民用水品质，工程荣获"大禹奖""詹天佑奖""国家水土保持示范工程"等奖项。2019 年以来，带领杭州城投切实发挥城市建设运营、产城融合发展主力军的引领示范作用，平稳有序推进国企改革，构建了"1+4+X"的发展格局，集团资产总额达 3000 亿元，净资产达 1350 亿元，连续四年入选"中国企业 500 强"。在服务市委、市政府重大战略支撑和民生保障中，带领杭州城投全体干部职工谋实招、干实事、求实效，圆满完成杭州亚（残）运会等国际重大赛会的相关保障任务，集团获全国五一劳动奖状、浙江省五一劳动奖状等荣誉。

郑国良 1975 年 6 月出生，1994 年 8 月参加工作，1997 年 6 月入党，高级经济师。现任杭州市城市建设投资集团有限公司党委副书记、董事、副总经理，兼任中国城市发展研究会城市建设投融资研究专业委员会秘书长。

参加工作30年来，始终牢记初心使命，坚决服从组织安排，扎实推动各项工作稳步向前。在政府机关任职期间，先后主抓组织人事、城中村改造、东西部扶贫协作等工作，综合运用干部一线调度、群众工作"抓两头带中间"等方式，高质量完成征迁工作，助力城市有机更新；深入基层一线调查研究，创新实践"三级结对"和"名誉村长"帮扶新模式，帮助贫困户增收脱贫，精准服务地方经济发展。进入国企工作以来，善于研究、敢于担当、勇于创新，积极推动城市服务产业提质扩面，全面提升行政管理工作质效，坚决落实市委、市政府重大决策部署，高质量推进各类保障性住房投资、建设、运营，担任亚（残）运村运行团队副指挥长、运动员村村长职务，全方位做好入住客户群的服务保障工作，荣获贵州省扶贫攻坚优秀共产党员、贵州省脱贫攻坚先进个人、浙江省东西部扶贫协作突出贡献奖、杭州亚（残）运会先进个人等荣誉称号。

丁伯康　城市投资网首席经济学家，清华大学职业经理训练中心特聘专家，清华卓越领导学堂教授会成员，国际注册顾问师（CMC）。现任中国城镇化促进会城市更新工作委员会副主任、中国财政学会国有资产治理研究专业委员会副主任委员、住建部中国建设会计学会投融资专业委员会副主任、江苏现代资产投资管理顾问有限公司董事长兼现代研究院院长。

丁伯康博士曾先后担任20多个省、市的政府顾问和城市战略发展顾问，现任多家国企平台公司外部董事。主持完成了河北、江苏、福建、天津、南京、武汉、石家庄等30多个省、市的政府投融资体制改革和平台发展战略规划项目。领导完成多项城建基础设施PPP项目和中外合资合作谈判，包括京沪高速公路TOT、南京长江二桥和三桥、徐州自来水总公司、襄樊30万吨污水处理厂以及襄阳垃圾焚烧发电厂等的PPP融资。主持完成中国第一例水务资产证券化（ABS）融资和中国最大城建融资平台——天津城投集团的发展战略规划设计；完成熊猫集团、德普科技、连云港港口等数十家企业海内外上市和并购重组项目。在政府投融资体制改革、政府融资平台转型与重组、政府项目融资方面具有丰富的经验和成就。近年来，丁伯康博士多次应邀出席国家部委、高等院校、省市政府、国际机构等组织的大型会议并发表演讲。

摘　要

　　《中国城投行业发展报告（2024）》是专注于中国城市建设领域和城建投融资平台（简称"城投平台"或"城投公司"）发展研究的行业性年度权威报告，旨在通过深入剖析中国城市建设和城镇化过程中的政府投融资活动及其效果，全面展现城投公司的运营状况和质量，为行业高质量发展和政府决策提供科学依据。

　　全书由七个部分组成，主要介绍城投行业发展相关政策、行业发展理论基础和最新动态，并对城投公司真实业务数据进行统计分析和对比研究，城投大数据分析显示，从事基础设施建设、土地整理、资产经营、公用事业、金融、文旅六类业务的城投公司较多，业务发展篇据此评估行业发展现状和业务情况，选取典型城投公司作为案例，深入分析其业务模式和转型经验，邀请行业专家及企业高管进行访谈，获取第一手信息和专业见解，对中国城投行业在外部环境、国企改革、业务发展、管理提升以及创新机制等方面的发展趋势和转型路径进行深度剖析和探讨，为城投行业的可持续发展提供策略建议和理论指导。鉴于部分城投公司业务没有出现大的拓展，在业务发展篇中选取的样本量偏少，存在一定局限性。

　　本书通过对上述内容的剖析和研究发现：一是城投行业在政策支持和市场需求的双重驱动下，整体保持平稳发展态势，但区域差异显著；二是城投公司在基础设施建设、土地整理、公用事业等传统业务领域持续发力，同时也在积极探索金融创新业务等新兴领域；三是城投公司在国企改革、数字化转型、管理提升等方面取得了一定成效，但仍面临融资难、转型压力大等挑

战；四是城投行业的可持续发展需要持续优化政策环境、提升业务创新能力、加强风险管理以及进一步推动多元化发展。

在推动城镇化建设、促进经济社会发展的过程中，城投公司发挥了中流砥柱的作用。但是，在当前发展阶段，持续深化改革和推动高质量发展是城投公司的首要任务，应紧跟国家政策导向，优化业务结构，加强内部管理，提升市场竞争力。同时，政府应继续加大对城投行业的支持力度，完善相关政策法规，为城投公司的可持续发展创造良好的外部环境。

未来，城投行业将在深化改革、创新驱动、绿色发展等方面迎来新的发展机遇，为推动中国城市建设和城镇化进程贡献力量。

关键词： 城投行业　城投公司　城镇化

目　录 ⎡⌐

I　总报告

II　外部环境篇

III　业务发展篇

皮书数据库阅读**使用指南**

总 报 告

B.1

2023年中国城投行业发展形势与展望

丁伯康　周文静*

摘　要： 2023年，美欧等发达经济体货币政策紧缩效果显现，全球通胀压力有所缓解，世界经济增速持续放缓，我国一系列"稳增长"政策落地见效，国内经济温和恢复，但仍面临有效需求不足的挑战。为此，中央及各地政府坚持稳中求进工作总基调，着力扩内需、提信心、防风险，精准有力地实施宏观调控，积极的财政政策和稳健的货币政策持续发力，为实体经济发展提供了坚实支撑。在房地产市场供求关系发生重大变化的背景下，地方政府债务化解"遏增化存"思路仍将延续，土地出让难以为继，城投公司基本面承压，进入转型升级关键时期。2024年是国有企业改革深化提升行动落地实施的关键之年，也是承上启下的攻坚之年，在"稳中求进、以进

---

* 丁伯康，中国城镇化促进会城市更新工作委员会副主任，中国财政学会国有资产治理研究专业委员会副主任委员，城市投资网首席经济学家，江苏现代资产投资管理顾问有限公司董事长兼现代研究院院长，主要研究方向为投融资体制改革、平台公司转型、企业并购重组等；周文静，城市投资网特聘专家，江苏现代资产投资管理顾问有限公司发展研究中心总监、现代研究院高级研究员，主要研究方向为平台公司转型、战略规划、组织管理等。

促稳、先立后破"的工作基调下，城投公司将在改革转型中践行国企担当，积极参与"三大工程"和乡村振兴等，加速推进产业化转型和现代产业体系建设，大力发展新质生产力，持续探索高质量发展路径。

关键词： 城投公司　债务化解　投融资　国企改革

一　2023年城投行业发展环境

（一）宏观经济：稳中求进基调延续，宏观经济总体回升向好

国际方面，2023年，受地缘政治冲突加剧、货币政策分化、美欧高利率和央行缩表、制造业景气度下行等诸多因素影响，全球经济增长持续放缓。与此同时，发达经济体反通胀效果显著，全球通胀逐渐回落，美欧加息周期即将结束，全球经济面临新挑战。

第一，宏观经济增速持续放缓，地区经济增长呈分化态势。2023年，"去全球化"趋势延续，地区经济增长呈两极分化局面。世界银行估算，全球经济增速从2022年的3%下降至2023年的2.6%，发达经济体增速为1.5%，新兴市场和发展中经济体增速为4.2%。发达经济体中，美国表现突出，2023年国内生产总值（GDP）增速达2.5%；受全球需求放缓、能源成本高企以及货币持续紧缩冲击，以德国等制造型经济体为代表的欧元区经济增长近乎停滞，2023年GDP增速仅为0.4%。新兴市场和发展中经济体总体表现尚可，2023年印度GDP增速为6.3%，俄罗斯GDP增速为2.6%。

第二，全球通胀压力有所缓解，发达经济体加息渐入尾声。受大宗商品价格下跌的影响，全球通胀压力得到缓解。但东中欧、西亚、北非等的部分国家受地缘政治冲突影响，通胀问题依旧严峻；此外，部分国家如亚美尼亚和泰国，则开始显现通缩迹象。为遏制通胀蔓延，2023年欧美国家纷纷采取加息措施，国际金融市场被置于高利率环境。然而，随着通胀回落，欧美

国家本轮加息已接近尾声。

第三，高利率抑制信贷增长，全球投资和消费增长乏力。当前，由于加息政策带来信贷成本提升，以及宏观经济不确定性持续加剧，全球投资出现一定收缩。叠加地缘政治博弈和贸易保护主义抬头，海外投资壁垒抬升，进出口贸易受限。据世界银行统计，2023年全球贸易量仅增长0.2%。联合国贸发会议统计显示，剔除少数欧洲融资通道经济体的中转投资，2023年全球外国直接投资（FDI）实际降低18%。主要发达经济体的私人投资以及固定资产投资均出现增速放缓，甚至负增长。虽然消费端所受影响存在滞后，但已呈现逐渐降温的趋势。例如，2023年美国私人投资支出总额小幅收缩，同比下滑1.2%，受固定资产投资拖累，GDP环比增速下滑0.2个百分点；居民消费保持强劲，个人消费支出同比增长2.2%，但从对经济增长贡献较大的服务业消费来看，个人服务业消费支出同比增速由1月的3.09%持续降至12月的2.33%，且居民端储蓄率处于历史低位，边际消费倾向减弱。

国内方面，2023年是全面贯彻党的二十大精神的开局之年，是深入实施"十四五"规划承前启后的关键一年，也是新一轮国企改革深化提升行动的开启之年。随着一系列稳增长政策发力显效，2023年国内经济温和恢复，完成了国内生产总值增长5%左右的目标。但整体来看，经济持续回升向好仍面临有效需求不足的挑战。

第一，经济表现整体回升，经济波动性显著降低。2023年，我国经济总量稳步攀升，GDP突破126万亿元，较2022年增长5.2%（见图1）。从季度分布来看，2023年经济总体平稳，波动性相较于往年显著降低。第一季度GDP同比增速为4.5%，为全年最低；第二季度GDP同比增速回升至6.3%，主要受益于前期的低基数效应以及疫情后复苏红利的释放；第三季度GDP同比增速稳定在4.9%，体现了经济发展的韧性；到了第四季度，随着宏观调控政策的进一步强化，GDP同比增速再次抬升至5.2%。[①]

[①] 《中华人民共和国2023年国民经济和社会发展统计公报》，国家统计局网站，2024年2月29日，https：//www.stats.gov.cn/sj/zxfb/202402/t20240228_ 1947915.html。此处增速均按不变价格计算。

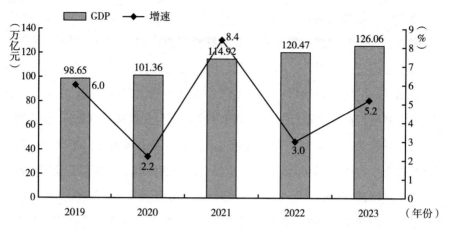

图1　2019~2023年我国GDP及其增速

资料来源：国家统计局发布的历年国民经济和社会发展统计公报。

注：增速按不变价格计算。

第二，区域经济恢复不均衡现象仍然突出，西北地区经济增长表现令人瞩目。2023年，全国各地区经济呈现多样化发展态势。在经济总量方面，广东、江苏、山东依旧保持前三，浙江、四川、河南、湖北、福建、湖南、上海紧随其后，位居全国经济总量前十。在经济增速方面，全国31个省份均实现了正增长，其中17个省份GDP增速跑赢全国。西藏GDP增速高出全国4.3个百分点，是GDP增速最高的省份；海南GDP增速高出全国4.0个百分点，居第二位；内蒙古GDP增速高出全国2.1个百分点，居第三位。各地区GDP增速分别为华东5.1%、西北5.0%、西南4.7%、华北4.4%、华南4.4%、东北2.9%、华中0.7%。华东地区GDP位居第一，增速同样领跑全国；西北地区初现崛起态势。

第三，服务业全面恢复增长，工业增长新动能壮大。2023年，第一、第二、第三产业增加值分别增长4.1%、4.7%、5.8%，三次产业增加值结构为7.1∶38.3∶54.6（见图2）。随着服务业迅速恢复，第三产业增加值占比显著提高，住宿和餐饮业以及信息传输、软件和技术服务业增加值实现两位数增长，增速分别达到14.5%和11.9%，但房地产行业增加值连续两年出现下滑。规模以上服务业企业营业收入同比增长8.3%，利润总额同比增长 26.8%，其中，战略性新兴服务企业营业收入同比增长 7.7%。第二产业中，工业、建筑业生产恢复加快。规模以上工业增加值同比增长 4.6%，其中，装备制造业增加值同比增长 6.8%，高技术制造业增加值同比增长 2.7%，推进了制造业高端化进程，使工业新动能成长壮大。①

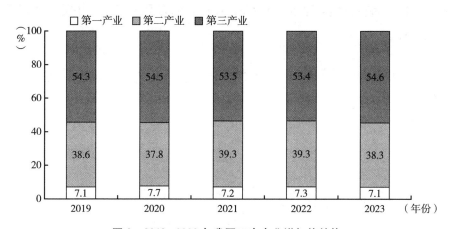

图 2　2019~2023 年我国三次产业增加值结构

资料来源：国家统计局发布的历年国民经济和社会发展统计公报。

第四，居民消费温和复苏，线上消费占比提升。在多种促消费措施的激励下，居民消费信心逐步回升，消费需求不断释放，消费市场活跃度持续恢复。2023 年，全国居民人均消费支出 26796 元，扣除价格因素，较 2022 年实际增长 9.0%②，最终消费支出对经济增长的贡献率达 82.5%，拉动经济增长 4.3 个百分点③。居民消费呈现商品消费向服务消费升级的态势。2023 年，社会消费品零售总额达 47.15 万亿元，同比增长 7.2%（见图 3），其中，餐饮收入和服务零售额增速均超 20%，远高于商品零售额增速。同时，

①《中华人民共和国 2023 年国民经济和社会发展统计公报》，国家统计局网站，2024 年 2 月 29 日，https：//www.stats.gov.cn/sj/zxfb/202402/t20240228_ 1947915.html。

②《中华人民共和国 2023 年国民经济和社会发展统计公报》，国家统计局网站，2024 年 2 月 29 日，https：//www.stats.gov.cn/sj/zxfb/202402/t20240228_ 1947915.html。

③《2023 中国经济年报解读》，中国政府网，2024 年 1 月 18 日，https：//www.gov.cn/yaowen/liebiao/202401/content_ 6926722.htm。

消费新业态新场景加速形成，淄博烧烤节、哈尔滨冰雪节等成为扩大消费的新载体；健康消费、绿色消费等热点频出，成为消费新增长点。此外，尽管线下消费迅速恢复，但网上实物商品零售额增速仍高于整体社会消费品零售总额增速。2023 年，以直播营销为代表的线上业态创新带动消费能力增强，网上实物商品零售额同比增长 8.4%，在社会消费品零售总额中的占比提升至 27.6%。[①]

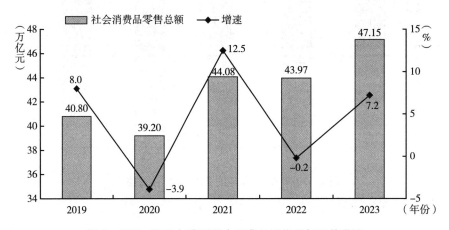

图 3　2019~2023 年我国社会消费品零售总额及其增速

资料来源：国家统计局发布的历年国民经济和社会发展统计公报。

第五，三次产业内部投资分化特征明显，民间投资活力有待释放。2023年，我国固定资产投资（不含农户）达 50.30 万亿元，同比增长 3.0%（见图4），其中，第一产业投资同比降低 0.1%，第二产业投资同比增长 9.0%，第三产业投资同比增长 0.4%。从具体行业来看，电力、热力、燃气及水生产和供应业，以及建筑业的固定资产投资（不含农户）增速远超其他行业，均增长 20% 以上；制造业、基础设施（不含电力、热力、燃气及水生产和供应业）固定资产投资（不含农户）分别增长 6.5%、5.9%，增速较 2022年有一定程度的回落；房地产业固定资产投资（不含农户）同比降低

[①]《中华人民共和国 2023 年国民经济和社会发展统计公报》，国家统计局网站，2024 年 2 月 29 日，https：//www.stats.gov.cn/sj/zxfb/202402/t20240228_ 1947915.html。

8.1%，延续缩减态势。民间固定资产投资受房地产行业拖累，增速持续下滑。2023年，我国民间固定资产投资为25.35万亿元，下降0.4%，首次出现负增长，投资占比仅为50.4%，跌至近十年来的最低点；且2023年民间固定资产投资连续8个月负增长，投资占比连续7个月降低。这反映了民间投资意愿不强，民间投资信心有待进一步提振。①

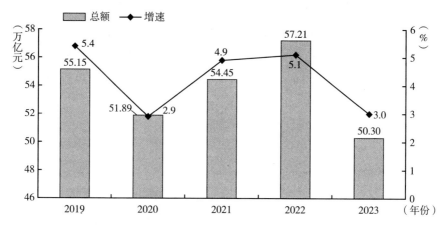

图4 2019~2023年我国固定资产投资（不含农户）总额及增速

资料来源：国家统计局发布的历年国民经济和社会发展统计公报。

注：增速按可比价格计算。

第六，进出口延续增长态势，净出口的经济拉动作用由正转负。2023年，全国货物进出口总额同比增长0.2%，达41.76万亿元，其中，出口总额为23.77万亿元，同比增长0.6%；进口总额为17.98万亿元，同比降低0.3%。② 全年货物贸易顺差为5.79万亿元，相较2022年增加1938亿元。从不同阶段来看，货物进出口总额逐季增长，2023年12月货物进出口总额达3.81万亿元，创月度规模历史新高。从市场结构来看，全年装备制造业出口额达13.47万亿元，同比增长2.8%，占全国货物出口总额的比重提升

---

① 《中华人民共和国2023年国民经济和社会发展统计公报》，国家统计局网站，2024年2月29日，https：//www.stats.gov.cn/sj/zxfb/202402/t20240228_1947915.html。

② 《中华人民共和国2023年国民经济和社会发展统计公报》，国家统计局网站，2024年2月29日，https：//www.stats.gov.cn/sj/zxfb/202402/t20240228_1947915.html。

至 56.7%，其中，"新三样"产品（电动载人汽车、锂电池、太阳能电池）合计出口额首次突破万亿元大关①，体现了我国产业配套和集成能力的持续提升。与此同时，全国服务进出口总额达 6.58 万亿元。② 受居民出境旅行恢复和跨境物流运费大幅回落等因素影响，服务出口总额同比降低，进口总额进一步增长，全年服务贸易逆差扩大至 1.20 万亿元。总的来说，2023年，我国货物和服务进出口总额为 48.33 万亿元，其中出口总额为 26.46 万亿元，进口总额为 21.87 万亿元（见图 5），货物和服务净出口为 4.59 万亿元，较 2022 年减少 0.73 万亿元，货物和服务净出口拖累 GDP 增速下滑 0.6个百分点，对 GDP 增长的贡献率为-11.4%③，对比 2022 年净出口对 GDP增长贡献率为 17.1%，反映了我国外部需求增长持续放缓，进一步做大"内循环"的重要性不言而喻。

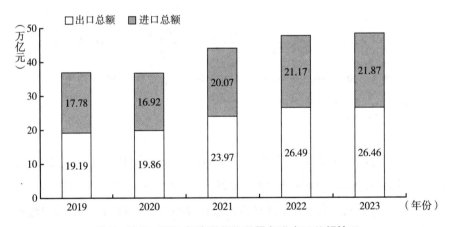

图 5   2019~2023 年我国货物和服务进出口总额情况

资料来源：国家统计局发布的历年国民经济和社会发展统计公报。

---

① 《国务院新闻办就 2023 年全年进出口情况举行发布会》，中国政府网，2024 年 1 月 12 日，https：//www.gov.cn/lianbo/fabu/202401/content_ 6925700.htm。

② 《中华人民共和国 2023 年国民经济和社会发展统计公报》，国家统计局网站，2024 年 2 月29 日，https：//www.stats.gov.cn/sj/zxfb/202402/t20240228_ 1947915.html。

③ 《赵同录：经济持续稳定恢复 运行态势回升向好》，国家统计局网站，2024 年 1 月 18 日，https：//www.stats.gov.cn/xxgk/jd/sjjd2020/202401/t20240118_ 1946725.html。

2024 年是全面贯彻落实党的二十大精神的关键之年，也是深入实施"十四五"规划的攻坚之年，我国发展仍然面临战略机遇和风险挑战并存的局面。在国际层面，全球经济格局发生深刻变革，世界经济增长放缓，国际贸易疲软，我国制造业转型升级的需求迫切；同时，地缘政治冲突频发，资本市场不确定性增加，美元的避险属性强化，人民币汇率阶段性承压。在国内层面，我国经济保持回升向好态势，在宏观政策加力增效的支撑下，经济供需结构更为均衡，安全发展基础进一步夯实，经济长期向好的基本面持续巩固。但仍需警惕内需不足、房地产市场走弱以及外部环境不稳定等潜在风险。

（二）金融形势：金融资源配置提效，有力有效支撑实体经济

2023 年，发达经济体货币政策紧缩、国内地方政府债务等因素带来的潜在风险不断累积，但我国财政与货币政策依然在有限的空间内发挥了逆周期调节的作用。从资产端来看，社会融资规模快速扩大，反映了实体经济的融资需求和金融机构扩张资产负债表的意愿。从负债端来看，广义货币（M2）余额增速持续超过社会融资存量增速，且剪刀差不断收窄，显示货币流动性增强。金融机构贷款余额增长势头强劲，且贷款利率维持在较低水平，为实体经济发展提供了坚实支撑。

第一，货币政策精准有力，信贷结构进一步优化。2023 年，中国人民银行实施两次全面降准、降息，累计释放流动性超 1 万亿元，打开了银行信贷投放空间，进一步降低了社会融资成本，助力经济回升向好。截至 2023 年底，广义货币（M2）余额同比增长 9.7%，狭义货币（M1）余额同比增长 1.3%[1]，M1-M2 增速剪刀差有所收窄，但仍然处于较高水平，表明企业和居民的投资消费信心仍需进一步提振。2023 年社会融资规模增量累计达

---

[1] 《2023 年金融统计数据报告》，中国人民银行网站，2024 年 1 月 12 日，http：//www. pbc. gov. cn/goutongjiaoliu/113456/113469/5202055/index. html。

35.6 万亿元，较 2022 年增加了 3.4 万亿元①，其中的主要推动项是对实体经济发放的人民币贷款和政府债券。从信贷结构来看，2023 年金融资源配置效率持续提高，金融不断强化对重点领域和薄弱环节的支持，更多的信贷资源被重新分配到支持新质生产力形成上。据新华社报道，我国主要银行对战略性新兴产业提供贷款增速达 50%，超过了各项贷款增速，对制造业、小微企业、绿色产业等提供贷款增速在 30%~40%，金融服务实体经济的质量和效率持续提高。

第二，金融工具持续加码，中小微企业金融支持力度进一步加大。首先，根据《关于对小微企业融资担保业务实施降费奖补政策的通知》（财建〔2018〕547 号）及《关于继续实施小微企业融资担保业务降费奖补政策的通知》（财建〔2021〕106 号），中央为引导地方扩大小微企业融资担保业务，提供了 30 亿元奖补资金。相较于这两项政策实行前，截至 2023 年末，小微企业融资担保业务交易量增长了 245%，年化担保额增长了 119%，年化担保费率累计降低了 97BP。② 其次，国家中小企业发展基金持续为种子期、初创期成长型中小企业提供中长期股权融资支持，截至 2023 年末，已累计投资 36 个子基金（认缴总规模约 988 亿元）、3 个直投项目。③ 同时，中央为引导和撬动更多社会资本投向中小企业，构建了母子基金两层架构体系。截至 2023 年末，子基金已累计完成 1400 余个投资项目，投资总额达 478 亿元。④ 最后，各级政府性融资担保机构充分发力。国家融资担保基金再担保合作业务持续拓展，截至 2023 年末，其业务规模达 1.31 万亿元，同比增长 8.67%；与全国 35 个省级再担保机构以及 1500 余个市县级担保机构建立了合

① 《2023 年社会融资规模增量统计数据报告》，中国人民银行网站，2024 年 1 月 12 日，http：//www.pbc.gov.cn/goutongjiaoliu/113456/113469/5202049/index.html。

② 《融资担保行业：降费让利 切实为小微"三农"增信》，中国金融新闻网，2024 年 7 月 3 日，https：//www.financialnews.com.cn/2024-07/03/content_ 403711.html。

③ 《国家中小企业发展基金累计完成投资项目超 1400 个》，央广网，2024 年 2 月 18 日，https：//news.cnr.cn/native/gd/20240218/t20240218_ 526597911.shtml。

④ 《国家中小企业发展基金累计完成投资项目超 1400 个》，央广网，2024 年 2 月 18 日，https：//news.cnr.cn/native/gd/20240218/t20240218_ 526597911.shtml。

作关系，业务覆盖 2602 个县级行政区。① 2023 年，在不断健全的政府性融资担保体系支持下，再担保合作业务的平均担保费率和平均贷款利率均同比降低，进一步减轻了小微企业的融资压力。

第三，债券市场稳定增长，信用风险保持平稳出清态势。根据中国人民银行数据，2023 年，债券市场共发行各类债券 71 万亿元，同比增长 14.8%。其中，同业存单和地方政府债券的发行量增长显著，同比增长率均达 25% 以上。在收益率方面，全年债券收益率窄幅波动，利率中枢下行态势明显。全年 10 年期和 1 年期国债收益率分别在 2.54%~2.94% 和 1.73%~2.40%。截至 2023 年末，10 年期国债收益率为 2.56%，同比下行 28BP；1 年期国债收益率为 2.08%，同比下行 2BP。② 在信用风险方面，联合资信数据显示，2023 年，我国债券市场新增 5 家违约发行人，且均为民营企业，到期违约债券 17 期，金额合计约 183.35 亿元③，违约数量和规模均同比收缩。城投债尚未出现实质性违约，但少数弱资质平台商票逾期、非标违约等风险事件持续发生。

现阶段，全球经济不确定性增加和国内经济缓慢恢复，导致信贷表现较弱，物价低位运行，其更深层次的原因仍然是总体供需恢复不同步，财政与货币政策的稳定性面临更具挑战的宏观环境。在经济结构转型的背景下，2024 年，货币政策将保持"灵活适度、精准有效"，要优化新增贷款的投向，提高存量信贷资金的使用效率，进一步统筹扩大内需和深化供给侧结构性改革，从根本上推动终端需求的改善。

（三）财税状况：财政运行整体平稳，局部风险仍需审慎对待

2023 年，经济恢复逐步企稳，叠加 2022 年留抵退税政策实施范围扩大从而拉低基数等因素，我国财政收入呈现恢复性增长态势。同时，在保持必要

---

① 《2023 年中国财政政策执行情况报告》，财政部网站，2024 年 3 月 7 日，https：//www. mof. gov. cn/zhengwuxinxi/caizhengxinwen/202403/t20240307_ 3930117. htm。

② 《2023 年金融市场运行情况》，中国政府网，2024 年 1 月 30 日，https：//www. gov. cn/lianbo/bumen/202401/content_ 6929047. htm。

③ 《联合资信万华伟：2024 年城投新增债券融资将受到严格管理 信用水平分化加剧》，经济观察网，2024 年 3 月 7 日，https：//www. eeo. com. cn/2024/0307/642569. shtml。

支出的基础上，财政不断加大对国家重大战略任务的支持力度，特别是科技创新、乡村振兴和生态环保等，全年财政运行总体平稳，预算执行情况良好。

第一，社会经济恢复向好，财政收入恢复性增长。2023年，全国一般公共预算收入突破21万亿元，同比增长6.4%，略低于年初预期目标（6.7%），一定程度上表明当前经济恢复仍面临多重压力，"稳增长"政策有必要延续。从层级来看，中央一般公共预算收入为9.96万亿元，地方一般公共预算本级收入为11.72万亿元，中央与地方的同比增速分别为4.9%、7.8%。① 从区域分布来看，全国各省份均实现了财政收入正增长，在此基础上，东部、中部、西部和东北地区的财政收入同比增速分别为6.7%、6.9%、10.7%和12%。② 根据财政收入总量，东部地区财政收入筹集能力较强。从收入分类来看，全国税收收入达18.11万亿元，同比增长8.7%，非税收入为3.57万亿元，同比降低3.7%，财政收入质量有所提升。分析税收收入构成，四大主要税种总计占比提升至78%，国内增值税收入为6.93万亿元，同比大幅增长42.3%，主要原因是2022年大量留抵退税导致基数相对降低；企业所得税收入和国内消费税收入分别为4.11万亿元、1.61万亿元，分别同比降低5.9%、3.5%，一定程度上表明企业与居民的投资及消费仍较为谨慎；个人所得税收入为1.48万亿元，同比降低1%；其他税种占比相对下降，土地和房产相关税收整体同比降低3.5%，印花税收入同比降低13.8%，车辆购置税收入同比增长11.8%。③ 此外，随着财税政策的不断优化调整，全年新增减税降费及退税缓费总额超2.2万亿元④，利好中小微企业和制造业。

第二，财政支出保持一定强度，重点领域保障有力。2023年，全国一

---

① 《2023年财政收支情况》，财政部网站，2024年2月1日，http://gks.mof.gov.cn/tongjishuju/202402/t20240201_ 3928009.htm。

② 《2023年中国31个省份财政收入全部实现正增长》，中国新闻网，2024年2月1日，https://www.chinanews.com.cn/cj/2024/02-01/10156978.shtml。

③ 《2023年财政收支情况》，财政部网站，2024年2月1日，http://gks.mof.gov.cn/tongjishuju/202402/t20240201_ 3928009.htm。

④ 《2023年全国新增减税降费及退税缓费超2.2万亿元》，中国政府网，2024年1月18日，https://www.gov.cn/lianbo/bumen/202401/content_ 6926793.htm。

般公共预算支出达 27.46 万亿元，同比增长 5.4%，略低于预期目标
（5.6%）。受年初财政支出发力和第四季度增发国债下达的影响，全年支出
节奏呈"快—慢—快"态势，其中，中央一般公共预算本级支出为 3.82 万
亿元，同比增长 7.4%；地方一般公共预算支出为 23.64 万亿元，同比增长
5.1%。[①] 在民生领域，教育、社会保障和就业、医疗卫生支出合计占比达
37.7%，其中，社会保障和就业支出同比增长 8.9%[②]，在各项主要支出科
目中增速最大，体现了各级政府保民生、稳就业的坚定决心。在基础设施建
设领域，2023 年上半年，基建相关支出力度偏弱，同比降低 1.5%[③]，但随
着下半年财政稳增长模式正式开启，基建支出增速逐步拉升，实现全年同比
增长 5.0%[④]。在科技创新领域，科学技术支出同比增长 7.9%[⑤]，为实施创
新驱动发展战略和实现科技自立自强提供了坚实的基础。此外，债务付息支
出 1.18 万亿元，同比增长 4.2%，支出规模自 2022 年后再次超过万亿元，财
政付息压力不断上升。分省份来看，全国仅 9 个省份财政自给率超过 50%[⑥]，
且大部分集中在东部地区，全国地方财政收支仍然承压。

　　第三，土地和房地产市场疲软，政府性基金收支规模持续降低，且较年
初预期目标有较大差距。在收入方面，2023 年，全国政府性基金预算收入
为 7.07 万亿元，同比降低 9.2%，远不及年初预期目标（增长 0.4%）。其
中，中央政府性基金预算收入同比增长 7.1%，地方政府性基金预算本级收
入同比降低 10.1%，这一分化现象是由于地方政府性基金收入以土地出让

---

①　《2023 年财政收支情况》，财政部网站，2024 年 2 月 1 日，http：//gks. mof. gov. cn/
tongjishuju/202402/t20240201_ 3928009. htm。

②　《2023 年财政收支情况》，财政部网站，2024 年 2 月 1 日，http：//gks. mof. gov. cn/
tongjishuju/202402/t20240201_ 3928009. htm。

③　罗志恒：《财政收入恢复性增长的背后——上半年财政形势分析与展望》，"粤开志恒宏观"
微信公众号，2023 年 7 月 31 日，https：//mp. weixin. qq. com/s/guvxvEYVqOR1pYARyU_ GvA。

④　《2023 年财政收支情况》，财政部网站，2024 年 2 月 1 日，http：//gks. mof. gov. cn/
tongjishuju/202402/t20240201_ 3928009. htm。

⑤　《2023 年财政收支情况》，财政部网站，2024 年 2 月 1 日，http：//gks. mof. gov. cn/
tongjishuju/202402/t20240201_ 3928009. htm。

⑥　《2023 年地方财政自给率普遍上升，"造血"能力改善空间较大》，界面新闻网站，2024 年
3 月 4 日，https：//www. jiemian. com/article/10872604. html。

收入为主，受市场冲击影响更为显著。2023 年各月收入累计同比增速均为负，但降幅整体呈波动收窄态势，特别是 11 月、12 月累计同比降幅分别较 10 月的 16.0%大幅收窄至 13.8%、9.2%。在支出方面，2023 年，全国政府性基金预算支出为 10.13 万亿元，同比下滑 8.4%，也与年初预期目标（增长 6.7%）差距较大。其中，中央政府性基金预算支出同比降低 12.50%，地方政府性基金预算支出同比降低 8.20%，地方国有土地使用权出让收入相关支出同比降低 13.20%。2023 年各月支出累计同比增速均为负，上半年降幅整体波动扩大，随着第三季度地方专项债发行使用提速，下半年降幅有所收窄。

2024 年，我国将继续实施积极的财政政策，适度加力、提质增效，以促进经济高质量发展。在适度加力方面，将适度提高财政支出强度，扩大地方政府专项债券规模，落实重点领域的结构性减税降费政策，同时增加均衡性转移支付，优先支持经济发展薄弱地区；在提质增效方面，将持续优化财政管理，提升法治化、科学化、标准化和规范化水平，优化财政支出结构，加强政策统筹协调，着力推进经济高质量发展。

（四）社会发展：少子化老龄化加剧，城乡发展能级稳步提升

2023 年，我国居民人均可支配收入为 3.92 万元，较 2022 年增长 6.3%，居民人均消费支出为 2.68 万元，较 2022 年增长 9%[①]，二者增速均高于 2023 年 GDP 增速（5.2%），表明国民收入结构边际优化，消费意愿低位回升。分城乡来看，城镇居民人均可支配收入为 5.18 万元，农村居民人均可支配收入为 2.17 万元，城乡收入比值缩小至 2.39，但仍处于较高水平，城乡协调发展有待进一步加强。[②]

第一，人口总量连续两年负增长。截至 2023 年末，全国总人口达 14.10 亿人，较上年减少 208 万人，延续了 2022 年人口总量负增长趋势，

---

① 《2023 年居民收入和消费支出情况》，国家统计局网站，2024 年 1 月 17 日，https://www.stats.gov.cn/sj/zxfb/202401/t20240116_ 1946622.html。

② 《中华人民共和国 2023 年国民经济和社会发展统计公报》，国家统计局网站，2024 年 2 月 29 日，https://www.stats.gov.cn/sj/zxfb/202402/t20240228_ 1947915.html。

并且减量进一步增加。2023年出生人口902万人，人口出生率为6.39‰；死亡人口1110万人，人口死亡率为7.87‰；人口自然增长率为−1.48‰。从年龄结构来看，60岁及以上人口占全国总人口的21.1%，其中65岁及以上人口2.17亿人，占全国总人口的15.4%，相比2022年上升了0.5个百分点，老龄化问题日益突出。[①] 从区域分布来看，全国11个省份实现了常住人口正增长，人口增量合计达160.25万人。[②] 从人口迁移趋势来看，区域间呈现"马太效应"，即人口空间分布的聚集和收缩均在强化，珠三角、长三角等经济发达地区人口进一步增长，各省域内部人口持续向省会城市聚集，而经济薄弱地区及乡镇人口收缩趋势进一步增强。人口因素变化缓慢但势大力沉，将给经济和社会的整体发展带来重大而深远的影响。

第二，城镇化规模和质量提升还有较大空间。2023年，我国城镇化率为66.16%，近五年年均提高0.93个百分点，每年超过1000万农村居民进入城镇。[③] 从国际经验来看，一般认为城镇化率在30%~70%是城镇化高速发展的区间，这表明我国已迈入城镇化后期阶段，城镇化率快速增长的基础条件仍在，但和发达经济体80%左右的城镇化水平相比仍有较大提升空间。深入推进以人为本的新型城镇化，是推进中国式现代化的必由之路，不仅能带动消费和投资增长、持续释放内需潜力、推动构建新发展格局，也能为改善民生、促进社会公平正义提供助力。

第三，乡村振兴持续向好。2023年是全面建设社会主义现代化国家新征程的起步之年，也是加快建设农业强国的起步之年。2023年中央一号文件《中共中央 国务院关于做好2023年全面推进乡村振兴重点工作的意见》提出，要全面推进乡村振兴，加快农业农村现代化，扎实推进乡村发展、乡村建设、乡村治理等重点工作，为全面建设社会主义现代化国家打下坚实基础。中央

---

① 《中华人民共和国2023年国民经济和社会发展统计公报》，国家统计局网站，2024年2月29日，https：//www.stats.gov.cn/sj/zxfb/202402/t20240228_ 1947915.html。
② 《31省份公布2023年人口数据，11省份人口正增长》，第一财经网站，2024年6月19日，https：//www.yicai.com/news/102157601.html。
③ 《国务院新闻办就2023年国民经济运行情况举行发布会》，中国政府网，2024年1月17日，https：//www.gov.cn/zhengce/202401/content_ 6926623.htm。

一号文件连续三年聚焦"全面推进乡村振兴",意味着社会组织、企业等多方力量将迎来大的发展机遇;另外,2023年中央一号文件再次提到深化农村社会工作服务,意味着党中央对社会工作在乡村振兴中的作用更加重视。

2023年12月,中央经济工作会议强调,2024年要统筹推进新型城镇化和乡村全面振兴,促进各类要素双向流动。这既为构建城乡融合发展新格局指明了方向,也表明在今后一个时期,我国将进一步强调城乡融合、区域协调等国家空间结构的调整优化工作,积极破解县域经济发展、农业转移人口市民化、城乡发展理念更新等现实难题。把县域作为城乡融合发展的重要切入点,聚焦乡村振兴的短板,建立健全有利于城乡要素合理配置的体制机制,为加快农业农村现代化、建设农业强国奠定坚实基础。

二　2023年城投行业发展状况

（一）投资增速放缓，发展聚焦地方所需

投资是拉动我国经济增长的主要力量,城投公司作为重要的投资主体,在城市建设更新、补齐县域基础设施短板和乡村振兴方面持续发挥作用。2023年全国经济增速放缓,城投公司整体增速也有所下降。根据天风证券整理的2023年城投公司年报数据,城投公司总资产增速下降至9.2%,净资产增速下降至6.24%,增幅有所收窄,但仍超过GDP增长水平。

一是固定资产投资放缓。在统筹化债与发展的背景下,各地固定资产投资有所放缓。2023年,1~12月广义基建投资同比增长8.24%,增幅较1~11月扩大0.28个百分点。[①] 从区域来看,重点省份与非重点省份分化明显,全国有9个省份固定资产投资出现下滑,其中包含6个重点省份,天津、广西、黑龙江、云南降幅居全国前四位,均超10%。[②] 联合资信数据显示,

---

① 《基建投资企稳回升,PSL助力三大工程》,"中国银河证券研究"微信公众号,2024年1月24日,https://mp.weixin.qq.com/s/SsqdjYVsvF493B-Vpwp3dw。

② 罗志恒:《2023年中国区域经济版图:东西领跑、中部掉队》,"粤开志恒宏观"微信公众号,2024年1月31日,https://mp.weixin.qq.com/s/F0TIXN--_2OM9-EriK1MbA。

2023年全国城投公司投资总规模扩大，但增速低于前两年，投资进度有所放缓。从主要资金投向来看，以土地资产及基础设施建设类项目为主的传统业务投资增速明显下降，且增速低于股权投资增速。

二是"三大工程"建设进程加快。随着城镇化率的提升，城市基建的主要目标从大规模增量建设转为存量提质改造和增量结构调整并重。2023年10月，中央金融工作会议强调，要构建房地产发展新模式，加快"三大工程"（保障性住房建设、"平急两用"公共基础设施建设、城中村改造）建设。这为城投公司的基础设施建设业务打开了新的增长空间。在保障性住房建设方面，2023年8月，国务院常务会议审议通过《关于规划建设保障性住房的指导意见》，同时，保障性住房成为专项债重点支持领域。在"平急两用"公共基础设施建设方面，2023年7月，国务院常务会议审议通过《关于积极稳步推进超大特大城市"平急两用"公共基础设施建设的指导意见》，各地积极响应，出台具体实施方案和行动计划，加快"平急两用"公共基础设施建设。在城中村改造方面，2023年7月，国务院常务会议审议通过《关于在超大特大城市积极稳步推进城中村改造的指导意见》，上海、广州、深圳等城市已率先开展部署。其中，上海提出到2025年中心城区周边城中村改造项目全面启动。城中村改造将成为超大特大城市未来几年的一项重点工作。此外，根据2023年10月12日住房和城乡建设部发布的信息，自城中村改造信息系统投入运行，两个月内已有162个项目入库，推动了超大特大城市城中村改造项目加速落地。

三是乡村振兴金融支持持续增强。2023年中央一号文件首次明确提出要建设供给保障强、科技装备强、经营体系强、产业韧性强、竞争能力强的农业强国，这标志着乡村振兴战略实施进入新阶段，为城投行业带来了发展机遇。2023年6月，中国人民银行、国家金融监督管理总局、证监会、财政部、农业农村部发布《关于金融支持全面推进乡村振兴 加快建设农业强国的指导意见》（银发〔2023〕97号），提出建立完善多层次、广覆盖、可持续的现代农村金融服务体系，增强金融服务能力，引导更多的金融资源投向乡村振兴的关键领域和薄弱环节。据财联社报道，2023年，"三农"专

项金融债发行总量高达 582 亿元，创历年新高，发行规模逐年大幅扩大；乡村振兴专项公司债发行量同比增长接近 2 倍，市场增长势头强劲。

（二）化债政策持续发力，债务压力依然不减

2023 年，城投债到期规模近 3.4 万亿元，是近 10 年的峰值，预计 2024~2026 年到期规模也将持续处于高位。在财政收支压力加大、城投监管趋严及融资违约等事件频发的背景下，2022 年底以来，中央及各监管部门多次提出"防范化解地方政府债务风险"。2023 年，随着一揽子化债方案的提出和相关政策措施的有序实施，地方债务风险有所缓释。2023 年中央与化债相关的政策、会议及文件如表 1 所示。

表 1　2023 年中央化债相关政策、会议及文件

时间	名称	要点
2023 年 3 月 15 日	《关于 2022 年国民经济和社会发展计划执行情况与 2023 年国民经济和社会发展计划草案的报告》	推动建立防范化解地方政府隐性债务风险长效机制，坚决遏制隐性债务增量
2023 年 3 月 15 日	《关于 2022 年中央和地方预算执行情况与 2023 年中央和地方预算草案的报告》	强化跨部门协作监管,压实各方责任,对新增隐性债务等问题及时查处、追责问责。加强地方政府融资平台公司综合治理,逐步剥离政府融资功能,推动分类转型发展。加强专项债券投后管理
2023 年 4 月 28 日	中共中央政治局会议	加强地方政府债务管理,严控新增隐性债务
2023 年 6 月 5 日	《如何看待当前地方财政运行态势》	一方面强化债务监管,另一方面坚决遏制隐性债务增量,探索建立长效监管制度框架。稳妥化解隐性债务存量
2023 年 6 月 28 日	《第十四届全国人民代表大会财政经济委员会关于 2022 年中央决算草案审查结果的报告》	建立政府偿债备付金制度,防范债务兑付风险。稳步推进地方政府隐性债务和法定债务合并监管
2023 年 7 月 4 日	《国务院关于 2022 年中央决算的报告》	建立健全防范化解地方政府隐性债务风险长效机制

续表

时间	名称	要点
2023 年 7 月 24 日	中共中央政治局会议	制定实施一揽子化债方案
2023 年 8 月 1 日	2023 年下半年工作会议	统筹协调金融支持地方债务风险化解工作
2023 年 8 月 30 日	《2023 年上半年中国财政政策执行情况报告》	严格落实"省负总责,地方各级党委和政府各负其责"的要求。督促地方统筹各类资金、资产、资源和各类支持性政策措施,紧盯市县加大工作力度,逐步缓释债务风险
2023 年 9 月 20 日	国务院政策例行吹风会	指导金融机构积极稳妥支持地方债务风险化解,建立常态化融资平台金融债务监测机制
2023 年 10 月 21 日	《国务院关于金融工作情况的报告》	成立金融支持化解地方债务风险工作小组,制定化解融资平台债务风险系列文件,引导金融机构按照市场化、法治化原则,与重点地区融资平台平等协商,依法合规、分类施策化解存量债务风险,严控融资平台增量债务,完善常态化融资平台金融债务统计监测机制,加强对重点地区、重点融资平台的风险监测
2023 年 10 月 24 日	《全国人民代表大会常务委员会关于批准国务院增发国债和 2023 年中央预算调整方案的决议》《第十四届全国人民代表大会常务委员会关于授权国务院提前下达部分新增地方政府债务限额的决定》	明确中央财政将在 2023 年第四季度增发国债 1 万亿元,增发国债全部通过转移支付安排给地方,集中力量支持灾后恢复重建和弥补防灾减灾救灾短板
2023 年 10 月 30~31 日	中央金融工作会议	建立防范化解地方债务风险长效机制,建立同高质量发展相适应的政府债务管理机制
2023 年 11 月 20 日	中央金融委员会会议	全面加强金融监管,有效防范化解金融风险,压紧压实金融风险处置责任
2023 年 12 月 11~12 日	中央经济工作会议	合理扩大地方政府专项债券用作资本金的范围;统筹化解房地产、地方债务、中小金融机构等风险;统筹好地方债务风险化解和稳定发展
2023 年 12 月 21~22 日	全国财政工作会议	严格落实既定化债举措,加大存量隐性债务化解力度,坚决防止新增隐性债务,健全化债长效机制,有效防范化解地方债务风险

资料来源:根据公开资料整理。

2023年7月，中共中央政治局会议提出"制定实施一揽子化债方案"，随后一系列相关政策措施陆续落地实施，主要举措包括以下三个方面。一是特殊再融资债券启动发行，置换隐性债务。2023年10~12月，共发行特殊再融资债券13885.14亿元，分省份来看，贵州、天津、云南、湖南、内蒙古和辽宁等发行规模较大。二是争取金融机构支持，要求各大国有银行支持地方政府化债，按照市场化、法治化原则，与融资平台平等协商，通过展期、置换、借新还旧等方式缓解城投公司短期流动性压力。三是推进债务分类管控，对不同地区、不同国有企业的分类管理更加明确和具体。一系列政策对地方国企的融资行为进行分类监管，以预防和解决地方融资平台的债务风险，并明确12个重点省份严控新建政府投资项目、严格清理规范在建政府投资项目。

在地方层面，多地结合自身情况制定了"1+N"化债方案并有序推进落实，化债手段更加多元。一是探索"统借统还"。贵州作为化债重点区域之一，率先进行探索。2024年2月，贵州省安顺市西秀区宏应达建筑工程管理有限责任公司成功发行18亿元5年期私募债，年利率为4.8%，由省级国有资本运营公司提供担保，募集资金用于偿还同区域内城投平台的到期债券本金。二是探索应急类资金支持。2024年4月，广西落地了中国人民银行"中央应急流动性贷款"，首批规模46亿元。三是加速清偿政府欠款，分类施策推进清欠工作，切实做到实质性清偿，加力推动实现"连环清"。

在"遏制增量、化解存量"的总体思路下，城投平台债务规模增速放缓。根据天风证券数据，截至2023年底，地方城投平台存量债券余额为16.11万亿元，较2022年增长9.23%，存量债券增速与2022年基本持平。从债务结构来看，短期债务在有息债务中的占比达到25.93%，较2022年提升2.18个百分点，呈逐年抬升趋势。从品种结构来看，受低利率环境和债市融资政策的影响，城投债的品种结构出现明显变化，银行贷款比重明显升高，直融比重略有回升，同时非标融资规模快速下降。从区域分布来看，江苏、浙江、山东、四川、湖北等省份有息债务规模较大，江苏有息债务规模超9万亿元；浙江、四川、广东有息债务规模同比增长超10%，增速较快；江西、安徽、贵州、云南、天津、北京、河北等省份有息债务规模呈收缩态势。

（三）城投整合持续推进，注重信用评级提升

2023年，城投整合仍在持续进行，更加注重提升信用评级。当前，各地方推进城投公司的改革方针与行动纲领大致为以大带小、以强带弱、以小促大。在具体实施上，表现为加快推进城投公司整合，定位提升为综合性国有资本运营集团。2023年城投整合事件达360起以上，同比增长13.65%。

从整合目标来看，2023年，各地将提升信用评级、拓宽融资渠道作为推动城投公司整合重组的关键目标。例如，安徽明确一般公共预算收入超过12亿元的县（市、区）政府所属的平台，公开市场信用级别原则上要达到AA级；哈尔滨、南阳、开封、株洲、江门、淮安等多地将冲刺AAA级作为重要目标。近30家城投公司通过整合重组使主体信用评级达到AAA级，其中包含部分区县级城投公司以及财政状况较弱地区的城投公司。这些整合通常涉及地方政府将股权资产转移给城投公司，目的是扩大城投公司业务领域，增强其竞争力。

从整合形式来看，主要包括兼并重组、资产划转、股东变更三种形式，其中，资产划转形式的整合事件占比达50%以上，股东变更形式的整合事件逐渐增多。2023年，宿迁水务集团有限公司的控股股东由宿迁市人民政府变更为宿迁城市建设发展控股集团有限公司，实际控制人变更为宿迁市国资委；重庆发展投资有限公司的控股股东由重庆市财政局变更为重庆市国资委。

从区域分布来看，2023年城投整合事件共涉及26个省份，城投整合范围相较于2022年（26个省份）保持不变，其中，浙江、江苏两省整合事件分别为83起、78起，占比分别为23.18%、21.79%，领先于其他省份；山东、四川、湖北整合事件均超过20起；其余省份整合事件较少，整合活跃

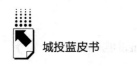

度较低。[1] 整体上来说，经济较发达地区的城投整合事件较多。

从行政等级来看，城投整合下沉至区县，2023 年区县城投整合事件 150 起，占比 41.90%；地市城投整合事件 136 起，占比为 37.99%。在城投公司融资监管趋严、地方政府财力下滑的背景下，区县级城投公司的资本实力普遍偏弱，有待通过城投整合的方式缓解自身债务压力，因此区县城投整合事件数量占比明显提升。

随着国家多项政策的陆续出台实施，地方政府债务管控力度加大，风险化解进程加快，化债工作是攻坚战，更是持久战。各地政府通过城投整合做大资产规模、盘活存量资产。一方面，提升城投公司有效资产规模和资质，有利于城投公司在"335 指标"下进行产业化转型，对提升后续融资能力发挥着实质性作用；另一方面，突出边发展边化债的重要性，把整合重组作为城投公司转型发展的重要手段，引导企业开展新质生产力培育工作，推进企业转型发展。此外，通过整合重组实现更多有效资产的注入，是完成企业主体信用评级提升的重要一步，而评级提升的整个过程需要综合考量企业资产经营管理能力和效率，为企业的产业发展带来精准补位和补链强链的效果。

（四）融资政策再次收紧，城投"退平台"进程加速

2023 年，中央出台了一系列政策支持地方化债，进一步加强了对城投公司的融资监管，城投行业的融资政策再次收紧，主要有以下代表性事件。一是证监会统一负责企业债券发审。企业债和公司债审核标准的统一，将有效遏制利用审核差异进行监管套利的行为，也意味着城投公司发行债券的标准将相应提高。2023 年，"终止"的城投债数量创新高，据粤开证券统计，第四季度终止审查城投债 116 只，规模达 1644 亿元，全年终止审查城投债 207 只，金额合计 2998.9 亿元，分别较 2022 年增长 69.7%和 62.6%。二是地方债务全口径监管，融资平台新名单发布。2023

---

① 《城投平台整合再观察》，"国联固收荷语"微信公众号，2023 年 12 月 27 日，https：//mp. weixin. qq. com/s/L8VKza4UewdSx3KolM-VQg。

年上半年，新一轮的债务审查工作开启，监管范围不仅包括隐性债务，还扩展到城投公司的经营性债务，同时，各省份于6月上报融资平台名单。随后，财政部下发了"3899名单"，名单上的地方政府融资平台仅允许"借新还旧"。三是隐性债务问责典型案例通报。2023年11月，财政部监督评价局公布了《关于地方政府隐性债务问责典型案例的通报》，继2022年5月和7月后第三次披露了隐性债务问责典型案例，涉及多个省份的城投公司。时隔一年多的再次通报，显示了中央政府坚决控制隐性债务增长的决心，同时金融机构首次被纳入问责范围，对金融机构起到了显著的警示作用。

随着融资政策的进一步收紧，城投公司退出融资平台的节奏逐渐加快。根据现代研究院整理的数据，从2023年城投公司披露公告来看，共计724家退出融资平台。从区域分布来看，江苏、浙江、山东、河南、安徽位居前五，分别为304家、71家、51家、47家、43家，合计占比约71%。"退平台"的城投公司主要集中在江苏。选择经济强省、债务高省开展转型试点，是因为经济强省区域资质背书较优、化债效果更显著，能够在较高的安全边际内引起市场关注。从行政等级来看，退出融资平台的大部分是区县级城投公司，占比高达78%。将行政级别限制在区县级，可以防范风险向更大范围传导。从公告声明来看，含"不承担政府融资职能"表述的城投公司多达561家，此外，含"公益性项目"描述的城投公司有54家，含"隐性债务"描述的城投公司有66家，含"退出名单"描述的城投公司有65家。从主体信用评级来看，退出融资平台的城投公司多数未评级或评级较低。从退出表述来看，大部分城投公司声明已厘清自身经营性债务与政府性债务间的界限。一方面，公司承诺不再新增政府性债务；另一方面，公司还需妥善处置过去的政府性债务。这响应了《国务院关于加强地方政府性债务管理的意见》（国发〔2014〕43号）、新修订的《中华人民共和国预算法》对不得新增政府性债务的要求，也响应了多地颁布的关于"剥离融资平台公司的政府融资职能"的政策文件的要求。各城投公司退出融资平台的原因包括地方名单制管理、拓宽融资渠道、规避融资监管以及存量债务已妥善处理

等；主要退出路径包括整合撤并和市场化转型等。

城投公司"退平台"有利于其市场化转型。"退平台"是城投公司转型历程中的一个全新的开始，根本出发点是实现政企分离和债务切割。根据监管规定，城投公司"退平台"需要满足以下5个条件：第一，内部架构完整，符合现代公司治理要求；第二，资产负债平衡，资产负债率低于70%；第三，信用良好，各债权银行对融资平台的风险定性均为全覆盖；第四，无存续隐债，需财政偿还的存量贷款已纳入地方财政预算管理并落实资金来源，且存量贷款的抵押担保、贷款期限、还款方式等已整改合格；第五，具备营运能力，诚信经营、无违约记录。

城投公司大规模宣布"退平台"反映了隐性债务化解取得了一定效果，城投公司逐渐具备了自主营运能力，可以通过营运收入偿还债务，减轻地方财政压力。当然，退出政府融资平台并不意味着城投公司与地方政府的联系断裂。首先，"退平台"的城投公司法人结构基本没有变化，实际控制人仍然是地方政府或国资委、财政局等；其次，城投公司依然承担地方项目建设职责，退出的是融资职能，独立营运后的城投公司仍承担着地方基建工程；最后，从部分发债城投公司的市场变化来看，其存续债券在公告前后的估值走势没有出现波动，与同等级、同地区的城投公司利差走势也未出现明显分化，这表明投资人的选择没有改变。地方政府与城投公司的组织关系、经营关系和信用关系没有发生实质性的转变，且部分城投公司自身的市场化竞争能力建设不充分，声明"退平台"不能作为其完成市场化转型的依据。

（五）国企深化改革启航，城投转型成改革重点

国企改革三年行动已于2022年"响铃交卷"，根据国务院国资委对全国37个地方国企改革成效的评估，18个省（市）获评A级。2023年6月，中办、国办联合印发《国有企业改革深化提升行动方案（2023—2025年）》，明确了新一轮国企改革的任务书、时间表和路线图；7月，全国国有企业改革深化提升行动动员部署电视电话会议召开，标志着新一轮国企改革拉开帷

幕。随后不久，各地各具特色的改革也拉开帷幕，河南、陕西、湖南、江苏、重庆等省市先后根据当地国资国企情况，因地制宜制定新一轮国企改革深化提升行动实施方案。

新一轮国企改革深化提升行动重点聚焦"两核三做"，即增强核心功能、提高核心竞争力以及做强做优做大国有资本和国有企业，行动方向可概括为三个着力点。一是着力增强国有企业核心功能，推动国有资本进一步向重要行业和关键领域集中，聚焦战略安全、产业引领、国计民生、公共服务等功能，牵头打造产业链共同体，培育壮大战略性新兴产业，在建设现代化产业体系上发挥"主力军"和"领头羊"作用。二是着力提高国有企业核心竞争力，巩固已有改革成果，推动中国特色国有企业现代公司治理和市场化经营机制的系统化、规范化、长效化建设。三是着力推动高质量发展，以更高质量效益和更强国际竞争力为目标，支持各行业领军国有企业加快建设为产品卓越、品牌卓著、创新领先、治理现代的世界一流企业，持续推动国有资本和国有企业做强做优做大。

新一轮国企改革深化提升行动主要围绕"提升"这一关键词做文章。对于正处于转型升级关键时期的城投公司来说，未来3年是难得的发展机遇。新阶段下，在新一轮国企改革深化提升行动的整体导向下，城投公司的改革转型目标愈发清晰、任务愈发明确。城投公司转型主要从六个方面入手。第一，转变理念，从行政思维向市场思维转变。坚持以市场为导向，注重以创新为驱动，通过思想观念转变引领公司转型。第二，明确定位，从融资平台向国资主体转变。城投公司应明确自身的国资主体地位，瞄准公司核心功能新定位、开拓公司业务发展新模式、抓牢改革窗口期新机遇，向城市综合运营商、国有资本投资平台等转变。第三，优化布局，从融资建设向产业发展转变。以服务国家战略、优化国有资本布局、提升产业竞争力为目标，以资本为纽带、以产权为基础进行业务转型。坚持突出主业、聚焦实业，既有应势而"进"、蓄势而"转"，又有顺势而"退"。"进"是聚焦战略安全、产业引领、国计民生、公共服务等功能，进军战略性新兴产业，发挥国有资本引导带动作用。"转"是推动传统产业数字化、智能化、绿色化

转型升级，提升产业基础高级化、产业链现代化水平。"退"是加大"两非两资"和管理链条过长企业的处置力度，持续"瘦身健体"。第四，融资转型，从单一间接向多元直接转变。党的二十大报告提出，"健全资本市场功能，提高直接融资比重"。城投公司应提升直接融资能力，推动主体信用评级提升，布局企业债、公司债等多元化融资渠道，探索通过并购或 IPO 进一步拓展资本市场，高质量开展投融资工作。第五，管理升级，从粗放无序向合规高效转变。主动融入国企改革，完善管理体制，如健全法人治理机制、优化组织结构、规范运作流程等，夯实城投公司的管理基础。第六，引育人才，从良莠不齐向专业精干转变。强化人才支撑，建立灵活的人才选育留用机制，通过引入职业经理人，招聘企业运营各方面的专业人才，不断加强内部人才培育，营造人才发展的良好氛围，进一步建设精干高效的人才队伍，发挥人才在高质量发展中的"生力军"作用。

三　城投行业发展趋势

（一）债务监管持续升级，城投化债步入攻坚阶段

2023 年是隐债化解的第五年，中央及地方持续加快"还债"脚步，12月，中央经济工作会议强调，2024 年的经济工作要坚持"稳中求进、以进促稳、先立后破"12 字方针，统筹好地方债务风险化解和稳定发展。在"稳增长"和"防风险"的基本框架下，城投化债逐渐步入攻坚阶段。

第一，在"先立后破"的改革思维下，化债方式逐步清晰，既防范债务风险暴露，又有效遏制债务进一步累积，城投债务风险总体可控。一是一揽子化债方案逐步落地，为城投公司带来了持续影响。在供给侧上，城投公司可以减轻债务压力、优化债务结构、拓宽融资渠道和降低融资成本；在需求侧上，城投债券市场融资的景气度将会提升。2023 年 10 月，一揽子化债方案落地的标志性事件——特殊再融资债券启动发行，本轮发行规模超历史发行规模之和，彰显了中央对地方政府隐性债务化解的决心。受此提振，多

地城投公司纷纷公告提前兑付，城投债发行利率回落、利差收窄，随着资金的逐步到位，城投公司的短期偿债压力将得到缓释。二是金融会议强调化债"系统思维"。2023年10月，中央金融工作会议首次提出，要建立防范化解地方政府债务风险长效机制。这表明中央对地方政府债务的态度已从问题导向转向系统施策，进一步传递了中央要持续性、制度化、成体系地防范化解地方债务风险的决心。结合国家政策提出根据当地GDP与社融增速进行债务管控，体现了债务规模要与经济发展相适应的原则。此外，中国人民银行设立应急流动性工具（SPV）来支持平台化债、允许省级城投公司发债偿还下属区县级城投公司的债券、金融机构通过市场化协商配合城投公司进行债务重组和置换等举措，都体现了系统性防范地方政府债务风险。

第二，十年隐债化解期限过半，但地方隐债存量不减、增量继续，城投公司债务到期偿还规模仍处高位，债务滚续压力持续增大，化债仍是城投主旋律。一是城投债整体规模持续攀升。全国范围城投债存量余额和发行规模持续攀升，中诚信数据显示，截至2024年3月底，城投债存量规模达14.49万亿元，较2023年底增长0.76%，第一季度地方政府新增发行城投债1.61万亿元，同比上升5.09%。二是城投债未来两年大规模集中到期。据中诚信测算，2024年第二至第四季度，城投债到期及回售规模达3.72万亿元，2025~2026年到期及回售总额年均超过3万亿元，城投债整体到期偿还压力不减。从区域偿债压力来看，重点化债省份的城投债到期规模占存量规模比重显著高于非重点省份，尤其是内蒙古、青海、天津和云南的城投债到期规模占比超40%，债务循环压力相对更大。从期限结构来看，城投债发行期限有中长期化趋势，但仍以3年期以内为主。2024年4月，全国城投债加权平均发行期限增加至3.74年，而同期地方政府债券平均发行期限为11.6年。三是借新还旧比例高位抬升。受城投债到期高峰、募集资金用途限制以及自有资金偿债能力弱等影响，借新还旧比例持续抬升。2024年第一季度，募集资金用途为含借新还旧的新发行城投债规模占比达97.50%，募集资金用途仅为借新还旧的新发行城投债规模占比达92.43%，同比抬升11.3个百分点，同时，包含12个重点化债地区在内的14个省份

借新还旧比例达 100%。① 考虑到重点省份原则上只能借新还旧，以及重点化债地区扩围，在城投行业基本面未有实质性改善、债务循环压力延续的背景下，后续城投债借新还旧比例或进一步抬升。

第三，城投转型和整合将进一步延续和升级。随着一揽子化债方案步入落地实施阶段，缓债减债政策空间将进一步打开，城投化债将更加围绕顶层设计，强化全面统筹与综合施策，城投行业整体债务风险有望得到缓释。与此同时，城投行业整体债务滚动仍然承压，区域分化加剧，弱区域、弱资质城投公司等局部债务风险仍然突出，需持续规范融资行为，因地制宜加快市场化转型。近年来，各地融资平台也在尝试转型升级，如从事经营性业务、收购上市公司装入经营性资产、投资入股具有现金流的项目等方式。另外，各地也在有序推进地方融资平台的兼并、重组，减少政府融资平台数量，对融资平台股东进行升级等。政府平台的转型发展之路是一条必由之路，也是一条从根本上解决债务问题的道路。2024 年 3 月，财政部在全国两会期间首次公开提出"压降融资平台数量"；随后不久，国务院召开防范化解地方债务风险工作视频会议，明确要求加快压降平台数量和债务规模，分类推动平台改革转型。政策导向由"严禁新设融资平台"转向"加快压降融资平台数量"，表明弱资质城投公司终将被"压降"，将倒逼城投加快市场化转型进度。加之城投公司市场化转型的"335 指标"，以往城投公司"换个马甲继续做城投"的假转型模式将难以为继。

（二）城乡两端投资发力，"三大工程"成为新重点

在我国房地产市场供求关系发生重大变化的新形势下，政府投资重点将从传统基建转向"三大工程"、乡村振兴等关键领域，在城市和乡村两端持续发力。

在城市端，"三大工程"成为未来数年内稳投资、促消费的重要抓手。

---

① 《中诚信国际：2024 年一季度城投市场运行回顾与展望》，"中诚信研究"微信公众号，2024 年 4 月 16 日，https://mp.weixin.qq.com/s/Ex-nSsdTHMZ86uzirEd_ rg。

2023年4月，中央政治局会议提出，规划建设保障性住房，并在超大特大城市积极稳步推进城中村改造和"平急两用"公共基础设施建设；12月，中央经济工作会议将这三者概括为"三大工程"，这是"三大工程"概念首次作为国家战略被正式提及。随着一系列高层会议的关注和强调，"三大工程"相关顶层设计及配套金融支持政策持续完善，在实施范围方面，超大特大城市呈现扩容趋势；在投资规模方面，据广发证券测算，2024年总投资规模约为1.13万亿元，将拉动地产投资7.8个百分点、基建投资1个百分点。推进"三大工程"建设，有望成为带动2024年总需求上行的重要动力。

第一，新一轮保障性住房规划建设加速推进。2023年8月，《关于规划建设保障性住房的指导意见》发布，要求加快保障性住房建设，以建设配售型保障性住房为重点，支持城区常住人口300万以上的大城市率先探索实践。12月，国家开发银行在福州落地全国首笔配售型保障性住房贷款，标志着由配租型和配售型两大系统构成的新一轮保障性住房规划建设正式启动。2024年，规划建设保障性住房的工作首先从超大特大和Ⅰ型大城市重点推进，成都、大连、广州等地已发布2024年保障性住房相关规划。城投公司可以与大中型房地产企业合作，积极参与保障性住房项目投资建设及后续运营，同时，有效利用基础设施公募REITs等资本市场，盘活存量资产，提升运营质效。

第二，"平急两用"公共基础设施建设带来重要机会。2023年7月，《关于积极稳步推进超大特大城市"平急两用"公共基础设施建设的指导意见》经国务院常务会议审议通过，强调"平急两用"公共基础设施建设是统筹发展和安全、推动城市高质量发展的重要举措。随后，污水和垃圾处理、供水排水、道路交通等领域的配套政策陆续发布，项目资金支持、用地保障方面的优惠政策也逐步落地。多个超大特大城市，乃至部分Ⅰ型大城市积极跟进，构建包含相关实施方案、行动计划及技术指南在内的"平急两用"政策体系，加快推进"平急两用"公共基础设施建设。据现代研究院统计，截至2024年5月，武汉、杭州、佛山等多个城市已着手加快项目推介，平均单个项目投资约为7.15亿元。各地城投公司有望以"平急两用"

为抓手，实施一批盈利前景好的项目，有效拓展新的增量投资领域，同时带动盘活部分存量资产。

第三，新一轮城中村改造将成城市更新重点。2023年7月，《关于在超大特大城市积极稳步推进城中村改造的指导意见》提出，城中村改造应坚持"依法征收、净地出让"，在保障市场决定性作用的同时，力求更好发挥政府统筹作用。该政策彻底改变了过去以一、二级联动为主的城中村改造模式，打开了城市更新和城市发展的新篇章。新一轮城中村改造将强调以市场化为主导，引入更多央企、国企及民间资本参与运营，使资金来源多元化。未来，通过政策性开发性金融工具，城中村改造将与保障性住房建设、公共基础设施建设、产业园区建设相结合，发展多种新业态将成为城投公司可持续运营的方向。

在乡村端，乡村振兴走深走实。随着我国脱贫攻坚阶段五年过渡期过半，各项衔接政策、任务正加快调整和重新部署，乡村振兴逐渐步入新阶段。2023年6月，中国人民银行、国家金融监督管理总局、证监会、财政部、农业农村部发布《关于金融支持全面推进乡村振兴 加快建设农业强国的指导意见》，提出拓展乡村振兴领域的多元化金融服务，鼓励企业发行公司债券、短期融资券、中期票据、资产支持证券、乡村振兴票据等；鼓励金融机构发行"三农"、小微、绿色金融债券。Wind 数据显示，2023年，乡村振兴信用债发行规模达 778.07 亿元，发行主体以国有企业为主，且集中在 AA 级和 AA+级主体。未来，乡村振兴作为国家重大战略，政府对其的政策支持与资金倾斜力度将有望持续加大，银行信贷参与程度或有所提升，城投公司在乡村振兴新阶段大有可为。

（三）融资收紧态势持续，转型助力融资渠道拓展

2023年，城投行业融资政策全面从严从紧，随着一系列化债政策发布，各地严控城投公司的融资成本，规范甚至禁止非标业务，城投融资难度进一步增大。在此背景下，各地城投公司正积极谋划转型发展，不断优化调整资产结构，有望开辟融资新路径。

第一，城投融资整体上维持收紧态势，局部或将出现边际回暖。2023年第四季度以来，城投融资监管持续加强，城投债发行用途以借新还旧为主，新增融资难度加大，叠加到期规模较高，净融资规模已出现大幅回落。未来，城投行业融资或将维持紧平衡状态，但融资监管难以进一步收紧。同时，随着特殊再融资债重启、一揽子化债方案落地，城投融资模式逐渐规范化、多元化发展，融资环境或将出现边际好转。根据中诚信数据，2024年第一季度，全国城投债发行规模达1.80万亿元，同比下降2.45%，环比增长29.28%；实现净融资1264.83亿元，受到期偿还规模较大影响，同比大幅下降78.93%，但环比显著改善，由2023年第四季度的净流出转为净流入（第四季度净融资为-829.16亿元）。其中，大部分非重点化债省份净融资保持净流入；除重庆净融资为149.42亿元，其他重点化债省份的净融资仍然表现为净流出或紧平衡，但其净流出规模较上季度已相对收窄。总的来说，地方化债政策已取得阶段性流动性缓释效果，展望未来，城投债发行规模将缓慢恢复，城投债净融资规模总体扩张有限，但存在一定的回升空间。

第二，城投融资分化加剧，弱资质城投公司融资进一步受限。在融资政策持续收紧的大环境下，城投市场融资规模逐步压缩，从增量市场进入存量时代，同时，地区间的分化或将持续加剧。2023年以来，对结构化发债的监管措施趋严，并落实在明确的业务要求上，例如，1月，《证券期货经营机构私募资产管理业务管理办法》（证监会令第203号）要求，投资单一债券占比超过50%的私募资管计划，杠杆比例不得超过120%。监管升级将限制弱资质城投公司的债券融资路径，使总体融资持续向优质城投公司倾斜。一方面，弱势地区的新增融资受到限制。重点化债省份被限制增加新债务，并限制启动新的国家资助项目，只允许承担特定项目，弱势地区的城投公司"紧融资"持续。另一方面，弱资质城投公司，尤其是AA级（含）以下城投公司公开市场融资占比持续下滑，出现融资净流出。中诚信数据显示，2024年第一季度，城投债净融资额同比下降79.27%，其中，分行政层级看，省级、地市级、区县级城投公司净融资额同比变动幅度分别为14.03%、-78.01%、-98.20%；分信用级别看，AAA级、AA+级、AA级城投公司净

融资同比变动幅度分别为-26.48%、-83.45%、-198.85%，进一步说明弱资质城投公司融资更加受限。

第三，城投产业化转型加速，或将助力开辟融资新渠道。在分类监管要求下，产业化转型是城投公司破解融资瓶颈的重要抓手。根据现代研究院数据，2023年，全国多地城投公司宣布退出地方政府融资平台，其中江苏地区就有超300家。在这些城投公司中，逐步向产业类主体方向发展是转型的重点方向之一。2023年9月至2024年6月，全国已有超过200家城投公司通过整合重组更名为产业类国企，或新设产业公司，其中，绝大多数企业的经营范围为项目投资、产业招商和园区运营等，也有部分企业聚焦农业、低空经济、轨道交通等细分行业领域。与此同时，产业类平台整合获得监管重视及支持，以产业类城投公司作为主体发行的产业类债券数量也有所增加。唐山控股集团、青岛经开区投控集团、杭州拱墅区国投等多家传统城投公司转型并成功发债的案例，得到了上交所的深度关注和宣传。同时，上交所于2024年4月组织了城投公司产业化转型专场培训，持续释放产业化转型政策导向。未来，产业债有望成为拉动城投融资的新引擎。

（四）国企改革纵深推进，产业升级成为关注要点

2023年，国企改革深化提升行动正式启动，各央企、国企着力增强核心功能、提高核心竞争力，全力以赴推进新一轮国企改革，实现了良好开局。2024年是改革大年，不仅是国企改革深化提升行动落地实施的关键之年，也是新修订的《中华人民共和国公司法》（以下简称《公司法》）实施的第一年。未来，城投公司将重点聚焦"发挥核心功能"和"提升核心竞争力"两大关键目标，重点突破国企功能改革与体制机制创新发展。

第一，国企改革深化提升加速。各地城投公司将根据各地发展水平、自身功能定位，围绕国之所需，聚焦重点攻坚，更大力度推进新一轮国企改革。在此轮国企改革进程中，城投公司应加快转向以提高核心竞争力为重点的高质量发展模式，具体将侧重于以下四个方面。一是立足企业特点，提升

自身新质生产力。对于大多数城投公司来说，新质生产力主要体现在培育新产业方面。城投公司可以结合自身特点，积极通过与相关机构开展交流合作，实现优势互补，初步构建"以产促研、以研助产"的工作闭环，营造科技创新氛围，服务区域发展。二是助力经济布局，增强自身创新驱动力。城投公司应将自身发展融入区域经济布局中，积极投向区域主导产业、新兴产业，既拓展区域招商引资服务，又获得产业发展红利，逐步发展为地区产业服务商。三是深耕区域建设，提升自身发展硬实力。在城镇化迈入新阶段的背景下，作为城市基础设施建设的主力军，城投公司要加大对新型基础设施建设的投入力度，维护能源、交通、通信等基础网络安全，为国家和区域平稳健康发展夯实基础。四是聚焦发展核心，增强自身改革内生动力。城投公司应该立足服务国家战略功能和地方城市经济发展整体规划，努力把握一个核心，理顺地方政府与城投公司、经济责任与社会责任、加快发展与风险防控三个关系，做好以战略重组提质增效、以机制改革激发活力、以制度建设防控风险三项重点工作。

第二，国企整合重组进入新阶段。根据新一轮国企改革的相关部署，国有企业将围绕资源配置优化，进一步加大市场化整合重组力度。2023年10月，在中央企业深化专业化整合加快推进战略性新兴产业发展专题会上，国务院国资委针对进一步深化专业化整合，促进战略性新兴产业加快发展，提出"四个聚焦"：聚焦横向合并增强规模实力、聚焦纵向联合推动上下游协同发展、聚焦创新攻坚打造关键引擎、聚焦内部协同夯实发展根基。预示着在新一轮国企改革背景下，国有企业整合重组步入新阶段，以提升资源配置效率为目标，通过专业化、产业化整合强化产业链上中下游企业的产业合作和有效对接，实现固链补链强链，聚焦新目标、新任务的新一轮整合重组正蓄势待发。城投公司将围绕区域产业转型升级和经济高质量发展目标，持续开展战略性重组和专业化整合，推动资源向优势企业集中，提高资源配置效率，推动专业化产业化发展。同时，结合双向混改，加强与央企、省企和区域专精特新小巨人企业的深度合作，加快形成多种所有制经济协同发展的企业创新格局。此外，整合重组后的文化融

合、组织再造与流程再造工作是打好整合重组下半场的关键，各地城投公司将更加聚焦"小总部、大产业"的组织架构设计，优化结构，加大压减和亏损治理等工作力度，并建立常态化的架构再造机制，以适应企业发展的重要节点与重大事件。

第三，现代新型国企建设提速。新一轮国企改革行动方案提出"推动中国特色国有企业现代公司治理与市场化经营机制长效化"。中国特色现代企业制度进一步走深走实，现代公司治理体系、三项制度改革将成为两大关键抓手。各地国资国企将持续推进国有企业治理体系现代化，以完善中国特色现代企业制度为根本，建立健全公司治理机制，实现权责法定、权责透明、协调运转、有效制衡，构建因企施策、授权规范、分层分类的管控模式，推动中国特色国有企业现代公司治理效能充分显现。从实践层面来看，围绕完善现代公司治理体系，各地国资国企将侧重于以下三个方面：一是治理结构方面，持续推动把党的领导融入公司治理，建立外部董事占多数的董事会，进一步厘清党组织、董事会、经理层之间的权责边界；二是制度建设方面，依据新修订《公司法》打造以公司章程为基础的企业制度体系，建立制度体系动态调整机制，将国企改革经验和要求纳入企业制度体系，固化改革成果；三是管控模式方面，坚持"一企一策"制定授权放权事项清单，分类开展授权放权，并定期开展对授权、行权效果的评估，调整授权力度，做到授权与监管相结合、放活与管好相统一。未来，各地国资国企仍将以"对标一流"等专项行动为牵引，建立市场化"选、用、育、留"机制，持续深化绩效考核、薪酬分配等机制市场化改革，提升企业的价值创造能力和发展的内生动力。

（五）产业功能稳步增强，绿数融合成为关键抓手

"发挥国企核心功能"是新一轮国企改革深化提升行动重点目标之一。未来，随着中央和地方政策引导以及国企改革的持续深化，城投公司产业功能有望加快提升，将在产业结构、数字产业、绿色产业三个方面持续发力。

第一，完善产业结构布局，现代化产业体系建设加快。城投公司将聚焦

主责主业，突出产业引领，持续完善产业投资布局，有力推动国有资本优化配置和现代化产业体系构建。具体来说，城投公司将在三个方面持续发力。一是助推城市能级跃升，"产城人"融合更加深化。未来，产城融合不再限于新一轮城建，而是产业、城市与人才三者的深度互动。特别是通过打造高质量生活区域、打造"产学研"创新联合体等培育本地化的产业链、创新链。二是注重依托地方禀赋，区域产业更加特色化。在各地明确产业转型升级重点任务的背景下，地区间生产要素竞争更加激烈，资源分布不均衡加剧，将产生区域分化固化的潜在风险，因此各地将高效挖掘地方特色资源、培育特色产业作为未来产业发展的主基调。三是大力发展新质生产力，科创引领更加强化。在大力发展新质生产力的背景下，各地城投公司将立足区域资源禀赋和产业基础，加快对接新质生产力业务，一方面推动传统产业转型升级，实现高端化、智能化、绿色化；另一方面积极培育战略性新兴产业和未来产业，围绕新能源、新一代信息技术、智能制造、绿色环保、低空经济等领域，以科技创新为支撑、项目建设为抓手、资本融合为纽带，积极探索新赛道，打造新增长极。

第二，数据资产迎来入表，数字产业提质发展。2024年是数据资产入表元年，与此同时，我国数据管理体系、数据要素市场正在加快建立和完善。城投公司有望依托核心数据场景布局优势，拓展数据资源，通过盘活数据资产，激发数据资源价值，加快推动数字产业布局与提质发展。具体将侧重于三个方面。一是加快组建数据集团。国有数据集团成为地方政府发展区域数据要素和推动数字经济发展的重要抓手。截至2024年3月，我国已组建超30家省市数据集团，积极谋划布局，推进数据管理、数据运营等工作。二是大力推进数据资产入表。2023年8月，财政部发布《企业数据资源相关会计处理暂行规定》，对数据资源的会计处理方法进行了进一步阐释和规范，指出了数据入表的路径。在中央和地方政策推动下，各地城投公司纷纷围绕"数据资源化—数据资产化—数据资本化"的路径展开试点。2024年以来，城投公司数据资产实现入表案例已超过30例。未来，城投公司数据资产入表会进一步加速，改善城投公司资产负债结构、拓宽城投公司融资渠

道，并为城投公司市场化转型提供助力。三是积极布局数字产业。加快建设数字中国，推动数字产业化和产业数字化发展，为中国式现代化提供强大发展动能。各地城投公司积极布局数字基础设施、数字平台、智慧城市、智慧垃圾处理、智慧排水、智慧光伏、智慧园区、城市智慧大脑等领域，探索新模式新业态，赋能智慧城市建设。

第三，绿色金融持续发展，绿色低碳产业前景可期。随着"双碳"战略的深入推进，国家在绿色低碳发展领域持续加大政策支持力度。展望未来，值得城投公司特别关注的绿色低碳领域动态包括以下几个方面。一是绿色金融迎来蓬勃发展。在政策导向持续增强的背景下，绿色金融服务将下沉至乡村振兴和普惠金融领域。各城投公司将逐步构建绿色金融产品体系，推动产业基金、绿色债券、投贷联动等产品创新，进一步缓解债务压力，助力实体经济绿色低碳发展。二是EOD模式逐步完善成熟。随着国家两批次EOD项目入库试点接近尾声，我国EOD模式逐步完善成熟，各地正积极谋划推动本地EOD项目的实施与发展，未来EOD项目将快速发展，为作为重要实施主体的城投公司带来新的业务空间与机遇。三是绿色产业转型意愿明显。各地城投公司将顺应绿色低碳发展的时代洪流，把握"双碳"战略机遇，立足当地资源禀赋及上层政府规划，谋划布局绿色、低碳业务，积极探索绿色建筑、分布式光伏、清洁能源、"无废"园区及零碳产业园等领域。

外部环境篇 ⟫

B.2
2023年城投政策环境分析

吴一冬*

摘　要： 本文重点梳理了2023年在财税金融、城镇化以及国资国企改革等领域的相关政策，并对未来政策变化及其对城投行业的影响进行了分析。2023年财税政策再度发力，从防控地方政府债务风险到稳地方楼市，更具针对性，实施精准度更高。新型城镇化建设持续以人为本，不断完善和加强区县城市功能，从乡村振兴、"三大工程"、"双碳"产业、数字化产业等重点领域着手推进实施。随着国有企业改革深化提升行动方案正式出台和实施，城投行业全面进入高质量发展阶段，以提升企业核心功能、核心竞争力和创新力为着力点，用好用足用活用实政策，做强做优主业，致力于在经营效益提升、企业风险防控及世界一流企业创建等方面取得实质性成效。

关键词： 财税金融　新型城镇化　国资国企　城投公司

---

* 吴一冬，江苏现代资产投资管理顾问有限公司现代研究院研究员，主要研究方向为宏观政策、平台公司发展转型。

一 2023年财税金融政策梳理及影响分析

（一）2023年财税金融政策梳理

2023年，继续以"稳"字当头，在防范地方债务风险方面，持续加码，推出有利于房地产市场平稳健康发展的政策举措；在基础设施建设方面，通过实施政府和社会资本合作（PPP）新机制，规范地方政府投融资，畅通民间资本参与基础设施投资的渠道，提高基础设施和公用事业项目建设运营水平，遏制新增地方政府隐性债务。重要政策陆续出台，整体松紧有序，以激发市场活力，拉动投资，带动消费，增强我国经济韧性。

本文以相关政策发布时间为脉络，梳理2023年与城投行业相关的财税金融政策（见表1）。

表1 2023年财税金融政策概览

日期	标题	文号
2023年2月10日	《关于开展租赁住房贷款支持计划试点有关事宜的通知》	—
2023年2月11日	《商业银行金融资产风险分类办法》	中国银行保险监督管理委员会 中国人民银行令2023年第1号
2023年2月14日	《中国银保监会办公厅关于印发银行业保险业贯彻落实〈国务院关于支持山东深化新旧动能转换推动绿色低碳高质量发展的意见〉实施意见的通知》	银保监办发〔2023〕11号
2023年2月16日	《中国人民银行 交通运输部 中国银行保险监督管理委员会关于进一步做好交通物流领域金融支持与服务的通知》	银发〔2023〕32号
2023年2月20日	《不动产私募投资基金试点备案指引(试行)》	中基协发〔2023〕4号
2023年2月24日	《关于金融支持住房租赁市场发展的意见(征求意见稿)》	—

续表

日期	标题	文号
2023年3月3日	《中国银保监会办公厅关于进一步做好联合授信试点工作的通知》	银保监办发〔2023〕12号
2023年3月3日	《保险资产管理公司开展资产证券化业务指引》	—
2023年3月23日	《农业农村部办公厅关于积极利用政策性金融资金加快推进高标准农田建设和耕地质量提升的通知》	农办建〔2023〕1号
2023年3月24日	《国家发展改革委关于规范高效做好基础设施领域不动产投资信托基金（REITs）项目申报推荐工作的通知》	发改投资〔2023〕236号
2023年3月24日	《关于进一步推进基础设施领域不动产投资信托基金（REITs）常态化发行相关工作的通知》	—
2023年3月28日	《国家发展改革委关于印发〈重大水利工程等农林水气项目前期工作中央预算内投资专项管理办法〉的通知》	发改投资规〔2023〕183号
2023年4月14日	《中国银保监会办公厅关于银行业保险业做好2023年全面推进乡村振兴重点工作的通知》	银保监办发〔2023〕35号
2023年4月23日	《水利部 中国建设银行关于金融支持水利基础设施建设的指导意见》	水财务〔2023〕137号
2023年4月28日	《关于印发〈耕地建设与利用资金管理办法〉的通知》	财农〔2023〕12号
2023年4月28日	《证监会发布推动科技创新公司债券高质量发展工作方案》	—
2023年5月28日	《中国证监会 国家发展改革委关于企业债券发行审核职责划转过渡期工作安排的公告》	证监会公告〔2023〕45号
2023年6月16日	《中国人民银行 国家金融监督管理总局 证监会 财政部 农业农村部关于金融支持全面推进乡村振兴 加快建设农业强国的指导意见》	银发〔2023〕97号
2023年6月30日	《关于进一步发挥银行间企业资产证券化市场功能增强服务实体经济发展质效的通知》	中市协发〔2023〕107号
2023年7月10日	《中国人民银行 国家金融监督管理总局关于延长金融支持房地产市场平稳健康发展有关政策期限的通知》	银发〔2023〕141号
2023年7月17日	《关于进一步做好乡村振兴票据有关工作的通知》	中市协发〔2023〕124号
2023年7月18日	《财政部 生态环境部 水利部 国家林草局关于延续黄河全流域建立横向生态补偿机制支持引导政策的通知》	财资环〔2023〕32号

续表

日期	标题	文号
2023 年 7 月 24 日	《国家发展改革委印发〈关于进一步抓好抓实促进民间投资工作努力调动民间投资积极性的通知〉》	发改投资〔2023〕1004 号
2023 年 8 月 30 日	《关于进一步加大债务融资工具支持力度 促进民营经济健康发展的通知》	中市协发〔2023〕146 号
2023 年 9 月 28 日	《关于保障性住房有关税费政策的公告》	财政部 税务总局 住房城乡建设部 公告 2023 年 第 70 号
2023 年 10 月 20 日	《公司债券发行与交易管理办法》	证监会令 第 222 号
2023 年 10 月 27 日	《国家金融监督管理总局关于促进金融租赁公司规范经营和合规管理的通知》	金规〔2023〕8 号
2023 年 11 月 8 日	《国务院办公厅转发国家发展改革委、财政部〈关于规范实施政府和社会资本合作新机制的指导意见〉的通知》	国办函〔2023〕115 号
2023 年 11 月 23 日	《关于印发〈中央财政县级基本财力保障机制奖补资金管理办法〉的通知》	财预〔2023〕114 号
2023 年 11 月 27 日	《中国人民银行 金融监管总局 中国证监会 国家外汇局 国家发展改革委 工业和信息化部 财政部 全国工商联关于强化金融支持举措 助力民营经济发展壮大的通知》	银发〔2023〕233 号

资料来源：根据公开资料整理。

（二）2023年财税金融政策影响分析

1. 稳楼市政策组合发力，推动房地产市场稳健发展

2023 年 7 月，中央政治局会议提及"房住不炒"，强调要勇于面对和认清当前我国房地产市场的供求关系正发生重大变化这一重要形势，要改变过往发展思维，适时动态化调整和优化房地产政策，以保证房地产市场的稳健发展。

2023 年稳楼市政策陆续出台。2023 年 2 月 10 日，中国人民银行发布试点通知，引导金融机构在自主决策、自担风险的前提下，向重庆、济南等 8

个试点城市从事房屋租赁经营业务的企业收购存量住房提供资金支持，以便企业更好地开展保障性住房租赁业务。2月24日，中国人民银行、银保监会起草了征求意见稿，明确商业银行可按照市场化原则，在风险可控、商业可持续的情况下，支持具有一定市场规模且业务体系成熟的住房租赁企业依据法律法规认购存量闲置住房，开展保障性住房或更具商业化的房屋租赁业务。同样，鼓励和支持有条件的事业单位以宿舍型保障性租赁住房方式认购存量住房。这项政策有助于库存消化、资金回笼。7月10日，中国人民银行、国家金融监督管理总局联合发布"稳地产市场"政策通知，强调为促进房屋建造项目顺利完工并交付，引导金融机构与房企对即将到期的债务进行展期或调整还款方式，以减轻债务压力，当然这一切都必须在各方权益被公平对待的前提下实施。以上举措的平稳实施，有利于"保交楼"和行业风险市场化出清。9月28日，财政部、国家税务总局、住房和城乡建设部发文，提出免征保障房的城镇土地使用税和印花税，以降低保障房建设和经营管理成本。

2. 新机制出台，PPP项目运作出现新变化

2014年以来，PPP模式在推动我国城市基础设施建设、改善城市公共服务方面发挥着重要作用，为城市和经济的高质量发展打下了坚实基础。但在推行实施过程中，也存在诸多阻碍正常投资运转的问题，例如其初衷是充分发挥政府和社会资本作用，降低投资和运营成本，但"政府与央企、国企的合作模式"却成为主流。对此，2023年11月，国务院办公厅发布文件，规范实施政府和社会资本合作新机制，即PPP新机制。新机制的"新"主要体现在以下三个方面：一是要求项目全部采用特许经营模式；二是聚焦使用者付费项目；三是优先选择民营企业。

第一，新机制强调全部采用特许经营模式，是当前高质量发展和风险防范的必然要求。新机制在期限的约定上做了较大的调整，原则上，新机制规定特许经营权的期限不应超过40年，但同时提出，投资规模大、回报周期长的项目可以视具体情况适度延长期限。此外，新机制还强调，特许经营者可通过技术或经营管理上的创新，实现降本增效，所产生的额外收益归特许

经营者所有。这对民营企业参与运营管理起到了推动作用，为项目更好发展和长期合作提供了肥沃的土壤。

第二，新机制聚焦使用者付费项目，明确项目的经营收入在扣除前期的建设投资成本和经营运行中所产生的成本费用后，应产生一定的投资收益作为回报，不会增加地方财政未来支出责任。这就要求特许经营者在 PPP 模式下做好项目经营工作，所产生的经营收入或现金流不能低于不采取 PPP 模式时。倒逼参与特许经营项目的相关主体实施市场化管理与高质量运营。

第三，新机制强调要继续坚持和落实"两个毫不动摇"，在发展国有经济的同时，民营经济发展要齐头并进。优先选择民营企业体现为市场化程度高或公共属性弱的项目应由民营企业独资或控股；对于关乎国家经济和人民生活的项目，如公共服务领域项目，原则上，民营企业的股权占比不低于 35%。

3. 投融资两端出新规，国企债务风险管控加码

2023 年是加快推动地方政府债务化解和风险管控的一年，为有效化解地方政府债务风险，国务院办公厅于下半年陆续出台政策文件，加大对地方及融资平台公司的债务风险管控力度，严控政府投资项目，表现出对压降债务规模和化解风险的决心。

在融资端，国务院办公厅发布 35 号文，明确 12 个重点省份以及融资平台公司可在金融机构的支持下，短期内压降存量债务规模，切实化解债务风险。从地方政府、融资平台公司到金融机构，合力实现债务规模增速与地方经济发展以及财力相匹配。2023 年 11 月，财政部通报了 2022 年以来查处的 8 起地方政府通过融资平台公司或金融机构新增隐性债务问责典型案例，做到"发现一起，查处一起，问责一起"，加大对隐性债务查处问责力度。不同于 2022 年 7 月的通报案例，此次增加了金融机构新增隐性债务问责典型案例，旨在从源头抓起，消除隐性债务隐患，彻底消灭违规举债"产业链"。

在投资端，国务院办公厅发布 47 号文，强调对 12 个重点债务化解省份的政府投资新建项目制定严格的管控制度，对不规范的在建项目，应及时清理。推迟或暂停一些由国家资助的基础设施项目，支持保障重大项目及压实省级政府主体责任，旨在从源头上控制债务增量。

4. 金融工具创新，赋能实体经济高质量发展

2023年，金融信贷政策不断加码，也为市场化融资提供了支持，进一步拓宽了地方及企业的融资渠道。金融工具创新旨在让企业更多地从市场化、产业化、数字化、绿色化方面进行业务的转型升级，以增强自我造血能力，减轻地方政府债务压力，实现可持续发展的目标。

在当前经济周期下，大多数融资公司要完成市场化转型，很大程度上需要以时间换空间。对此，中国银保监会办公厅印发联合授信试点通知，强调以联合授信机制优化金融资源配置，以提升资金的使用效率，切实帮助企业有效防范债务风险，更好地服务实体经济；从区域经济发展水平、企业的资金成本及盈利能力等财务状况出发综合考虑，建立以银行业为主的金融机构联合授信机制。

为优化融资环境，助力企业拓展多元化融资渠道，金融市场通过不动产私募投资基金、基础设施领域不动产投资信托基金（REITs）、科创债、资产证券化（ABS）等工具，为企业提供更多的融资渠道。2023年2月20日，中国证券投资基金业协会发布4号文，在不动产私募投资基金设立条件中，对管理经验和专业人员设置具有较高要求，强调企业要转型，市场人才机制和培养是关键。基础设施公募REITs已经实施三年多，取得了阶段性成果。为更高效地做好项目的申报工作，2023年3月24日，国家发展改革委发布236号文，强调项目发行条件，提供更多指引，如支持百货商场、购物中心、农贸市场等保障基本民生的社区商业项目等，同时对资金回收后的用途或去向，做出较为详细的约定。其中，不超过30%的净回收资金可用在存量资产盘活项目上；对于已经上市的项目，不超过10%的净回收资金可用在小股东退出或补充原始权益人流动资金上。进一步完善"募融管退"机制，形成投资的良性循环。为强化政策层面对科创债市场发展的支持，2023年4月28日，证监会发布《推动科技创新公司债券高质量发展工作方案》，提出实行科创企业"即报即审、审过即发"的"绿色通道"政策，极

大地满足了科创企业快速融资的需求，契合了行业特点。同时，将优质企业科创债纳入基准做市品种，增强科创债对投资者的吸引力，降低债券发行成本。

二 2023年城镇化政策梳理及影响分析

（一）2023年城镇化政策梳理

2023年的政府工作报告明确要持续推进区域协调发展和以人为核心的新型城镇化，加强城市基础设施建设，完善区县城市功能，增强综合承载能力。同时，紧密联系乡村振兴、"三大工程"、绿色低碳产业、数字化产业等领域，加快构建优势互补、高质量发展的区域经济格局。城投公司，特别是区县级城投公司，在推动所在区县、乡镇的基础设施建设和经济社会发展，助力实施乡村振兴战略等方面发挥着重要的作用。在债务规模和区县平台数双压降的背景下，城投公司更应坚定走好市场化转型道路，抢抓政策发展机遇，完成企业转型和新型城镇化推进工作和目标。

本文以相关政策发布时间为脉络，梳理2023年新型城镇化领域的政策（见表2）。

表2 2023年城镇化政策概览

日期	标题	文号
2023年1月12日	《国家发展改革委 住房和城乡建设部关于加快补齐县级地区生活垃圾焚烧处理设施短板弱项的实施方案的通知》	发改环资〔2022〕1863号
2023年1月18日	《国家发展改革委 住房城乡建设部 生态环境部印发〈关于推进建制镇生活污水垃圾处理设施建设和管理的实施方案〉的通知》	发改环资〔2022〕1932号
2023年2月6日	《国家乡村振兴局关于落实党中央国务院2023年全面推进乡村振兴重点工作部署的实施意见》	国乡振发〔2023〕1号

日期	标题	文号
2023 年 2 月 8 日	《水利部 农业农村部 国家林业和草原局 国家乡村振兴局关于加快推进生态清洁小流域建设的指导意见》	水保〔2023〕35 号
2023 年 2 月 16 日	《中国人民银行 交通运输部 中国银行保险监督管理委员会关于进一步做好交通物流领域金融支持与服务的通知》	银发〔2023〕32 号
2023 年 2 月 21 日	《水利部办公厅关于印发 2023 年水利乡村振兴工作要点的通知》	办振兴〔2023〕40 号
2023 年 4 月 13 日	《中央网信办等五部门印发〈2023 年数字乡村发展工作要点〉》	—
2023 年 4 月 19 日	《国家发展改革委等部门关于印发〈"十四五"时期社会服务设施建设支持工程实施方案〉的通知》	发改社会〔2023〕294 号
2023 年 4 月 23 日	《水利部 中国建设银行关于金融支持水利基础设施建设的指导意见》	水财务〔2023〕137 号
2023 年 5 月 11 日	《住房和城乡建设部办公厅关于印发城市燃气管道等老化更新改造可复制政策机制清单(第一批)的通知》	建办城函〔2023〕122 号
2023 年 5 月 11 日	《住房和城乡建设部办公厅关于印发〈城市黑臭水体治理及生活污水处理提质增效长效机制建设工作经验〉的通知》	建办城函〔2023〕118 号
2023 年 5 月 30 日	《水利部办公厅关于推进数字孪生农村供水工程建设的通知》	办农水函〔2023〕453 号
2023 年 6 月 16 日	《中国人民银行 国家金融监督管理总局 证监会 财政部 农业农村部关于金融支持全面推进乡村振兴 加快建设农业强国的指导意见》	银发〔2023〕97 号
2023 年 7 月 4 日	《国家发展改革委 国家能源局 国家乡村振兴局关于实施农村电网巩固提升工程的指导意见》	发改能源规〔2023〕920 号
2023 年 7 月 7 日	《住房城乡建设部关于扎实有序推进城市更新工作的通知》	建科〔2023〕30 号
2023 年 7 月 14 日	《关于积极稳步推进超大特大城市"平急两用"公共基础设施建设的指导意见》	—
2023 年 7 月 18 日	《住房城乡建设部等部门印发〈关于扎实推进 2023 年城镇老旧小区改造工作〉的通知》	建办城〔2023〕26 号
2023 年 7 月 21 日	《住房城乡建设部办公厅等关于印发〈完整社区建设试点名单〉的通知》	建办科〔2023〕28 号

续表

日期	标题	文号
2023 年 7 月 21 日	《关于在超大特大城市积极稳步推进城中村改造的指导意见》	—
2023 年 8 月 9 日	《住房城乡建设部关于推进工程建设项目审批标准化规范化便利化的通知》	建办〔2023〕48 号
2023 年 8 月 14 日	《中央财办等部门关于推动农村流通高质量发展的指导意见》	中财办发〔2023〕7 号
2023 年 8 月 15 日	《农业农村部 国家标准化管理委员会 住房和城乡建设部关于印发〈乡村振兴标准化行动方案〉的通知》	农质发〔2023〕5 号
2023 年 8 月 24 日	《国家发展改革委等部门关于印发〈环境基础设施建设水平提升行动(2023—2025 年)〉的通知》	发改环资〔2023〕1046 号
2023 年 8 月 25 日	《关于规划建设保障性住房的指导意见》	—
2023 年 8 月 28 日	《住房城乡建设部关于印发〈装配式建筑工程投资估算指标〉的通知》	建标〔2023〕46 号
2023 年 9 月 6 日	《住房城乡建设部办公厅 国家发展改革委办公厅关于扎实推进城市燃气管道等老化更新改造工作的通知》	建办城函〔2023〕245 号
2023 年 9 月 14 日	《自然资源部关于开展低效用地再开发试点工作的通知》	自然资发〔2023〕171 号
2023 年 9 月 20 日	《交通运输部关于推进公路数字化转型加快智慧公路建设发展的意见》	交公路发〔2023〕131 号
2023 年 10 月 7 日	《国家标准委 工业和信息化部 民政部 生态环境部 住房城乡建设部 应急管理部关于印发〈城市标准化行动方案〉的通知》	—
2023 年 11 月 2 日	《住房城乡建设部办公厅关于开展工程建设项目全生命周期数字化管理改革试点工作的通知》	建办厅函〔2023〕291 号
2023 年 11 月 15 日	《农业农村部关于农村产权流转交易规范化试点的批复》	农政改发〔2023〕4 号
2023 年 11 月 17 日	《工业和信息化部 公安部 住房和城乡建设部 交通运输部关于开展智能网联汽车准入和上路通行试点工作的通知》	工信部联通装〔2023〕217 号
2023 年 11 月 21 日	《自然资源部办公厅关于印发〈支持城市更新的规划与土地政策指引(2023 版)〉的通知》	自然资办发〔2023〕47 号
2023 年 11 月 26 日	《国务院办公厅关于转发国家发展改革委〈城市社区嵌入式服务设施建设工程实施方案〉的通知》	国办函〔2023〕121 号

日期	标题	文号
2023年11月28日	《住房城乡建设部关于全面推进城市综合交通体系建设的指导意见》	建城〔2023〕74号
2023年12月5日	《自然资源部关于印发〈土地征收成片开发标准〉的通知》	自然资规〔2023〕7号
2023年12月6日	《国家发展改革委办公厅关于印发首批碳达峰试点名单的通知》	发改办环资〔2023〕942号
2023年12月6日	《住房城乡建设部关于全面开展城市体检工作的指导意见》	建科〔2023〕75号
2023年12月22日	《住房城乡建设部办公厅关于印发城镇老旧小区改造可复制政策机制清单(第八批)的通知》	建办城函〔2023〕378号
2023年12月29日	《国家发展改革委等部门关于深入实施"东数西算"工程加快构建全国一体化算力网的实施意见》	发改数据〔2023〕1779号

资料来源:根据公开资料整理。

(二)2023年城镇化政策影响分析

1. 乡村振兴,推进现代化经济体系建设

"十四五"规划已经实施过半,当前是巩固拓展脱贫攻坚成果、接续推动脱贫攻坚成果同乡村振兴有效衔接的关键时刻。国家乡村振兴局部署了2023年乡村振兴重点工作,在扶贫方面,提出要巩固脱贫成果,坚守不发生规模性返贫底线。推动乡村振兴走深走实,要从提升乡村产业发展水平、乡村建设水平、乡村治理水平以及推动金融赋能乡村振兴发展等方面着手实施。

一是乡村产业发展水平的提升。国家乡村振兴局1号文件着重提出,要加大中央财政衔接资金支持产业发展的力度,逐步提高用于产业发展的比重,2023年以省为单位力争达到60%,重点支持产业基础设施建设和全产业链开发,做好"土特产"文章,因地制宜培育特色优势主导产业。农业农村部等部门发布的《乡村振兴标准化行动方案》同样强调了产业振兴的重要性,提出建立健全现代化农业全产业链标准体系,围绕三次产业融合打

通全产业链。

二是乡村建设水平的提升。乡村基础设施整体薄弱且投资力度不足，《水利部办公厅关于印发 2023 年水利乡村振兴工作要点的通知》强调，要统筹实施水利乡村振兴工作，做到与具体业务工作同研究、同部署、同实施，并对中西部 22 个省份开展"一对一"水利乡村振兴监督检查，督促指导地方推进年度目标任务实施。持续跟踪"十四五"巩固拓展水利扶贫成果同乡村振兴水利保障有效衔接规划实施进度，并开展规划中期评估。通过以上几点可以看出，提升乡村建设水平，不仅要加大对乡村振兴的投资力度，更要对正在投建的项目跟踪监督，确保落实到位。

三是乡村治理水平的提升。随着乡村新型基础设施的加快建设，数字化、网络化、智能化技术在乡村得到普及和运用，为乡村治理现代化提供了新的路径。中央网信办等五部门在数字乡村发展工作要点文件中部署了 10 个方面的重点任务，其中提到要提升乡村治理数字化水平，包括加强农村党务政务村务信息化建设、增强农村社会综合治理数字化能力、完善农村智慧应急管理体系。

四是推动金融赋能乡村振兴发展。主要在乡村产业发展和乡村基础设施建设两个方面给予金融资源支持。中国人民银行等五部门发布《关于金融支持全面推进乡村振兴 加快建设农业强国的指导意见》，提出加大乡村产业高质量发展金融资源投入力度，培育发展多元化新产业和新业态。同时，加强乡村基础设施建设支持力度，建立健全农业农村基础设施建设融资项目库，强化信息共享和服务对接，加大对产业园区、旅游景区、乡村旅游重点村一体化建设的信贷支持力度。

2. "三大工程"，推动城市高质量发展

2023 年，我国房地产持续低迷，国家层面陆续出台刺激政策以积极稳妥化解房地产风险，促进房地产市场平稳健康发展。保障性住房建设、"平急两用"公共基础设施建设、城中村改造等"三大工程"应运而生，成为 2023 年投融资领域备受关注的热词和发展动向。我国房地产的供求关系已经发生了实质性变化，增量时代已经逐步切换至存量时代，以往的高负债率、高周转率的房地产开发模式已不再奏效，要以城市高质量发展、提升市民居住环境为目标的城市更新为主线发展房地产。

2023年4月28日，中央政治局会议明确提出要规划建设保障性住房，加大保障性住房供给。8月25日，国务院常务会议审议通过保障性住房规划建设14号文。从目标上看，一是要解决部分群众住房难问题，保民生；二是要建立房地产业转型发展新模式。从重点任务来看，要支持盘活利用市内老旧、低效闲置的工业、商业、办公等非住宅用地建设保障性住房，且变更土地用途时不需要补缴土地价款。这一举措将有效盘活存量资产，但也存在保障用地供给意愿不强的问题，如地块所处位置具有较高的商业价值时，完全可以通过市场化运作参与正常的土地拍卖，以开发更高的商业价值。此外，保障性住房也应满足住户的日常基本需求，要加强和完善周边配套设施，如水电气、教育、医疗资源以及社区服务等。对此，城市更新、社区建设、城市社区嵌入式服务建设等相关政策文件陆续出台，以保障和提升居民的居住条件。

推进超大特大城市城中村改造在2023年4月28日举行的中央政治局会议上首次被提及，同年7月21日的国务院常务会议审议通过了《关于在超大特大城市积极稳步推进城中村改造的指导意见》，进一步细化了具体工作要求。该政策一经发布，就被市场解读为"二次棚改"。然而，此次城中村改造侧重于提高资源利用效率和城市空间品质，与以往的大拆大建有着本质的区别，旨在更好地推进城市治理现代化。此外，需要地方政府高度重视的是，城中村改造项目对资金的需求大、要求高，主要是因为项目的改造周期较长，要做好资金长远规划，防止期限错配。资金来源上，除了文件中提到的地方政府专项债券，城中村改造专项借款也已在全国各主要城市陆续获得批复。

2023年7月14日，国务院常务会议审议通过了《关于积极稳步推进超大特大城市"平急两用"公共基础设施建设的指导意见》，旨在提升全国主要城市应急保障能力和公共卫生防控救治能力。该文件的出台对城市及周边的存量资产盘活和乡村振兴起到了积极作用，也存在平衡经济与社会效益、

两用功能转换问题。一是增加的"急时"功能，一定程度上增加了投资总额，给项目资金的还款带来一定压力；二是平急两用功能转换难度较大，如闲置较久的设备得不到及时升级、日常维护保养等，无论是成本还是转换要求都将是挑战。

城投公司在参与"三大工程"项目建设中，最需要高度重视的是项目本身和资金需求上的联系。优质项目对资金的要求普遍较高，城投公司首先应当考虑的是资金平衡问题，谨防新增隐性债务风险以及投融资期限错配的风险。

3. "双碳"产业，可持续发展绿色引擎

随着碳达峰时间的临近，各行各业都将面临转型和可持续发展问题，绿色低碳转型已进入加速期。2023 年出台的政策文件聚焦于城市公共事业类板块，其次是建筑工程领域。为加快补齐区县城市生活垃圾焚烧处理设施的短板和弱项，《国家发展改革委 住房和城乡建设部关于加快补齐县级地区生活垃圾焚烧处理设施短板弱项的实施方案的通知》强调，要合理确定生活垃圾焚烧余热利用方式，对满足上网发电条件的优先发电，不满足的应加强与工业园区衔接联动供热，以降低设施运营成本。这项支持举措为城投公司解决业务和收入来源单一问题提供了有益思路，即加强链式思维，以垃圾焚烧为核心业务，向周边相关产业延链。

房建领域的发展模式已经发生质的变化，房建领域的绿色低碳转型已迫在眉睫，装配式建筑作为绿色低碳建筑的重要组成部分逐渐受到关注。为促进装配式建筑健康发展，解决投资估算难题，住房和城乡建设部编制了《装配式建筑工程投资估算指标》，并于 2023 年 11 月 1 日起正式实施，为提高施工水平、选择合适的施工工艺和工法以及成本控制提供了重要参考和指引。当前正处于房地产转型期，房建放缓，财政压力较大，城投公司可拓展全新的房建领域，如装配式建筑，同时做好业务前期准备工作，如做好可行性研究，研判市场需求，研发适用于更多场景的建造技术，如水利、桥梁、学校、医院等场景。

2023 年 12 月 6 日，国家发展改革委办公厅公布首批碳达峰试点名单，

包括 15 个省份的 25 个城市以及 10 个园区。入选地区主要分为三大类，分别为以水利、光伏、风能等可再生能源为主的能源型，以煤炭、天然气为主的资源型，以智能电网、新能源汽车、人工智能为主的技术型。在试点城市中的城投公司，可依照所处的区域特色和定位，布局发展绿色低碳产业。后期还要考虑各城市在能源协同发展体制机制上的完善工作，如利用高新技术，打破各项壁垒，提升能源、资源利用效率等。

4. 产业数字化，创新发展新机遇

数字化发展正加快渗透各行各业的细分领域。2023 年 9 月 20 日，交通运输部发布 131 号文，强调支持重大项目建设单位在设计、施工、项目管理等层面运用数字化工具对项目全过程进行论证和策划，建立数据可传递的全生命周期模型，同时鼓励采用设计施工总承包方式促进数据流通。2023 年 11 月 17 日，工信部联合公安部、住建部、交通运输部发布 217 号文，对智能网联汽车上路准入制定了详细的通行条件。上述两份文件涵盖从智慧道路建设到相关智能网联汽车的准入上路通行，正逐步构建和完善我国智能化交通体系。城投公司是地方交通基础设施建设的重要实施主体，这一体系的构建能为城投公司解锁更多业务机会，推动其逐步由道路施工建设方向道路综合运营商转变，同时为交通类城投公司的产业转型带来新动力。

数字化不断改变房建领域，从规划设计到施工建设，再到最后的运营维护的全生命周期都受数字化影响，2023 年 11 月 2 日，住房和城乡建设部办公厅发布 291 号文，公布了 27 个改革试点地区。数字化能够在较短时间内迅速渗透各行各业以及细分产业领域，并做到高效运转，这离不开算力保障。2023 年 12 月 29 日，国家发展改革委等部门发布 1779 号文，提出截至2025 年底，我国 60% 以上的新增算力将来源于国家枢纽节点地区，同时，我国将逐步构建算力与电力双向协同发展机制，绿色电力占比将超过 80%。该文件强调支持产权清晰、运营状况良好的绿色数据中心集群、传输网络、城市算力网、算电协同等项目探索发行基础设施领域不动产投资信托基金。对此，城投公司可发挥其在城市基础设施建设、运营方面的优势，积极参与项目的投资、建设和运营。

三 2023年国资国企改革政策梳理及影响分析

（一）2023年国资国企改革政策梳理

2023年是全面贯彻落实党的二十大精神的开局之年，也是实施"十四五"规划承上启下的一年，更是国资国企改革深化开局之年，实现高质量发展，做好国资国企工作意义重大。因此，中央及地方出台多项深化国资国企改革的政策文件予以支持。持续健全完善国资监管体制，加大国资国企监管力度；建立具有中国特色的国有企业合规管理体系，全面推进企业合规管理，提高防范和化解风险的能力；推进整合重组助力国企高质量发展。

本文以相关政策的发布时间为脉络，梳理2023年与国资国企改革相关的政策（见表3）。

表3 2023年国资国企改革政策概览

日期	标题	文号
2023年2月3日	《关于印发〈金融机构国有股权董事议案审议操作指引（2023年修订版）〉的通知》	财金〔2023〕2号
2023年2月6日	《中共中央 国务院印发〈质量强国建设纲要〉》	—
2023年2月9日	《关于做好2023年中央企业投资管理 进一步扩大有效投资有关事项的通知》	—
2023年2月15日	《中共中央办公厅 国务院办公厅印发〈关于进一步加强财会监督工作的意见〉》	—
2023年2月17日	《非上市公众公司重大资产重组管理办法》	证监会令第213号
2023年2月17日	《上市公司重大资产重组管理办法》	证监会令第214号
2023年2月20日	《关于印发〈国有企业、上市公司选聘会计师事务所管理办法〉的通知》	财会〔2023〕4号
2023年2月25日	《关于做好2023年中央企业内部控制体系建设与监督工作有关事项的通知》	国资厅监督〔2023〕8号
2023年2月27日	《中共中央 国务院印发〈数字中国建设整体布局规划〉》	—

日期	标题	文号
2023 年 3 月 16 日	《关于印发创建世界一流示范企业和专精特新示范企业名单的通知》	国资厅发改革〔2023〕4 号
2023 年 3 月 28 日	《关于进一步加强中央企业质量和标准化工作的指导意见》	—
2023 年 4 月 14 日	《国务院办公厅关于上市公司独立董事制度改革的意见》	国办发〔2023〕9 号
2023 年 4 月 17 日	《关于做好 2023 年中央企业违规经营投资责任追究工作的通知》	国资厅发监责〔2023〕10 号
2023 年 4 月 19 日	《中央企业财务决算审核发现问题整改和责任追究工作规定》	国资发监责规〔2023〕25 号
2023 年 4 月 27 日	《关于开展对标世界一流企业价值创造行动的通知》	国资发改革〔2022〕79 号
2023 年 5 月 6 日	《关于印发〈中央企业债券发行管理办法〉的通知》	国资发产权规〔2023〕34 号
2023 年 5 月 8 日	《人力资源社会保障部办公厅关于印发〈国有企业内部薪酬分配指引〉的通知》	人社厅发〔2023〕14 号
2023 年 5 月 25 日	《关于中央企业新型智库建设的意见》	国资厅发研究〔2023〕19 号
2023 年 6 月 5 日	《关于印发〈中央党政机关和事业单位所属企业国有资本产权登记管理暂行办法〉的通知》	财资〔2023〕90 号
2023 年 6 月 23 日	《国有企业参股管理暂行办法》	国资发改革规〔2023〕41 号
2023 年 6 月 26 日	《国家金融监督管理总局关于印发企业集团财务公司监管评级办法的通知》	金规〔2023〕1 号
2023 年 7 月 25 日	《关于转发〈央企控股上市公司 ESG 专项报告编制研究〉的通知》	—
2023 年 8 月 1 日	《上市公司独立董事管理办法》	证监会令第 220 号
2023 年 8 月 21 日	《关于印发〈企业数据资源相关会计处理暂行规定〉的通知》	财会〔2023〕11 号
2023 年 9 月 6 日	《企业合规管理职业经理人考评要素》	—
2023 年 10 月 9 日	《关于加强审计报告查验工作的通知》	财会〔2023〕15 号
2023 年 12 月 8 日	《中国证监会 国务院国资委关于支持中央企业发行绿色债券的通知》	证监发〔2023〕80 号

资料来源：根据公开资料整理。

（二）2023年国资国企改革政策影响分析

《国有企业改革深化提升行动方案（2023—2025年）》的印发标志着继国企改革三年行动之后的新一轮改革的正式启动，这是党中央、国务院做出的全面、深层次的改革部署。该方案从产权改革、专项改革、战略规划、国资监管以及三项制度等多个方面深化国有企业改革，旨在提升国有企业的核心功能、核心竞争力和创新能力。2023年，在多项政策的指引和影响下，国有企业在经营效益、改革和创新、世界一流企业建设等方面卓有成效，为国有企业高质量发展打下了坚实基础。

1. 国资监管和风险防控力度加大

要持续加大对国资国企重大经营风险防控的力度，2023年4月国务院国资委发布《关于做好2023年中央企业违规经营投资责任追究工作的通知》，明确2023年违规经营投资责任追究工作的要求和任务。同月，国务院国资委发布25号文，提出国有企业改革首先要加强监管，从业务监督、综合监督、责任追究三个方面，建立国有资产出资人的监督链条，以规避国有资产流失风险。要打造事前制度规范、事中跟踪监控、事后监督问责的监管闭环。

2. 国企合规管理持续加强

合规管理对于提升企业的法治能力和核心竞争力具有重要作用，为适应外部环境变化和合规管理的发展趋势，国有企业应坚持高质量发展理念，探索建立有中国特色的国有企业合规管理体系。全面推进国有企业合规管理，提高化解风险的能力，是实现企业资产安全、健康发展的内在需要，也是落实企业战略的重要保障。内部控制是实现企业合规管理的重要手段。2023年4月，国务院国资委办公厅出台《关于做好2023年中央企业内部控制体系建设与监督工作有关事项的通知》，旨在对央国企新一轮内控体系建设和监督三年工作进行部署安排，并提出新要求。为降低国有企业和上市公司选聘会计师事务所存在的暗箱操作、自由裁量、滋生腐败及低质低价竞争的风险，2023年5月财政部等三部门联合印发《国有企业、上市公司选聘会计师事务所管理办法》，要求国有企业完善选聘会计师事务所的相关规定。

3.国企高质量发展加速推进

国有企业改革三年行动方案主体任务完成，改革已进入深水区。党的二十大报告和《国有企业改革深化提升行动方案（2023—2025年）》对国企深化改革进行了新的重大部署，为促进国企高质量发展指明了方向和任务，明确了目标和改革途径。2023年3月，国家市场监督管理总局、国务院国资委发布《关于进一步加强中央企业质量和标准化工作的指导意见》，旨在发挥央企在质量和标准化工作中的示范带动作用，推动央企转变发展方式，提高产品服务质量和效益效率。国务院国资委在央企建设新型智库意见中，强调要建成一批能够支撑企业、引领行业、服务国家、面向全球的新时代央企新型智库，为国企高质量发展提供智力支撑。争取在2035年，完成央企新型智库体系的全面构建工作；截至2025年，建设5~10家具有影响力的央企新型智库机构。

4.国企整合重组深入推进

整合重组是国有企业增强核心功能、提升核心竞争力的有效途径，做强做优国有资本和国有企业是推动经济社会发展的重要路径。为有效推进和保障国有企业整合重组实施，2023年2月，中国证券监督管理委员会2023年第2次委务会议审议通过了非上市公众公司和上市公司的重大资产重组管理办法，明确了非上市公众公司的重大资产重组责任，提出加强违法违规惩处，更多强调的是要压实各参与方责任，强化重组监管对上市公司"持续经营能力"的判断。

5.国企参股投资监管力度加大

2023年5月24日，国资委召开了中央企业加快发展战略性新兴产业部署会，强调国资央企不仅要将重点转到新的产业体系上来，而且要转到新兴产业引领的站位上。全力以赴发展战略性新兴产业，已然成为深化国资国企改革的重要突破口之一。作为发展战略性新兴产业的重要抓手，战略性参股投资被央国企扩展和应用，数量不断增加，多样性持续丰富。为强化参股经营投资管理，加强审核把关，完善内控体系，加强风险防范，严防国有资产

流失，促进国有资产保值增值，2023 年 6 月 23 日，国务院国资委发布《国有企业参股管理暂行办法》。该文件在这个阶段出台确实很有必要，也很及时，开门见山地提出了四个基本原则，即依法合规、突出主业、强化管控和合作共赢。在此基础上，按照"投、管、退"三大阶段指明了国有企业开展参股投资和参股企业管理的方向和要点。

6. 世界一流企业创建全面推进

创建世界一流企业是增强国有企业核心功能和提高国有企业核心竞争力、促进经济转型发展的必然要求。为加快落实该目标，2023 年 3 月 16 日，国务院国资委发布世界一流示范企业和专精特新示范企业的创建名单，从产品、品牌、创新、治理等方面明确了构建世界一流示范企业的标准。在中央企业创建世界一流示范企业工作推进会上，新增了 10 家央企，进一步对世界一流示范企业的创建提质扩容。4 月 27 日，国务院国资委发布《关于开展对标世界一流企业价值创造行动的通知》，主要从效益效率、创新驱动、国家战略、效能提升、可持续发展、共建共享、体系建设七个方面对创建世界一流企业做出行动性指引。

B.3
2023年城投债券市场分析

袁海霞　汪苑晖　张堃*

摘　要：　2023年，在稳增长政策与"一揽子化债方案"加持下，城投债发行、净融资明显改善，但进入第四季度，在化债提速与严控新增隐债要求下，城投债发行审核有所收紧，净融资转负，城投债借新还旧比例进一步抬升。展望2024年，伴随分类管理、差异化融资政策落地，城投净融资大概率较2023年回落，化债仍将是全年工作重点。同时，需关注"名单制"及分类管理下的城投融资分化和付息压力，且在"一揽子化债方案"推进下仍需关注城投基本面实际改善情况，警惕到期压力加剧、借新还旧比例高位抬升下的流动性问题。此外，还需关注化债不及预期而引发市场扰动的可能。

关键词：　城投债市场　信用状况　债务化解

一　城投债市场现状分析

（一）城投债市场运行特点

截至2023年底，存量城投债①约1.98万只，规模约14.38万亿元，规

---

*　袁海霞，中诚信国际信用评级有限责任公司研究院执行院长，财政部政府债务咨询专家，中国宏观经济论坛（CMF）主要成员，主要研究方向为地方债与城投行业、宏观经济、债券市场；汪苑晖，中诚信国际信用评级有限责任公司研究院资深研究员，主要研究方向为评级监管、地方政府债券等；张堃，中诚信国际信用评级有限责任公司研究院资深研究员，主要研究方向为评级监管、地方政府债券等。

①　城投债是以城市基础设施投融资行业为基础，同时考虑公共服务及其相关领域企事业单位所共同形成的广义的城投债券，是城投债券的主要形式，本文基于城投债分析城投债券市场。

模同比增长 13.95%；存量城投债规模占信用债的 43.05%，同比抬升 2.54 个百分点。其中，基础设施投融资行业债券存量规模为 13.96 万亿元，占城投债存量规模的 97.08%。① 从结构上看，存量城投债仍以私募债、一般中期票据为主，AA+ 及以上级主体、地市级、城市基建类城投债占比较高。

1. 稳增长与化债提速下城投债发行、净融资改善，结构性分化持续存在

在稳增长政策延续、"一揽子化债方案"推进下，城投行业融资环境有所改善，2023 年城投债发行及净融资规模同比增长；但在严控新增隐债要求下，下半年城投债发行审核整体收紧，第四季度净融资转负。2023 年城投债发行规模为 58896.14 亿元，同比增长 27.06%；净融资规模为 8884.50 亿元，同比增长 18.28%（见图 1）。受超万亿元特殊再融资债密集发行降低流动性风险等影响，第四季度城投债发行规模环比下降 27.64%，净融资规模为 -1021.23 亿元，环比下降 130.96%、同比下降 2.67%。基础设施投融资行业债券发行规模 5.69 万亿元，同比增长 27.52%，净融资规模为 8561.76 亿元，同比增长 17.13%。2023 年城投债发行规模占全部信用债发行规模的 39.65%，同比增长 7.65 个百分点，受第四季度 ABS 大规模融出影响，信用债全年净融出 1188.86 亿元，城投债仍保持净融入，剔除 ABS 后，城投债净融资规模是信用债净融资规模的 1.22 倍，城投债融资表现仍然优于其他类别信用债。严控新增隐债要求下城投债发行审核②整体收紧，2023 年银行间交易商协会注册通过率③为 52.24%，同比下跌 27.48 个百分点；交易所终止审查率④为 6.21%，同比上升 1.79 个百分点。2023 年下半

---

① 资料来源：中诚信国际城投行业数据库。

② 城投债的审核机构包括中国人民银行（下辖银行间交易商协会）、证监会（下辖沪深交易所）、发改委三家，分别负责审核非金融企业债务融资工具、公司债、企业债。由于企业债在城投债存量及新发行规模中占比均较小，且 2023 年 4 月 21 日起企业债审核已开始由发改委移交至证监会，目前处于审核机构变革的过渡期内，因此本报告仅以银行间交易商协会、沪深交易所审核情况为研究对象，不考虑发改委审核部分。

③ 银行间交易商协会注册通过率=完成注册的城投债规模/反馈项目状态的城投债总规模。由于银行间市场未公布中止注册的债券，这里只能用注册通过率代表审批趋势。

④ 交易所终止审查率=终止审查的城投债规模/反馈项目状态的城投债总规模，由于交易所显示"已反馈"的城投债占比过高，无法直接判断通过率，这里只能用终止审查率代表审批趋势。

年银行间交易商协会注册通过率较上半年明显下降，交易所终止审查率较上半年明显上升，进一步说明城投发行审核呈现收紧态势。①

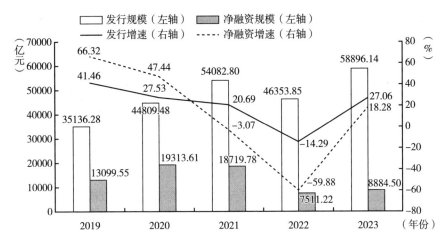

图1 2019~2023年城投债发行与净融资规模及其增速

资料来源：Wind、中诚信国际城投行业数据库。

结构性分化持续存在，AA及以下级城投公司融资明显较弱。分行政层级看，省级、地市级、区县级城投公司净融资规模同比变动幅度分别为−1.14%、26.67%、11.76%，受优质主体信贷替代效应影响，省级城投公司净融资规模小幅下滑（见图2）；分信用级别看，AAA级、AA+级城投公司净融资规模同比增幅分别为0.47%、54.30%，AA级城投公司净融资规模转负，同比大幅下滑928.2亿元，至−721.64亿元，AA−及以下级城投公司净融资规模持续为负（见图3），进一步说明弱资质城投公司融资仍受限。

2. 发行期限仍呈短期化、私募债占比提高，借新还旧比例高位抬升

2023年城投债发行短期化趋势持续，私募债规模占比居首位且继续抬升，借新还旧比例高位抬升。2023年城投债的发行情况，从发行期限看，发行期限为1~3年（含3年）的占比最高，为40.21%，同比抬升9.03个

---

① 资料来源：中诚信国际城投行业数据库。

城投蓝皮书

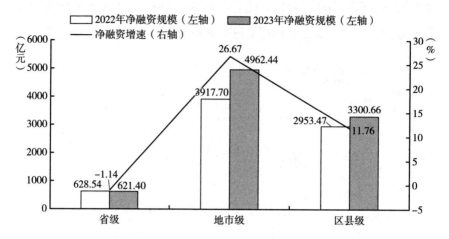

图2　2022~2023年不同行政层级城投公司净融资规模

资料来源：Wind、中诚信国际城投行业数据库。

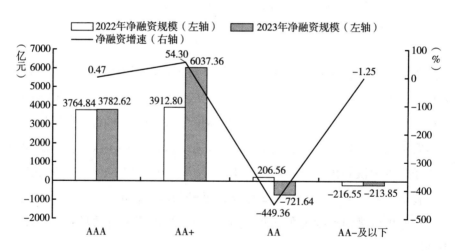

图3　2022~2023年不同信用级别城投公司净融资规模

资料来源：Wind、中诚信国际城投行业数据库。

百分点（见图4）。从债券品种看，私募债占比持续抬升，为28.34%，同比上升4.78个百分点（见图5），反映了城投公司公募债发行仍有一定难度。从募集资金用途看，城投债借新还旧比例进一步高位抬升，2023年新发行

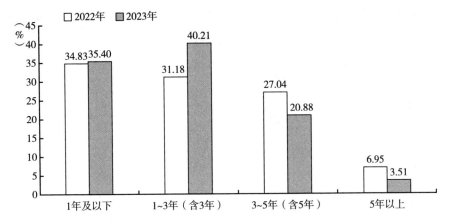

图4 2022~2023年不同发行期限城投债发行规模占比

资料来源：Wind、中诚信国际城投行业数据库。

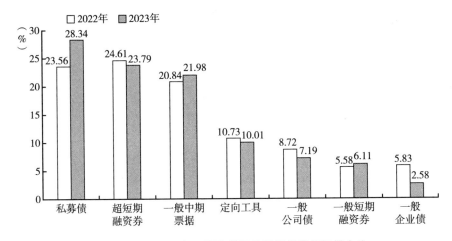

图5 2022~2023年不同债券品种城投债发行规模占比

资料来源：Wind、中诚信国际城投行业数据库。

注：2022年新发行城投债中另有 ABS 占比 0.07%，ABN 占比 0.06%，未在图中展示。

城投债狭义借新还旧比例（按规模）达到86.99%，同比抬升5.1个百分点（见图6），广义借新还旧比例（按规模）① 达到90.56%，其中第四季度广

---

① 广义借新还旧比例（按规模）为募集资金用途含借新还旧的新发行城投债规模占比；狭义借新还旧比例（按规模）为募集资金用途仅为借新还旧的新发行城投债规模占比。

义借新还旧比例高达96.3%；借新还旧债券中发行期限为3年及以下的占比近八成，表明短债或更加依赖借新还旧滚续。①

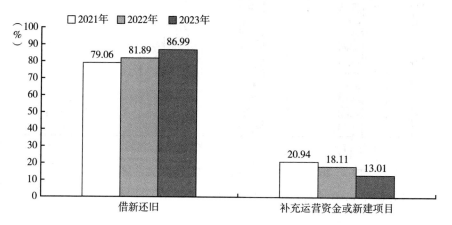

图6 2021~2023年不同募集资金用途城投债发行规模占比

资料来源：Wind、中诚信国际城投行业数据库。

3. 发行利率波动下行、同比小幅上升

2023年城投债发行利率波动下行、同比小幅上升，第四季度发行利率回落至2022年加权平均水平，不同信用级别、债券品种、行政层级主体发行利率均上行。2023年城投债加权平均发行利率为4.02%，同比上升0.25个百分点，主要受2022年末理财赎回潮冲击影响利率大幅调升所致；2023年受利率中枢整体下移、优质城投债需求上升、弱资质城投公司发行受阻以及发行期限短期化等因素影响，城投债发行利率波动下行，第四季度发行利率逐渐回落至2022年加权平均水平，11月发行利率达到年内低点，同比下滑0.48个百分点，12月发行利率环比小幅上升，但同比下降1.02个百分点。从结构上看，AAA级、超短期融资券、省级城投公司发行利率同比上升幅度较大（见图7、图8、图9）。②

---

① 资料来源：中诚信国际城投行业数据库。
② 资料来源：中诚信国际城投行业数据库。

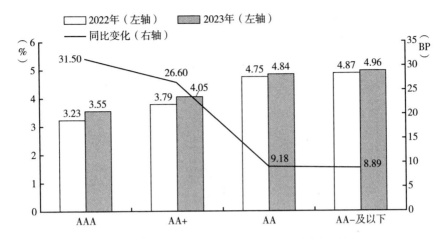

图7 2022~2023年不同信用级别城投债发行利率

资料来源：Wind、中诚信国际城投行业数据库。

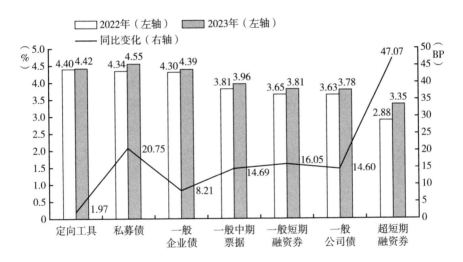

图8 2022~2023年不同债券品种城投债发行利率

资料来源：Wind、中诚信国际城投行业数据库。

4.资产荒及化债政策利好下交易规模大幅增长，到期收益率和交易利差整体下行

2023年城投债交投保持活跃，交易规模同比大幅增长，到期收益率、交易利差均下行，收益率曲线整体趋于平缓。2023年城投债现券交易规模

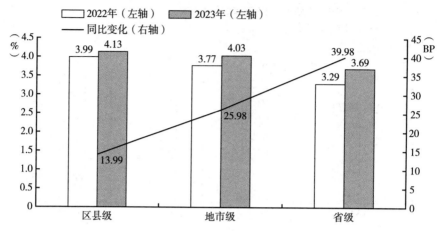

图9　2022~2023年不同行政层级城投公司城投债发行利率

资料来源：Wind、中诚信国际城投行业数据库。

为21.10万亿元，同比大幅增长30.22%；不同信用级别、不同发行期限城投债到期收益率①均下行，且长端下行幅度大于短端，收益率曲线趋于平缓；"一揽子化债方案"提振市场情绪，结构性资产荒下市场对城投债偏好整体抬升，不同信用级别、不同发行期限城投债交易利差均压缩，且相同发行期限城投债中信用级别越低的城投债，交易利差压缩幅度越大，3年期AA级城投债交易利差降幅最大，达106.24BP，1年期AAA级城投债交易利差降幅最小，为25.77BP（见图10）。

（二）信用状况

1. 信用事件：非标债违约数量明显增加

2023年城投共发生2起标准债延迟兑付事件、42起非标债违约事件。标准债延迟兑付事件为云南昆明2家地市级城投公司昆明土投、昆明滇投在5月发生的短融产品延迟兑付。42起非标债违约事件涉及44家城投公司，风险事件及违约平台数量均高于2022年。从地域分布看，非标债违约事件集中在山

---

① 1年期、3年期和5年期的AA级、AA+级和AAA级城投收益率。

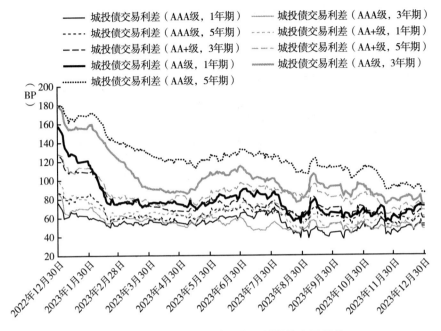

图10　不同信用级别、发行期限城投债交易利差

资料来源：Wind、中诚信国际城投行业数据库。

东（青岛、潍坊、德州、淄博）（20起）、云南（昆明、瑞丽）（7起）、贵州（遵义、黔南州、黔东南州、六盘水、毕节）（7起）等省份。从违约产品类型看，信托担保违约较多，发生23起（其中有10起同时涉及信托计划违约），其次是定融产品（17起）、信托计划（11起）。2023年城投公司定融产品违约事件频发，反映了相关主体再融资受限严重、信用风险较高。从违约方行政层级看，地市级、区县级城投公司分别为16家、28家（见图11）。从违约角色看，有15家融资方、21家担保方、8家既为融资方又为担保方。

2. 级别调整：以上调为主，下调主体均为贵州区县级城投公司

2023年，共有42家城投公司发生86次级别（展望）调整，其中31家涉及主体级别调整、27家涉及债项级别调整、9家涉及评级展望调整。主体级别调整中29家为上调，其中21家为地市级、8家为区县级，集中在江苏、浙江等地；2家下调主体均为贵州六盘水区县级城投公司（见图12）。

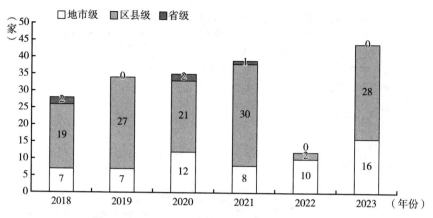

图11 2018～2023年城投债违约方行政层级情况

资料来源：中诚信国际城投行业数据库。

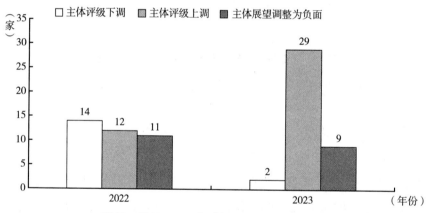

图12 2022～2023年城投公司主体级别调整

资料来源：中诚信国际城投行业数据库。

债项级别调整中有57只上调、4只下调，下调主体均为贵州区县级城投公司（见图13）。评级展望调整均为下调，其中云南、贵州、甘肃的6家城投公司下调至负面，山东的3家城投公司列入评级观察名单。

3.异常交易：数量增加，规模扩大，山东、贵州多发

城投公司异常交易数量增加、规模扩大，山东异常交易规模居全国首位，贵州贵安发展集团有限公司异常交易数量最多。2023年共有590家城

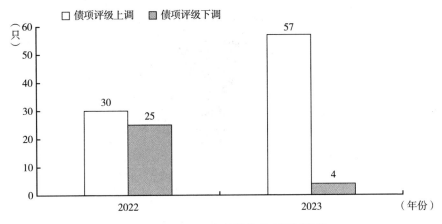

图13　2022~2023年城投债债项级别调整

资料来源：中诚信国际城投行业数据库。

投公司的 1353 只债券发生 9909 次异常交易，异常交易规模 4765.14 亿元，同比大幅增加 23.97%。从信用级别和行政层级看，弱资质主体异常交易规模占比较高，AA 级及以下、区县级城投公司异常交易规模占比分别为 51.23% 和 50.86%（见图14、图15）。从区域看，山东异常交易规模明显高于其他省

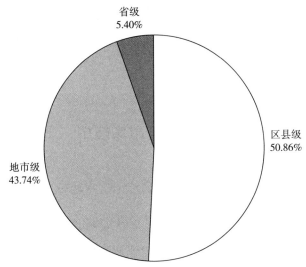

图14　2023年不同行政层级城投公司异常交易规模占比

资料来源：Wind、中诚信国际城投行业数据库。

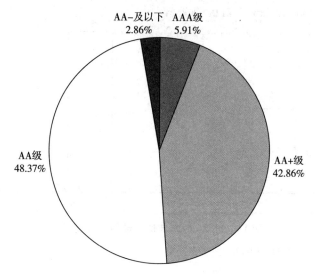

图15　2023年不同信用级别城投公司异常交易规模占比

资料来源：Wind、中诚信国际城投行业数据库。

份，为1354.40亿元（占比28.42%），其次为贵州，为759.22亿元（占比15.93%）；贵州、安徽、广西、青海异常交易的城投债净价偏离度均值较高，偏离度均超过6%。贵州贵安发展集团有限公司异常交易数量最多，达315次，与该公司2023年以来被纳入被执行人名单、多次票据逾期、营收同比大幅下滑有关。①

二　城投债市场展望

（一）到期及回售规模或超5万亿元，重点区域再融资压力较大

2024年城投债到期偿还压力仍较大，大量城投债集中在3月、4月到期，天津、云南、甘肃、内蒙古城投债到期规模占存量债的比重超60%，

---

① 资料来源：中诚信国际城投行业数据库。

再融资压力较大。预计 2024 年城投债到期规模约 3.83 万亿元，若按照 2023 年70%①的真实回售比例进行回售，回售规模为 1.33 万亿元，到期及回售总额达 5.16 万亿元，其中 3 月、4 月偿债压力较大，均超 5000 亿元。从规模占比看，AA+级、地市级城投债到期及回售规模占比较高，分别为 43.30%、43.12%，同比抬升 1.55 个百分点、下降 2.84 个百分点；从主体数量占比看，AA 级、区县级城投公司占比较高，分别为 48.25%、53.87%，同比下降 3 个百分点、抬升 3.8 个百分点②；从区域偿债压力看，内蒙古、青海、天津等地风险相对较高，存量城投债中超过 60% 面临到期，债务滚动压力相对更大。

（二）化债方案推进下提前兑付规模大幅提高，有望进一步扩大

在"一揽子化债方案"推进、特殊再融资债密集发行背景下，2023 年城投债提前兑付规模上升，特别是第四季度提前兑付节奏明显加快，兑付主体以 AA 级、区县级城投公司为主。2023 年共计 1401 只城投债提前兑付，总规模为 4147.38 亿元，同比大幅增长 86.33%，其中第四季度提前兑付规模为 1684.40 亿元，环比增长 66.30%。从兑付主体来看，提前兑付的城投债主体以 AA 级和区县级城投公司为主，分别占比 35.08%、44.01%。从区域分布来看，随着"一揽子化债方案"持续推进、特殊再融资债密集发行，部分城投公司或出于流动性改善、优化融资安排压降成本、重组需提前进行债务处置等原因持续开展提前兑付，贵州、湖南、湖北等地提前兑付规模均超 300 亿元，2024 年延续了 2023 年的提前兑付趋势，部分特殊再融资额度较高但现阶段提前兑付规模较小的省份，如云南、天津、吉林、重庆等，后续存在加快提前兑付城投债的可能性。

---

① 2023 年，随着化债加速推进，城投债发行人主动下调票面利率引导投资人回售，导致当年回售规模大幅增长。2023 年城投债实际回售规模为 1.2 万亿元，约占可回售规模的 70%；若 2024 年按 100% 回售，则 2024 年到期及回售总规模为 5.73 万亿元。

② 资料来源：中诚信国际城投行业数据库。

（三）城投债发行规模约6.5万亿元，借新还旧比例或进一步抬升

2023年下半年，随着"一揽子化债方案"推进、万亿元特殊再融资债密集发行、金融支持化债举措落地，市场情绪与城投流动性风险有所缓释，但在中央经济工作会议的"稳妥化解融资平台存量债务风险，严格控制新增债务"要求下，后续城投债发行审核或进一步趋严，叠加对融资平台的约束，2024年城投债净融资规模大概率同比下滑，预计在0.5万亿元左右：若按社融及存量信用债结构预测，城投债净融资或缩至0.54万亿；若根据分类管理下的募集资金用途预测，城投债净融资或下降至0.51万亿。考虑到目前存量城投债中约3.83万亿元将于2024年到期，另有约1.9万亿元将进入回售期，以及2023年城投债主动下调票面利率引导投资人回售，导致回售比例上升至70%，2024年回售比例或高位小幅下降，整体再融资需求仍较高，预计2024年城投债发行规模在6.3万亿~6.7万亿元。

在发行结构方面，城投债借新还旧比例或继续高位抬升，低行政层级弱资质平台融资或进一步受限。在城投基本面未有明显改善、债务滚动压力仍存的背景下，后续城投债借新还旧比例或进一步抬升，根据市场消息，在分类融资管理下，12个高风险重点省份融资平台以及参照平台管理的地方国企原则上只能借新还旧；与此同时，重点省份还将制订稳妥可行的融资平台债券存量规模今明两年压降计划和年度发债计划，在年度债券发行额度内"统借统还"，支持资质较好的平台承接弱资质平台借新还旧债券发行额度，后续低行政层级弱资质平台数量及融资规模大概率下滑，且部分运作低效的平台将面临重组清退风险。

（四）负债增加债务更趋短期化，短期偿债能力较弱

2024年将面临债券到期或回售的城投公司盈利能力仍承压，总负债水平抬升、债务更趋短期化，短期偿债能力弱化，依托自身现金流偿付债务仍有压力。

分省份看，各地区偿债能力整体偏弱，中西部地区明显承压，且对政府

回款依赖较大，需持续关注平台流动性压力演变。2023 年 31 个省份中有 20 个省份的货币资金/短期债务中位数不足 0.5，中西部地区相对更低，云南、西藏、陕西不足 0.25；有 21 个省份流动比率中位数小于 2，宁夏、甘肃、广东不足 1.2；有 3 个省份经营活动产生的现金流量净额/带息债务为负。青海、宁夏其他应收款/流动资产持续明显高于其他地区，吉林、河北、贵州次之，与这些地区城投公司对政府回款依赖度较高有关，需持续关注回款进度以及地方财政承压对城投公司的影响。

业务发展篇

B.4
2023年基础设施建设业务分析

姚懿斯[*]

摘　要:　2023年，我国经济形势呈现稳中向好的态势，国家采取了一系列政策措施提振经济，其中基础设施建设投资作为经济稳定器发挥了重要作用。本文分析了基础设施建设的业务现状，从分析结果来看，基础设施建设投资依然是绝大部分城投公司的主要经营业务，其营收占比较高，但整体呈现"中间大两端小"的特点，表明部分城投公司已经走向业务多元化，基建业务营收占比较低。但目前，大部分从事基础设施建设的城投公司，业务毛利率较低，受宏观经济形势影响，基建业务占比较高的城投公司短期内业务结构改善和优化的难度将持续加大，给城投公司市场化转型增加了诸多不确定性。随着国资国企深化改革的推进，城投公司产业转型有效落地，基建业务占比将因地制宜、分阶段得到一定压降。

---

[*]　姚懿斯，江苏现代资产投资管理顾问有限公司现代研究院研究员，主要研究方向为产业转型、投融资机制创新等。

关键词： 城投公司 基础设施建设 投融资

一 2023年基础设施建设投资发展情况

2023年以来，基础设施建设投融资政策主要围绕两个主题展开：一是有效防范化解地方债务风险；二是扩大有效投资，推动经济稳增长。这包括制定实施一揽子化债方案，出台《关于金融支持融资平台债务风险化解的指导意见》《重点省份分类加强政府投资项目管理办法（试行）》《关于进一步统筹做好地方债务风险防范化解工作的通知》等配套文件，要求规范实施PPP新机制、EOD项目，适度提高专项债规模、增加中央预算内投资，以及发行超长期特别国债等。在此背景下，基础设施建设投资增速虽然较2022年有所减缓，但整体仍保持稳定增长态势。

（一）基础设施建设投资情况分析

1. 固定资产投资情况

《中华人民共和国2023年国民经济和社会发展统计公报》显示，2023年全社会固定资产投资累计达509708亿元，比上年增长2.8%。固定资产投资剔除农户数据累计达503036亿元，比上年增长3.0%，相较2022年，投资总量呈增长趋势，但增速均有所下降。固定资产投资（不含农户）分区域看，东部地区增长4.4%，中部地区增长0.3%，西部地区增长0.1%，东北地区下降1.8%。固定资产投资（不含农户）分产业看，第一产业投资10085亿元，比上年下降0.1%；第二产业投资162136亿元，增长9.0%；第三产业投资330815亿元，增长0.4%。基础设施投资增长5.9%。社会领域投资增长0.5%。民间固定资产投资为253544亿元，下降0.4%，其中制造业民间投资增长9.4%，基础设施民间投资增长14.2%。2023年分行业固定资产投资（不含农户）增速如表1所示，三次产业投资占固定资产投资（不含农户）比重如图1所示。

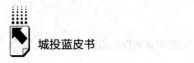

表1　2023年分行业固定资产投资（不含农户）增速

单位：%

行业	增速	行业	增速
农、林、牧、渔业	1.2	房地产业	−8.1
采矿业	2.1	租赁和商务服务业	9.9
制造业	6.5	科学研究和技术服务业	18.1
电力、热力、燃气及水生产和供应业	23.0	水利、环境和公共设施管理业	0.1
建筑业	22.5	居民服务、修理和其他服务业	15.8
批发和零售业	−0.4	教育	2.8
交通运输、仓储和邮政业	10.5	卫生和社会工作	−3.8
住宿和餐饮业	8.2	文化、体育和娱乐业	2.6
信息传输、软件和信息技术服务业	13.8	公共管理、社会保障和社会组织	−37.0
金融业	−11.9	总计	3.0

资料来源：国家统计局。

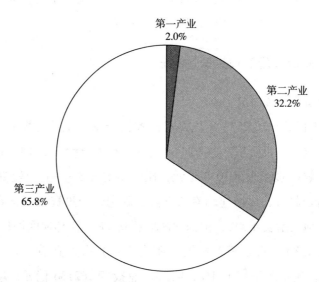

图1　2023年三次产业投资占固定资产投资（不含农户）比重

资料来源：国家统计局。

2. 基础设施建设投资情况

国家统计局数据显示，2023年，基础设施固定资产（不含电力、热力、燃气及水生产和供应业）投资同比增长 5.9%，总体上保持相对平稳的增长态势（见图 2）。其中，水利管理业投资增长 5.2%，表明国家在水资源调配、防洪减灾及农田水利设施建设等方面的投入在持续加大；公共设施管理业投资减少 0.8%，标志着该行业在经历大规模建设后已步入整合优化和提升运营效率的新阶段；道路运输业投资同比减少 0.7%，表明道路交通网络建设已达到相对饱和状态，新建项目有所减少，对现有资源的优化利用和维护升级成为重点；铁路运输业投资大幅度增长 25.2%，说明铁路作为国民经济大动脉和物流运输主通道作用得到进一步强化，高速铁路和城际铁路等重大项目建设不断加快。

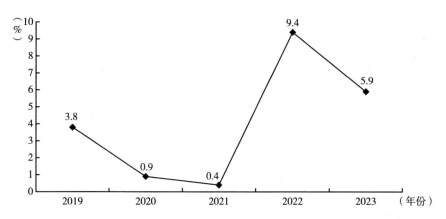

图 2　2019~2022 年基础设施固定资产（不含电力、热力、燃气及水生产和供应业）投资增速

资料来源：国家统计局。

（1）传统基础设施建设投资情况

传统基础设施建设主要包括交通、能源、水利等领域。2023 年传统基础设施建设投资大幅增长，完成水利建设投资 11996 亿元，创下历史新高，较 2022 年增长 10.1%。总体来看，2023 年传统基建投资完成额合计 22.77 万亿元，同比增长 8.2%，交运、电力、公用投资同比均增长，延续了 2022 年的高速增长态势。从基建细分领域看，电力、热力、燃气及水生产和供应业完成投资 5.07 万亿元，同比增长 23.0%；交通运输、仓储和邮政业完成

投资8.16万亿元，同比增长10.5%；水利、环境和公共设施管理业完成投资9.54万亿元，同比增长0.1%。①

（2）新型基础设施建设投资情况

2023年，我国持续加大投入力度，完善信息基础设施。截至2024年3月，累计建成5G基站338万个，5G网络规模和质量均处于世界领先水平。工业和信息化部数据显示，2023年，我国规模以上互联网和相关服务企业②完成互联网业务收入17483亿元，同比增长6.8%；实现利润总额1295亿元，同比增长0.5%，增速较上年回落2.8个百分点；投入研发经费943.2亿元，同比下降3.7%。从各个领域运行情况来看，信息服务领域互联网企业（包括新闻资讯、搜索、社交、游戏、音乐视频等）业务收入基本稳定，同比增长0.3%；生活服务领域互联网企业（包括本地生活、租车约车、旅游出行、金融服务、汽车、房屋住宅等）业务收入大幅提升，同比增长20.7%；网络销售领域互联网企业（包括大宗商品、农副产品、综合电商、医疗用品、快递等）业务收入高速增长，同比增长35.1%。

（二）基础设施建设投资中存在的问题

近年来，我国在基础设施建设投资领域取得了显著成就，极大地推动了经济社会的发展，但在实践中也暴露出一些问题。

1.新型基础设施布局仍需优化

尽管我国在交通、能源、水利等传统基础设施领域的巨额投入已经取得了显著的成就，但在5G通信、大数据中心、人工智能等新型基础设施的投资部署与建设方面，与新时代经济社会发展的紧迫需求相比，具有一定的滞后性。新型基础设施是驱动数字经济发展、构筑智慧社会形态、推动产业结

---

① 《建筑行业12月数据点评》，中银证券网站，2024年1月22日，https：//pdf.dfcfw.com/pdf/H3_ AP202401221617904603_ 1.pdf？1705932738000.pdf。

② 规模以上互联网和相关服务企业口径由上年互联网和相关服务收入500万元以上调整为2000万元及以上。

构优化升级的关键。新型基础设施投资不足和布局滞后，无形中限制了新兴产业链的延展与产业生态优化，减缓了传统产业借力新一代信息技术加速迭代升级的速度。

2. 投资效率与效益有待提升

我国基础设施建设投资项目决策阶段的科学性和合理性有待提升。在立项过程中，部分基础设施投资项目存在盲目跟风和重复建设的问题，未能与地区经济和社会发展需求紧密结合，导致投资效益得不到有效释放，进而使项目本身的经济效益与预期存在较大偏差。在项目建设和运营过程中，投资管理与执行机制存在缺陷，缺乏有效的成本控制和风险管理，存在投资过于集中、产能过剩、资源闲置等问题，引发工程造价过高、工期延误等问题，从而导致资源的无效消耗和投资效益不达预期。此外，政府投资与社会资本的有效联动与融合不足，社会资本在基础设施投资中的参与度偏低。多元化投融资机制的建设尚处于初级阶段，不仅加剧了政府财政压力，也阻碍了社会资本的充分流动，限制了基础设施投资的长期可持续发展。

3. 战略保障类基础设施投资需要加大

尽管我国基础设施建设投资规模不断扩大且成效显著，但在安全保障层面仍存在若干亟待解决的问题。尤其在应对突发事件方面，如自然灾害、突发公共卫生安全事件等，部分基础设施抗压应变能力较弱、服务保障功能不足。在自然灾害防御与应对方面，我国部分地区的基础设施在设计、建设和运维阶段的安全冗余度和韧性构建并未充分考虑极端气候和地质灾害的风险，导致在实际应对过程中，水利、交通、电力通信等关键领域基础设施的应急响应效率和持续服务稳定性受到严峻挑战。在公共卫生安全层面，当前全球公共卫生安全事件频发，我国在医疗、疾控和应急物资储备等基础设施上仍有不足之处，包括资源配置不合理、疾控体系不完备、应急响应速度迟缓等问题，这些问题急需解决，以提升我国应对突发公共卫生安全事件的能力。

4. 绿色发展理念仍须加强

随着投资力度的不断加大和项目建设步伐的加快，部分基建项目在执行过程中未能充分兼顾资源利用效率的提升和生态环境的保护。在项目规划、设计及施工阶段，环保措施的应用有待加强，需加大对绿色建造技术与材料的推广力度，提高资源利用效率、控制环境污染，防止部分地区因为项目施工导致生态环境承压、生态平衡受损。基础设施建设投资应与我国长期推行的绿色可持续发展战略相契合，在建设与发展过程中始终遵循节约资源、保护环境的核心原则，实现经济效益与生态效益的双重提升，确保基础设施建设切实走上与环境友好、资源节约相统一的可持续发展道路。

二 2023年城投公司基础设施建设业务分析

为了分析2023年城投公司基础设施建设业务发展情况，本文选取涉及开展基建业务的样本城投公司进行业务分析。统计整理2023年城投公司年度审计报告、信用评级文件等公开资料，共计185家城投公司公开从事基础设施建设业务并有相关公开数据，本文从经营概况、盈利能力及运作模式三个维度对基建业务进行分析。

（一）经营概况分析

城投公司作为地方政府在城市建设中的核心推手，承担着投资、建设和管理基础设施的重任，自然而然地构建了以基础设施建设为核心的业务体系。在业务拓展中，众多城投公司不断向产业链的上下游进行探索，逐渐形成了一个闭环的、综合性的业务生态，涵盖工程设计咨询、工程施工、工程养护、工程物资贸易等。通过分析样本城投公司的数据可知，2023年185家城投公司营业总收入达14534亿元，其中，基础设施建设业务收入达3652.69亿元，基础设施建设业务收入占营业总收入比重达25.13%，占比较上年有所上升。这表明当前基础设施建设业务仍是城投公司的重要收入来源之一。

（二）盈利能力分析

为了更全面地分析 2023 年城投公司基础设施建设业务的盈利能力，以下对基础设施建设业务的营业收入、营收占比、毛利率这三个关键盈利指标进行分析。

1. 基础设施建设业务营业收入分析

通过分析样本城投公司的营收数据，发现在 185 家城投公司中，有 39 家的基础设施建设业务营业收入大于等于 30 亿元，占样本总量的 21.08%；16 家的营业收入在 20 亿（含）~30 亿元，占比 8.65%；48 家的营业收入在 10 亿（含）~20 亿元，占比 25.95%；而数量最多的为 10 亿元以下，达 82 家，占比 44.32%。总体上，基础设施建设业务营业收入越高的区间内，样本城投公司数量越少（见图 3）。

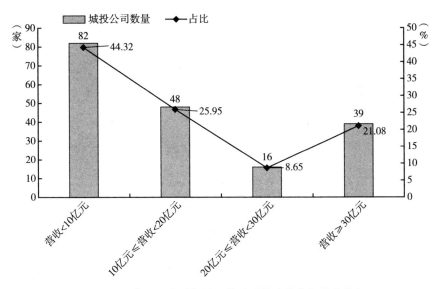

图 3　2023 年 185 家城投公司基础设施建设业务营业收入

资料来源：城投公司年度审计报告、公开评级文件。

2. 基础设施建设业务营收占比分析

185 家城投公司中，有 36 家基础设施建设业务营收占比低于 10%，占样本总量的 19.46%；有 65 家营收占比位于 10%（含）～30%，占比为 35.14%；有 35 家营收占比位于 30%（含）～50%，占比为 18.92%；有 49 家营收占比大于等于 50%，占比为 26.49%（见图 4）。2023 年，城投公司基础设施建设业务在营业收入中的比重具有"中间大两端小"的特点，反映了城投公司业务分化依然明显，部分城投公司业务已经走向多元化，基础设施建设业务营收占比相对较低，而仍有部分城投公司在经营上较大程度依赖于基础设施建设业务。

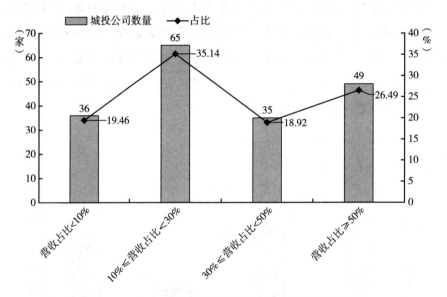

图 4 2023 年 185 家城投公司基础设施建设业务营收占比

资料来源：城投公司年度审计报告、公开评级文件。

3. 基础设施建设业务毛利率分析

185 家城投公司中，有 139 家基础设施建设业务毛利率低于 20%，占样本总量的 75.14%；有 42 家处于 20%（含）～60%，占 22.70%；有 4 家处于 60%（含）～100%，占 2.16%。2023 年，绝大多数城投公司基础设施建设业务毛利率低于 20%，表明城投公司基础设施建设业务毛利率不高，业务结构尚未得到显著改善和优化（见图 5）。

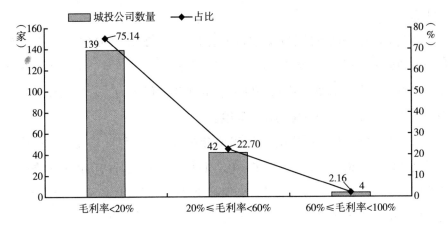

图 5　2023 年 185 家城投公司基础设施建设业务毛利率

资料来源：城投公司年度审计报告、公开评级文件。

（三）运作模式分析

1. 投融资模式分析

2023 年，基础设施领域的投融资模式呈现标准化运作与多维度拓展的趋势。主要资金筹集与投资策略为政府和社会资本合作模式、专项债、直接政府投资，资产证券化占比较小。此外，不动产投资信托基金（REITs）作为一种创新金融工具，仍处于探索阶段。

政府和社会资本合作模式迎来新规，基础设施建设投资领域将为社会资本尤其是民企提供更为宽广的舞台。2023 年 11 月，《关于规范实施政府和社会资本合作新机制的指导意见》（以下简称《指导意见》）对外发布；2024 年 4 月，国家发改委等六部门发布对标《指导意见》的修订后的《基础设施和公用事业特许经营管理办法》（以下简称《管理办法》）。《指导意见》明确规定政府和社会资本合作应全部采用特许经营模式，政府和社会资本合作项目应聚焦使用者付费项目。《管理办法》作为政府和社会资本合作的配套制度设计，旨在鼓励和引导社会资本参与基础设施和公用事业建设运营，提高公共服务质量和效率，保护特许经营者合法权益，激发民间投

资活力。

专项债已成为国家调节宏观经济的有力手段。2021~2023年累计新增发行专项债超11万亿元。鉴于专项债"逐年付息、期满还本"的特点，预计在未来10~20年，地方政府将面临显著的债务清偿压力。政府长期大量使用专项债，可能会出现一定的违约风险。

未来REITs发展空间广阔。自2020年国家启动REITs以盘活基础设施存量资产以来，REITs试点正逐步深化，目前已成功发行的项目大多集中在产业园区、高速公路、污水处理、仓储物流等收益稳健且具备持续增长能力的领域。随着市场环境、监管框架及投资者认知等多个方面因素的日益完善，可以预见，REITs市场将迎来更加蓬勃的发展。

2.运营模式分析

2023年4月，中央政治局会议重点提出"三大工程"，这将有利于城投公司拓宽融资渠道、盘活存量资产、增加经营性收入。城投公司可重点考虑通过升级改造方式盘活存量资产，将"三大工程"不同方向有机结合。

专注于代建及土地开发等传统业务的城投公司，因肩负核心基础设施建设重任，账面上积累着丰富的公益性资产，涵盖道路、广场、休息站、公园等诸多类别。这些既有资产通过改造与提升，能够适应"平急两用"的多样化需求，例如，温州推行的健康驿站与租赁住宅相结合的"双功能"模式。而对于主营棚户区改造或保障性住房建设的城投公司，则可优先探索城中村更新与保障性住房项目的深度融合途径，以盘活住房资源。深圳的成功案例为将城中村房屋改造为保障性租赁或销售住房提供了宝贵经验。持有大量政府机构房产的城投公司，更应重视将闲置资产有效利用，考虑将其转型为保障性住房或开发成适应"平急两用"的住宿服务设施，如酒店和民宿。对于在交通运营、公共事业等领域拥有专业优势的城投公司，参与"三大工程"时，宜侧重于开发与其核心业务相辅相成的"平急两用"项目，涵盖交通物流中心、水利工程等领域，如重庆高速公路集团有限公司，充分利用高速公路网络及收费站等资源，打造了分散式仓储与旅行住宿等"平急两用"设施。对于拥有产业园区的城投公司，面对招商未达预期导致厂房空置率较高的问题，可以探索将符合标准的厂房改造升级，融入防灾、隔离等应急功能，提升其综合价值。而在产业活跃的园区内，可谋划新建大型物流仓库。这类设施在常态下可服务产业发展，紧急时可作为避难所使用，从而深度参与"平急两用"项目的开发。

三　城投公司基础设施建设业务未来趋势分析

（一）基础设施投资重点领域分析

强化民生基础设施。当前，城区基础设施补短板多集中于城市更新项目，这类项目涵盖老旧社区改造、地下管线建设、安全设施建设、水处理系统升级、环境污染治理、城市绿化工程及生态系统保护等，标志着我国正从粗放型城市扩张模式转向致力于营造宜居、有韧性的高品质城市环境。参考多个省市已公示的城市更新蓝图，预计"十四五"期间，全国城市更新项目每年将撬动 2 万亿~2.5 万亿元的投资。此外，水利设施建设亦被视为加强民生保障的关键一环。据统计，"十四五"期间，全国 15 个主要省份规划的水利投资总额约为 3.2 万亿元，其中传统供水及饮用水项目依旧占据投资主导地位，约占总投资的 70%。同时，鉴于近年来频繁发生的旱涝灾害，防洪抗旱设施的建设也将显著加强。

构建国家综合立体交通网络。遵循国务院关于《"十四五"现代综合交通运输体系发展规划》的指导，"十四五"期间，我国规划的城市轨道交通、高速公路、高速铁路及普通铁路的新建与改扩建目标分别为 3000 公里、25000 公里、12000 公里和 7000 公里，除了普通铁路，其余领域的新建规模基本维持"十三五"水平。浙江、江苏、广东、四川等地在铁路及城市轨道交通的投资上比重较大且增长迅速，这反映出区域协同发展和都市圈战略规划的有效实施与推进。

逐步推进信息技术基础设施建设。信息技术基础设施架构可细分为基础层、应用层与保障层三重结构。基础层涵盖 5G 通信基站、大数据中心、人工智能等，尤其强调算力基础设施的持续强化。据国家发展改革委预测，"十四五"期间，大数据中心投资将以年均增长率超 20％ 的势头增长，预计总投资将逾 3 万亿元，并遵循"东数西算"战略导向，促进中西部大数据中心的布局及光纤通信、云计算等基础设施的搭建。应用层聚焦智慧城市构建。智慧城市作为提升城市管理效能与信息安全统筹的关键途径，主要由具备坚实基础层的先进城市群引领实践。此外，在保障层方面，众多城市已着手网络安全基础设施的规划，旨在围绕新型智慧城市的框架，建立全方位、智能化、可视化且协同运作的城市安全监控预警系统。

稳步推进新型能源体系建设。新型能源系统构建涉及供应、储蓄、传输及应用四大层面。供应层涉及风能、太阳能等新能源的开发利用。我国虽在新能源装机量上全球领先，但作为全球最大能源消耗国，实现能源结构向绿色低碳转型仍面临艰巨任务。"十四五"期间，我国风能与光伏发电新增装机目标分别为 307GW、562GW，预估年均投资 6000 亿~7000 亿元。储蓄层着重于配套风光电的"削峰填谷"设施。2023 年，中国新型储能装机量约为 21.5GW。根据 15 个关键省份的"十四五"规划，预计至 2025 年，新增储能装机量将达到 50GW，开启千亿元级别的投资空间。传输层关注特高压电网的建设。"十四五"期间，南方电网与国家电网规划投资超万亿元，加速智能电网发展，构建以新能源为中心的新型电力系统。应用层则指向电动汽车充电设施。基于 2025 年全国新能源汽车保有量 4378 万辆、车桩比优化至 2∶1 的目标，估算"十四五"期间需新建充电桩 1800 万个，投资规模约 3000 亿元。

社会服务领域投资将逐步涵盖教育、医疗卫生与文化等。当前，中西部及乡村地区在教育和医疗服务供给上仍存在显著的不足，这些区域将成为推动基本公共服务均衡普及的关键着力点。在此基础上，国家策略性地提出"创新实施文化惠民工程"与"重大文化产业项目引领策略"，旨在通过这些举措促进文化的广泛传播与民众受益，在城乡建设进程中嵌入历史文化遗产的保护与传承，充分利用国家文化公园等平台，将文化建设与城市发展深度整合。这一系列举措有助于形成一批标志性的重大项目，为增强国家软实力与文化影响力提供骨干支撑。

（二）基础设施投资支持政策分析

在新型城镇化的大背景下，我国正在积极推动城市群建设，共涉及 19 个主要城市群。城市群的构建旨在融合大都市的集聚优势与小城镇的自然资源优势，促进中心都市、大型城市及周边中小型市县的和谐共生与经济均衡发展，推动迈向共同富裕。依据不同城市群的发展梯度，其发展阶段与战略导向呈现多样性：以长江三角洲、珠江三角洲为领头羊的东部沿海城市群，其核心城市致力于提升市区的居住与工作环境、完善都市圈结构，同时将非核心高附加值产业及部分公共服务功能疏散至周边，通过产业引导和资源共享等机制，驱动周边市县的全面现代化进程；位于中西部的欠发达城市群，其省会城市等中心地带能够聚拢本区域的人力与消费资源，并承担来自较发达区域的功能转移任务，通过培育主导产业、实施财政扶持政策等途径，激活全省范围内的经济活力，助推协同发展。

在乡村振兴与城乡融合发展战略的引领下，我国正加大对交通、能源等核心基础设施的投入力度，以拓宽并整合乡村区域的覆盖网络，逐步消除城乡间的历史性发展差距。农业现代化进程的关键在于弥补农村基础设施与生活环境的不足，包括推进"四好农村路"工程、普及互联网、进行环境整治与污废管理，以及加强水利设施、农产品冷藏保鲜、冷链物流等现代农业基础设施的建设和更新换代。以上海为代表的发达地区，已出台实施方案，通过挖掘乡村旅游、文化产业、健康产业等乡村特色资源，引领城乡融合发展，全面提升农村生活水平。提升农村基础设施服务品质，确保供水、供电、交通、通信、教育、医疗等基本公共服务在城乡之间均衡供给，是推动城乡一体化的重要环节。

一般性转移支付额度将结合地方财政状况适度增加，并向中西部财力较弱地区、革命老区、少数民族地区、边疆地区、经济欠发达地区，以及承担国家安全（国防、粮食、能源、生态等方面）重任的特殊功能区域倾斜，

旨在通过财政支持促进区域平衡发展。此外，中共中央办公厅、国务院办公厅发布的《关于推进以县城为重要载体的城镇化建设的意见》亦明确指出，将重点支持三类具有独特功能的县城发展，即农产品主产区县城、重点生态功能区县城，以及先进制造、商贸物流、文化旅游等领域的专业功能县城，进一步凸显了功能型区域发展的重要性。

B.5
2023年土地整理业务分析

尹 诚[*]

摘 要： 东中西部之间和一、二、三线城市之间地产发展不断分化，导致不同地区城投公司的土地整理业务出现较大差异。在本文的样本分析中，超三成的城投公司开展土地整理业务，城投公司仍然为地方拿地主力。土地二级市场持续低迷，土地库存积压较多、开发有限，给城投公司的土地成本支出带来不小的压力，所以整体营收占比较低，但毛利率较高。未来，部分城投公司依然会将土地整理业务作为企业核心业务，特别是一、二线城市土地开发业务仍具有较大潜力。

关键词： 土地市场 土地整理 城投公司

一 2023年土地整理业务市场发展情况

（一）土地市场发展情况

2023年，全国土地市场供需规模持续下行，但价格同比有所回升。全国300城土地供应面积为105430万平方米，同比下降18%；土地成交面积为90175万平方米，同比下降18%；土地出让金总额为35563亿元，同比下降14%。此外，全国成交楼面均价为2189元/米²，较上年增长了1.4%。土地市场发展情况具体表现为以下几个方面。

---

[*] 尹诚，江苏现代资产投资管理顾问有限公司现代研究院研究员，主要研究方向为战略规划、资产管理和土地政策。

1. 土地供需进一步收缩，土拍市场低迷

2023 年，全国 300 城土地市场继续下行，供应面积和成交面积均同比下降 18%，土地出让金总额同比下降 14%。受房企资金紧张、楼市销售承压等多重因素影响，房企参拍热情不高，成交楼面均价、平均溢价率仍处于相对低位。受上海、杭州等热点一、二线城市供地质量提升的影响，2023 年全国 300 城土地成交楼面均价小幅上涨 1.4%，平均溢价率同比小幅提升 1.1 个百分点，土地价格体系同去年相比有所修复（见表1）。

表 1　2023 年全国 300 城土地市场情况

时间	指标	供应面积（万平方米）	成交面积（万平方米）	出让金（亿元）	成交楼面均价（元/米²）	平均溢价率（%）
2023 年	绝对量	105430	90175	35563	2189	4.1
	同比（%）	−18	−18	−14	1.4	1.1
第一季度	绝对量	19159	16078	3944	1366	5
	同比（%）	−14	−8	−12	−10	0.8
第二季度	绝对量	24630	19852	8339	2388	6
	同比（%）	−22	−15	−19	−5	1.8
第三季度	绝对量	24129	19022	8016	2395	4
	同比（%）	−28	−31	−30	0	0.8
第四季度	绝对量	37512	35223	15264	2343	3
	同比（%）	−8	−14	−1	13	1.3

注：平均溢价率的同比为增加量，单位为"个百分点"。
资料来源：根据中指研究院数据、现代咨询整理。

分季度来看，第一至第四季度的供应面积和成交面积均同比下降，全年土拍市场延续下行趋势。随着限购解除、购房补贴、贷款利率下调等一系列救市政策陆续出台，部分房企加大销售折扣力度，2023 年土地市场呈现"低开高走"的趋势，至第四季度，土地出让金同比仅下降 1%，成交楼面均价同比增长 13%，平均溢价率小幅提升 1.3 个百分点，部分央企及头部企业拿地投资的主要动机依然是房地产市场的复苏，只有市场逐步回暖，企业购地意愿才会加强。

2023 年，TOP20 城市成交面积 6.75 亿平方米，同比下降 6%；土地出让金 22482 亿元，同比下降 12%；成交楼面均价 4082 元/米^2，同比下降 12%。土地市场量价齐跌，土拍收入持续下降。但头部城市的优质地块仍保有较高热度，平均溢价率同比小幅提升 1.3 个百分点。在土地出让金收入排行榜单中，有 9 个城市土地出让金收入破千亿元，其中，上海、杭州、北京位居前三，TOP20 城市以一线、准一线城市为主（见表 2）。

表 2　2023 年土地出让金收入 TOP20 城市

排行	城市	土地宗数（宗）	成交面积（万平方米）	成交楼面均价（元/米^2）	平均溢价率（%）	出让金（亿元）
1	上海	294	2338	10366	5.28	2424
2	杭州	608	3563	5741	7.81	2047
3	北京	114	1179	17229	6.42	2032
4	广州	292	4306	3618	5.44	1558
5	苏州	554	3683	3860	3.64	1422
6	成都	538	6570	2055	7.39	1351
7	南京	314	2219	5433	4.38	1206
8	常州	446	3783	3011	0.91	1139
9	西安	316	3813	2795	2	1066
10	南通	665	4204	2274	0.31	956
11	武汉	245	2253	3926	0.47	885
12	无锡	329	2201	4012	0.43	883
13	宁波	390	2681	2905	5.08	779
14	长沙	481	4122	1811	1.46	745
15	重庆	1008	5761	1249	0.66	730
16	盐城	473	3453	1991	1.59	688
17	合肥	377	2657	2479	11.62	659
18	金华	840	3745	1714	4.37	642
19	扬州	434	2746	2314	7.53	635
20	天津	263	2216	2863	1.35	635

资料来源：根据中指研究院数据、现代咨询整理。

从城市等级来看，一是各等级城市核心区域的优质地块逐步释放进入土拍市场，成交平均溢价率均同比提升；二是 2023 年房企整体的投资策略是谨慎中保持聚焦，在摒弃多数三、四线城市的同时，加码一线城市和部分二线城市的优质地块，因此一线城市土地供应面积及成交面积相对平稳，同比仅下降 5%，而二线城市及三、四线城市土地供应面积和成交面积同比下降近两成；三是受住宅用地供应大幅下降影响，一线城市各类用地成交楼面均价同比下降 17%，但住宅用地成交楼面均价同比上涨 15%，二线城市及三、四线城市成交楼面均价小幅上涨（见表3）。

表3 2023年全国300城按城市等级土地市场情况

城市级别	指标	供应面积（万平方米）	成交面积（万平方米）	出让金（亿元）	成交楼面均价(元/米²)	平均溢价率（%）
一线城市	成交量	3553	3321	6440	7104	5.8
	同比(%)	−5	−5	−15	−17	2.2
二线城市	成交量	30883	26582	15899	3003	4
	同比(%)	−17	−16	−13	1	1.2
三、四线城市	成交量	70994	60271	13224	1317	3.5
	同比(%)	−18	−19	−16	2	0.6

注：平均溢价率的同比为增加量，单位为"个百分点"。
资料来源：根据中指研究院数据、现代咨询整理。

从土地用途来看，各类土地的成交面积普遍呈现同比下降的趋势。具体而言，住宅用地以及包含住宅用途的综合用地的成交价格有所上涨，而其他类型用地的成交价格则略微下降。在用地结构方面，2023 年住宅用地及包含住宅用途的综合用地占比 26%，工业用地占比 60%，用地结构与 2022 年较为一致（见图1）。

2. 成交持续下降，市场供大于求

2023 年，土地供应及成交面积均延续下行趋势，处于近五年最低水平。2020 年后，土地供应与成交增速呈现波动下降趋势，2023 年土地供应及成交面积增速均同比下降 18%（见图2）。土地供应及成交面积下降主要是由于楼市销售去化不佳，土地库存消化周期长，多数地区进一步放缓供地节奏。虽然持续出台楼市利好政策，但市场回温并不明显，房企资金承压，投资意愿低迷。2023 年拿地主体仍以城投公司为主。

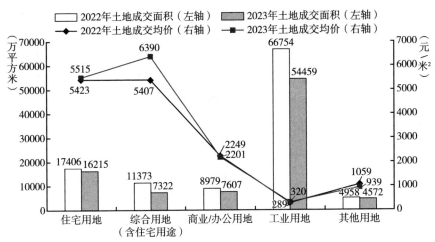

图1 2022~2023年各用途土地成交面积及成交均价

资料来源：根据中指研究院数据、现代咨询整理。

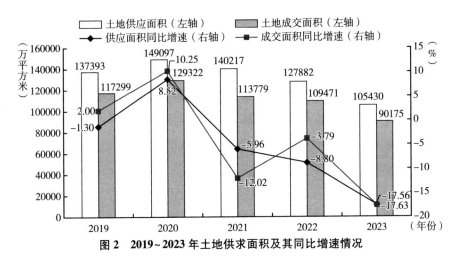

图2 2019~2023年土地供求面积及其同比增速情况

资料来源：根据中指研究院数据、现代咨询整理。

3. 成交溢价下降，出让金大幅萎缩

2023年，全国300城土地成交楼面均价为2189元/米^2，同比增长1.4%，平均溢价率为4.10%，较上年提升1.10个百分点，但与过往10%以上的平均溢价率形成鲜明对比，反映了2023年土拍市场虽同比略有增长，但整体延续低迷态势（见图3）。

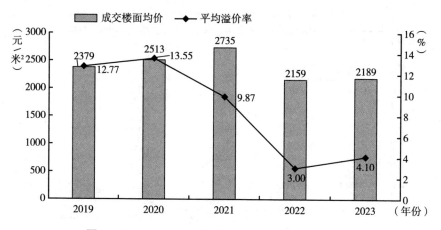

图3 2019~2023年土地成交楼面均价及平均溢价率

资料来源：根据中指研究院数据、现代咨询整理。

随着土地供应面积及成交面积收缩，2023年土地出让金收入继续负增长，为35563亿元，创近年来新低（见图4），其中住宅用地及包含住宅用途的综合用地土地出让金28716亿元，占比81%，表明2023年土地出让金来源仍以住宅及涉宅地块为主。2023年中国各地土地市场呈现分化格局，核心城市土地市场总体平稳，上海、杭州、北京土地出让金超2000亿元，南京、成都、苏州等6城土地出让收入超1000亿元。

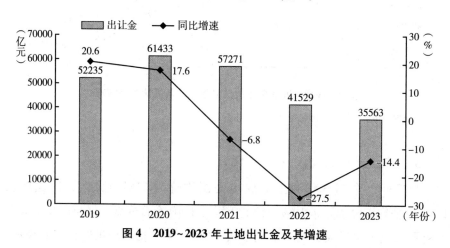

图4 2019~2023年土地出让金及其增速

资料来源：根据中指研究院数据、现代咨询整理。

（二）政策发展情况

通过对 2023 年土地整治相关政策梳理可以看出，土地综合整治活动原则上应分别在国土空间规划确定的农村空间、城镇空间、生态空间内相对独立开展。

在农村空间，土地整治仍以与乡村振兴战略结合为主要内容。强调对土地资源特别是耕地资源的保护，减少建设占用农用地，提高耕地保有量；运用土地整治等方式，解决在土地经营权流转、农业适度规模经营方面的土地细碎化问题；明确了乡村振兴用地负面清单，优先保障农村产业融合发展、乡村旅游、返乡创业等项目的合理用地需求。

在城镇空间，一是进一步优化国土空间格局。坚决维护"三区三线"划定成果，不得以土地综合整治的名义调整城镇开发边界，系统优化国土空间开发保护格局。二是提高城镇土地利用效率，加大存量土地和低效用地盘活处置力度，坚持以"存量"换"增量"，多措并举消化批而未供土地，鼓励试点城市建立可复制推广的低效用地再开发政策体系和制度机制。三是与城市更新紧密结合。盘活存量空间、推进城市更新已经成为新时代城市空间治理的工作重点。四是多次对"三大工程"建设工作做出部署。"三大工程"是适应房地产供求关系重大变化、构建房地产发展新模式的关键环节，其对于促进房地产发展模式转变、改善民生、拉动内需、实现城市高质量发展有重要意义。

（三）我国土地整治存在的问题

1. 政策执行不到位，多地实施过程中出现违法现象

全域土地综合整治涉及农业、林业、生态、交通、环保等多个业务领域，每个领域背后又涉及多个部门机构和对应的工作人员。虽然近年来出台了不少国家和地区的政策标准和行业规范，但各地实际的土地综合整治模式还在创新探索阶段，对政策的理解和执行存在不足。2023 年，自然资源部通报督察执法发现 56 个违法违规重大典型问题，部分地区存在侵占耕地挖湖造景、占用永久基本农田、种植破坏耕作层的绿化装饰草皮、非法批地、

违法征地、违法占地、非法采矿等行为，且部分地区未能及时整改到位，严重冲击了耕地保护红线，危害国家粮食安全，破坏生态环境。

2. 土地整治资金主要源于自筹，整合难度相对较高

全域土地综合整治项目资金需求量普遍较大，从试点省市的实施经验来看，全域土地综合整治项目的主要驱动者仍是政府，资金来源主要包括政府财政直接投入、土地出让金收入、指标转让收益、涉农资金统筹、专项债券、金融资本和社会资本引进等。2023年，随着土地市场的进一步下行，土地整治资金以地方政府自筹为主，社会资本参与土地整治业务动力不足，拿地规模进一步收缩。部分地区虽加大了财政资金支持力度，但各地区在拓宽资金渠道、发挥资金聚合效益、寻求金融工具支持、积极申报专项债和基金等筹措资金方式上，仍需进一步探索。

3. 实施推进受阻，区域发展差异较大

全域土地综合整治在推进中通常面临诸多难题，首先，优化布局存在土地权属问题。由于目前还没有有效的政策对该问题予以指导，增加了实际操作中的不确定性，同时永久基本农田的严格管控要求也极大地限制了其调整的可能性，使布局优化工作更加复杂。其次，产业引入任务同样艰巨。经济较发达地区本身就具有一定规模的资本、先进的科技、丰富的人才资源优势，对区域土地综合整治更有利，可以更好地吸引新兴产业落地。最后，整治成效评价也是亟待解决的问题。当前，我国只在农用地整治层面出台相关标准，在建设用地与生态修复层面，暂时还没有具体的标准和规范。这导致了在整治过程中，对于不同类型土地的整治成效难以进行全面、客观的评价。

二 2023年城投公司土地整理业务分析

为深入分析2023年城投公司土地整理业务情况，本文挑选了全国范围内192家非特定行业城投公司作为研究对象。通过对这些公司2023年度财务报告、信用评级报告等公开材料的整理分析，发现在192家城投公司中，有 65 家开展了土地整理业务。本文将从经营情况、盈利能力、运作模式三个维度对从事土地整理业务的 65 家城投公司进行进一步探讨和分析。

（一）经营情况

土地整理是城投公司的传统业务，也是样本公司涉及最广泛的业务之一。土地整理相关的营业收入是城投公司主要的收入来源之一，城投公司现在多以委托代建的方式从事一级土地整理业务。

在土地二级市场上，2023 年城投公司拿地 1.8 万亿元，较 2022 年减少 1.2 万亿元，同比下滑 39%，但仍为土地市场拿地主力。近两年来，城投公司托底拿地资金消耗较大，土地库存积压、土地开发有限、销售回款不畅，为城投公司的土地整理工作带来成本支出等压力。城投公司需从地方和自身发展的角度出发，更加系统有效地开展土地整理相关业务。

2023 年，65 家样本公司土地整理业务的营收合计占其总营收的 4.8%，金额超 750 亿元，但是土地整理业务的毛利率是样本公司总业务毛利率的两倍。可以发现，虽然土地业务的营收贡献不高，但是毛利率可观。所以说，对于现阶段的大部分从事土地整理业务的城投公司来说，土地整理业务依然是未来重点关注和发展的核心业务。

（二）盈利能力

受二级市场土地变现难、基建规模下降以及征迁成本上涨等因素影响，2023 年样本公司的营业收入、成本和毛利率均出现明显下降，利润空间被进一步压缩。

具体来看，2023 年 65 家城投公司的土地整理业务营收同比出现了一定的下降，达 4.5%，约 750 亿元。2023 年土地整理业务平均营收 11.6 亿元，比 2022 年平均营收 12.1 亿元小幅下降 4.1%；2023 年城投公司参与土地整理业务的成本合计 578.8 亿元，平均成本 8.9 亿元，同比下降 2.4%；2023 年平均毛利率 23.0%，同比下降 2 个百分点。

1.土地整理业务营业收入及营收占比

从土地整理业务营收与营收占比来看，65家城投公司土地整理业务营收占比在1%以下的有10家，平均营收0.26亿元；营收占比在30%及以上的同样有10家，平均营收51.14亿元；极少数城投公司土地整理业务营收达到总营收的60%甚至80%以上。由于各家公司总营收规模不同，也存在土地整理业务营收较高、但占比低，或土地整理业务营收较低、但占比高的情况。但整体来看，大部分城投公司的土地整理业务营收占比低于30%，具体分布情况见图5。

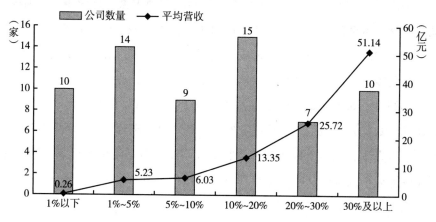

图5 2023年65家城投公司土地整理业务营收占比分布情况

资料来源：

从城投公司土地整理业务的营业收入分布来看，五成城投公司土地整理业务营业收入在5亿元以下，少数城投公司能够达到20亿元及以上。具体来看，土地整理业务营收在10亿元及以上的城投公司有23家，占比35.4%。其中20亿元及以上的有12家，占比18.5%，长沙城市发展集团有限公司以78.13亿元蝉联榜首；10亿~20亿元的有11家，占比16.9%；5亿~10亿元的有9家，占比13.8%；5亿元以下的有33家，占比50.8%，其中低于1亿元的有13家，占比20.0%。

土地整理业务营收在20亿元及以上的12家城投公司营收合计489.14

亿元，在 751.53 亿元总营收中占比 65.1%，而 13 家 1 亿元以下的公司土地整理业务营业收入合计仅 4.48 亿元，占比不足 1%。虽然土地整理业务营收在 20 亿元及以上的城投公司数量与土地整理业务营收在 1 亿元以下的公司数量只差 1 家，但营业收入是土地整理业务营收在 1 亿元以下城投公司的 109 倍。可见，城投公司土地整理业务分化明显，业务发展不均衡，少量城投公司已积聚起规模优势，在土地整理业务上实现领跑（见图6、图7）。

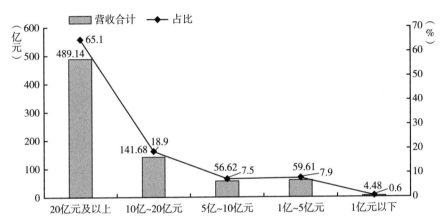

图6　2023年65家城投公司按土地整理业务营业收入规模划分情况

资料来源：根据城投公司年度财务报告、主体评级报告，现代咨询整理。

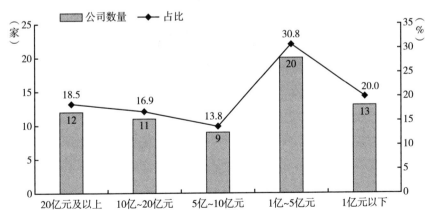

图7　2023年65家城投公司按土地整理业务营业收入划分情况

资料来源：根据城投公司年度财务报告、主体评级报告，现代咨询整理。

从城市分布来看，65 家城投公司，仅 1 家在一线城市，8 家在二线城市，其余 56 家均在三、四线城市。从平均营收水平来看，一线城市城投公司土地整理业务平均营收为 6.8 亿元（因样本数量少，不具备参考性），二线城市城投公司土地整理业务平均营收为 23.5 亿元，三、四线城市城投公司土地整理业务平均营收为 10.0 亿元（见图 8）。从业务规模和营收水平

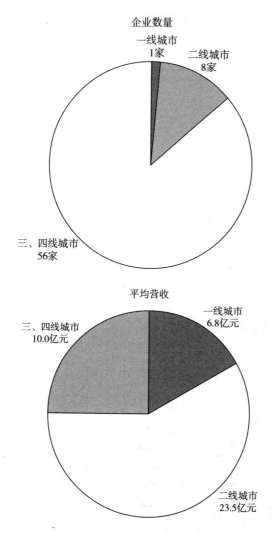

图 8　2023 年 65 家城投公司土地整理业务营业收入按城市划分情况

资料来源：城投公司年度财务报告、主体评级报告；一、二、三、四线城市划分参照 CREIS 中指数据。

看，一、二线城市优于三、四线城市。随着一、二线城市楼市企稳、存量低效用地盘活、城中村改造等工程的实施，一、二线城市的城投公司在建设用地领域的土地整理业务仍具备巨大潜力。

2. 土地整理业务成本

2023年，在65家城投公司中，土地整理业务成本支出在10亿元及以上的有16家，占比24.6%；5亿~10亿元的有11家，占比16.9%；0~5亿元的有34家，占比52.3%；还有4家未产生营业成本。65家城投公司的成本合计达到578.8亿元，平均每家公司的成本为8.9亿元。其中，有16家公司的成本超过了平均值，总计为445.5亿元，占65家公司成本合计的77.0%。可以发现，该项业务的成本存在较为明显的不均衡性。头部城投公司投入较大，如长沙城市发展集团有限公司等城投公司的土地整理业务成本处于平均水平之上。由于这些城投公司所在的城市往往是区域中心或重要节点城市，且土地整理业务往往与土地开发、土地出让挂钩，因此其营业收入、营业成本、毛利均具有较大规模。

3. 土地整理业务毛利率

65家样本公司的土地整理业务毛利率平均为23%。在65家样本城投公司中，毛利率高于平均值的城投公司共计33家，占比达到50.8%。毛利率在0%及以下有5家，占比约为7.7%；毛利率在0%~20%的有25家，占比38.5%；毛利率在20%~50%的有18家，占比27.7%；而毛利率高于50%的共有17家，占比达到26.2%（见图9）。

从样本公司的毛利率分布情况来看，绝大多数城投公司能够通过土地整理业务实现盈利，超半数城投公司毛利率达到20%以上。高于平均值的城投公司多为在城市开发领域布局较为深入的企业，成本管控能力较强；且多位于房地产市场相对平稳的区域，在"三大工程""低效用地盘活"等政策支持下，土地整理业务营收有所保障。相对而言，毛利率偏低的城投公司主要集中在区域财政实力相对较弱、城市区位能级较低的区域，这些公司在土地整理业务中面临较高的成本支出，且土地营收有限，导致毛利率水平相对较低。

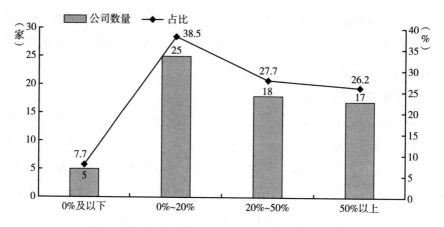

图9　2023年65家城投公司土地整理业务毛利率情况

资料来源：根据城投公司年度财务报告、主体评级报告，现代咨询整理。

（三）运作模式

城投公司开展土地整理业务，已经由传统的土储中心模式、政府购买服务/采购工程模式转向"投资人+EPC"、"EPC+O"、特许经营等模式。基于城投公司市场化转型需要符合政策的导向，城投公司的运作重点也由融资建设转向建设运营，这也对城投公司的经营开发能力和资本运作能力提出了更高要求。

1.土储中心模式（已终止）

土储中心模式用于一级土地开发，负责前期征购、资产入账，并承担土地储备职责。城投公司可抵押土地资产融资用于土地整理，通过财政资金返还覆盖成本并获得增值收益。但2016年出台的关于土地储备和资金管理的4号文件中，提出城投公司不得从事土地储备业务，这一业务应当由符合条件、纳入名录的机构接管。

2.政府购买服务/采购工程模式

根据2013年国办发第96号文，土地储备中的征拆、安置、补偿可由政府购买；根据2017年财政部第87号文规定"储备土地前期开发"不得作为政府购买项目，但可采用政府采购工程模式。因此，城投公司土地整理业务中，征拆安置部分可通过政府购买服务模式参与，前期开发部分可通过政府采购工程模式参与。当前政策鼓励地方通过政府购买服务支持城投公司和市场主体提供公共服务。

3."投资人+EPC"模式

在地方政府授权下，相关部门与城投公司签署土地整理开发协议，由城投公司负责投资规划、建设实施及运营维护。政府鼓励社会资本参与，城投公司与社会资本按股权比例组建项目公司，负责实施和融资。资金主要来自财政支持、社会资本及市场化融资；收益包括指标交易、销售、建设费和运营服务费。此模式适用于资金紧张、专业能力匮乏地区，以吸引大型建设单位和运营商参与，共同推动项目实施和运营。

4."EPC+O"模式

在政府财政资金支持下，城投公司作为土地整理项目实施主体，负责项目建设运营资金的筹集，并进行公开招标，选取专业公司负责提供项目设计、施工、招商、运营等环节的服务。该模式下社会资本（专业公司）为乙方服务单位，输出专业建设运营能力，获取设计、建设、运营等服务费用。项目资金主要依靠财政资金、指标交易收益、土地出让收益、后期产业运营及税收等。

5.特许经营模式

2023年国办函第115号文发布了有关新机制的指示，政府和社会资本合作应限定于有经营性收益的项目，聚焦使用者付费，不得使用财政资金弥补项目建设和运营成本。因此，单纯的土地整理项目不符合特许经营模式新规要求。但根据新规后的特许经营项目批复情况，部分特许经营项目的建设内容中包括了土地整理业务。

除了上述模式，各地区可根据各项目实际情况和政策要求，合理组合设计土地整理业务模式。

三 城投公司土地整理业务发展趋势

2023年10月，上海证券交易所发布了《上海证券交易所公司债券发行

上市审核规则适用指引第 1 号——申请文件及编制（2023 年修订）》，明确了产业类申请发行公司债券的"335"指标，要求非经营性收入（城建类收入）占总收入比重不超过 30%，其中土地一级开发被认定为城建类收入。因此，土地一级开发业务收入将制约城投公司产业化主体认定，进而影响其投融资相关工作。

从 2023 年样本城投公司土地整理业务开展情况来看，土地整理业务仍是城投公司开展最广泛的业务之一。在农业农村领域、城市建设领域、生态环境领域，城投公司均涉及土地整理业务。在农业农村领域，城投公司需担当国企责任，通过土地整理落实耕地保护、集约利用、助力乡村振兴；在城市建设领域，城投公司仍需承担土地一级开发业务，保障基础设施建设和重点工程的实施，且随着房地产市场环境变化，社会资本参与土地一、二级市场开发的意愿急剧下降，城投公司近年来也肩负起稳定房地产市场、盘活存量土地资产、发展新质生产力等任务；在生态环境领域，城投公司主要开展土壤修复、土地整治、环境治理等业务。随着土地整理业务的深入开展，城投公司将进一步深化在产业布局、经济发展、民生保障、生态治理中的影响力，在土地市场中扮演更重要的角色。

根据 2023 年的政策导向和地方实践，本文简要分析了城投公司土地整理业务在上述三个不同领域的发展趋势。

（一）农业农村领域：融合乡村振兴战略，积极拓展业务板块

近年来发布的重要政策文件多次提及土地整治在农业农村领域的具体要求，如《中共中央 国务院关于做好 2023 年全面推进乡村振兴重点工作的意见》等政策文件进一步强调了土地整治工作与乡村振兴战略实施的融合。在农用地整治方面，强调加强耕地保护、农用地规模经营、解决农村土地碎片化等问题；在农村建设用地整治方面，提出积极盘活存量集体建设用地的要求，激发存量建设用地利用潜力，通过土地整治助力农村三次产业融合发展，并规范土地整治开发行为，建立乡村振兴用地负面清单。在政策指引下，部分城投公司已将土地整治业务与乡村振兴战略融合，积

极将业务领域由城镇向农村拓展。通过土地整治，改善农业基础设施，吸引投资主体开发建设特色高效农业、美丽乡村等产业项目，提升土地利用效益。

城投公司参与乡村振兴的方式主要有两种。一是将乡村振兴相关业务作为一个业务板块，与公司其他业务板块实现产业互补，成为完整产业链中的一个部分，其优势在于可以充分发挥城投公司自身的产业集群效应，实现各业务板块优势互补，延伸拓展产业链，提高业务开展方式的灵活性，降低对城投公司专业度的要求。二是地方政府成立新的乡村振兴公司，专门开展乡村振兴相关业务，成为区域内专门负责农村业务的新"城投"。在地方实践中，探索出了"全域土地整治+现代农业+精品文旅+未来乡村""土地整治+土地租赁+产业导入"等"土地整治+"模式。

城投公司参与乡村振兴，特别是涉足全域土地综合整治业务，更易于获得政策扶持，进而实现稳定的业务收入和现金流增长。因此，城投公司可深入剖析自身发展现状及所在地区乡村的实际状况，结合实际情况承接乡村振兴业务，并积极探索与社会资本的合作模式，因地制宜选择运作模式，以推动乡村振兴事业的持续发展。

（二）城市建设领域：参与"三大工程"建设，盘活存量土地资源

随着市场环境的变化，土地红利减退，土地整理运作模式也发生了转变，由传统地产业务驱动、增量土地开发，转向重点工程建设驱动、存量地块盘活。2023年4月重点提及的城中村改造、保障性住房建设、"平急两用"公共基础设施建设"三大工程"已在多个省份的重点城市落地实施。2023年底，中央金融工作会议提出，在区域上不再限定超大特大城市，且推进节奏加快，将"稳步推进"改为"加快建设"。"三大工程"实施规模的扩大，为更多地区的城投公司土地整理业务带来了扩容机会，也为城投公司存量土地资源盘活提供了条件。

城投公司可将传统土地整理业务与"三大工程"有机结合。例如，承接城中村改造区域的土地整理业务，并利用符合条件的存量土地，开发建设

城中村改造项目配套的保障性住房，满足项目安置需要；将土地整理开发后形成的存量闲置房产改造升级，满足"平急两用"项目需求；关注区域房地产市场形势变化，部分城市已试点"房票安置""以旧换新"等模式，推动了存量商品住房盘活，加快了库存去化。有条件的城投公司可根据房地产市场形势变化，择机开发存量优质地块，实现土地市场的"一、二、三级联动"综合开发。

（三）生态环境领域：发挥土地生态效益，推进生态资源变现

城投公司开展的生态环境用地整治业务相对有限，主要聚焦于国家级及省市级试点项目，并且这些试点项目多集中在乡镇区域。通过开展土地整治工作，城投公司有效治理了农田生态环境、矿山环境及土壤污染等问题，显著提升了人居环境品质，优化了生态用地布局，保护了乡村生态功能，维护了生物多样性，并增强了防御自然灾害的能力，从而充分发挥了土地的生态效益。

在一些试点地区，城投公司通过融合"土地、产业、资源"的策略，将生态环境整治与乡村文旅发展、生态产业壮大以及公共配套设施建设等相结合，成功推动了生态资源的价值转化。然而，在实施过程中，也暴露了部分地区存在破坏生态红线、违法占地、侵占耕地挖湖造景等不当行为，反映了地方政府和城投公司对土地整治政策的理解和执行尚需进一步加强。

鉴于生态环境用地整治项目投入资金巨大且回报周期较长，城投公司在规划阶段需全面梳理以生态为核心的农业、加工制造业、旅游业等盈利路径，积极探索自然资源资产资本化的可行路径和生态资源增量补偿机制。同时，城投公司还应创新并拓宽投融资渠道，吸引社会资金和政策资金共同参与，确保整治开发和保护工作的顺利进行，实现生态、经济和社会的可持续发展。

B.6
2023年资产经营业务分析

蔡朋莉*

摘　要： 城市建设发展由增量时代步入存量时代，资产经营将成为城投公司打造新的业务增长极、实现实体化市场化转型发展的关键。从发展现状来看，2023年城投公司正从重资产投融资建设向城市综合运营服务转变。业务毛利率较上年实现了较大的增长，表明资产经营效率得到明显提升，盈利能力不断提高。同时，由于经营性资产质量和盈利能力的不同，不同城投公司营收规模存在明显差异。从业务结构来看，综合运营、房屋租赁、文旅服务、交通运输的营收占比较高，说明当前大部分城投公司的经营性资产依然以传统资产为主。随着新一轮国企改革深化提升行动的启动，资产经营业务将聚焦存量资产盘活，实现稳健运营与价值最大化。

关键词： 资产经营　存量资产　市场化转型

一　2023年资产经营业务市场发展情况

随着城镇化逐步放缓，城市基础设施日益完善，城市建设发展由"城市建设"转向"城市运营"。作为城市基础设施建设的承载主体，城投公司在此过程中积累了大量的国有资产，受城市新发展理念的影响，以市场化方式经营国有资产，打造新的业务增长极，实现企业实体化市场化转型和国有资产保值增值是城投公司面临的重要课题。

---

* 蔡朋莉，江苏现代资产投资管理顾问有限公司现代研究院研究员，研究方向为平台公司转型、企业战略管理等。

（一）资产经营业务发展情况

1. 资产管理情况

随着城投公司资产规模扩大和业务拓展，过去的粗放式管理模式已不适用，为进一步推动存量国有资产管理创新破局，部分城投公司逐步开展资产精细化管理的探索。"2023国资国企高质量发展峰会暨第九届国家治理高峰论坛"组委会开展的"2023国资国企高质量发展精选案例"征集活动中，有10家国企的国有资产盘活与产业运营案例入选，包括长沙城投的资产经营全生命周期精细化管理，重庆发展投资公司的公租房商业资产高质量运营，济南城建的资产管理证券化、数字化、专业化探索等。通过对这些案例的研究发现，各地城投公司资产管理与盘活的方式有很多共同点。一是设立资产运营管理公司作为资产管理主体，统筹推进资产全流程运营管理。二是综合利用数字化管理手段，通过搭建国有资产数字化管理平台，摸清家底、厘清问题、规范业务流程、固化管理制度、全面集成数据、实时动态管理，实现国有资产底数清晰、管理智能、动态监管等。2023年1月，国家发展改革委发布的24个盘活存量资产的典型案例中，从盘活标的来看，主要集中在闲置土地、老旧厂房和产业园区；从盘活方式来看，涵盖REITs、PPP、特许经营、产权交易、作价入股等多类盘活方式。2023年8月，财政部会计司发布了《企业数据资源相关会计处理暂行规定》，多地国有企业开始探索数据资产入表。例如，2023年10月，温州市大数据运营有限公司的数据产品"信贷数据宝"完成了数据资产确认登记；12月，江苏钟吾大数据发展集团有限公司数据知识产权登记产品成功实现交易。上述资产管理与盘活的案例给出了一个比较明显的信号，即各地城投公司利用国有资产盘清、盘活、创新、增值等手段，加强资产管理，实现从数量管理向质量效益转变。

2. 业务布局情况

城投公司在城镇化高速增长时期积累了大量的存量资产，随着城市建设由"增量时代"步入"存量时代"，城投公司逐步调整业务布局，向多元化创新化的业务组合发展。城投公司是城市基础设施建设运营的主体,基础设施建设、市政公用等传统业务仍然是其主要职责,但基于上位要求及市场化转型的需求,部分城投公司也在探索新业务,寻求新增长。一是新能源业务。城投公司依托多年城市基础设施建设优势,通过新设、收购、重组等方式,参与城市新能源投资运营业务,探索分布式光伏、智能微网、充换电设施、综合能源服务等创新业务模式。2023年,青岛城投积极布局光伏发电业务,并在全国多个省市推广,新能源发电总装机规模超3GW;宜昌城投打造的新能源船用动力电池包生产线运营投产,抢占"电化长江"新赛道。二是文旅业务。国内的文旅产业融合还在摸索阶段,还没有形成批量可复制的产品模型和商业模式,部分城投公司通过资源注入、资源统筹等方式,实现区域内文旅资源的整合和一体化运作,助力企业的市场化转型。另外,充分整合网红产品、网红达人、新媒体传播等资源,打造"小而美、短平快"且持续盈利的文旅爆款的运营模式也为城投公司所青睐。2023年,哈尔滨成为新晋网红城市"顶流"正是这一运营模式的体现。三是智慧城市业务。随着智慧城市建设需求的爆发式增长,城投公司作为城市建设投资运营的主力军,积累的资源和项目运作经验使其参与智慧城市建设运营更占优势。在实践中,城投公司主要参与方向为智慧城市、智慧交通、数字政府等应用层配套基础设施,算力网络、超算中心、数字产业园区和5G/6G基建等信息网络及服务基础设施。

3.国资监管情况

2023年以来,国资委对国有资产监管提出新要求。一是对资产运营监管考核趋于强化。各地方国资委结合"一增一稳四提升"的总体要求,积极研究新指标体系,重点针对当前部分国企存在的资产运营能力较弱、盈利水平较低、市场竞争力不强等短板,以经济效益、核心功能等为综合考量,引导国企增强自营能力、价值创造能力和可持续发展能力,倒逼各级国企,尤其是城投类企业提升资产运营能力,增强自身造血能力。二是提高效益与防范重大风险并重。相关部委在进一步盘活存量资产相关政策中,一方面明确存量资产盘活的领域、盘活手段等,以提升资产经营运营效率,另一方面

强调防风险与促盘活均为城投公司进行资产经营业务的核心关注点，要严控地方隐债和严防国有资产流失。三是促进国有资产管理与预算管理相衔接。为促进国有资产保值增值，让国有资本更加精准发挥作用，国资委持续深化预算管理制度改革，将国有资本经营预算纳入绩效管理，探索开展国有资本经营预算整体绩效评价，全面推进资产管理融入预算管理一体化系统工作，使资产管理与预算管理相结合，严把新增资产配置预算，加强存量资产核查，提升国有资产使用效率。

（二）国有资产经营业务存在的问题

1. 资产管理体系不完善

部分城投公司已运用数字化手段进行资产管理，但对于实力较弱的区县级城投公司来说，很多依然采用手工模式管理，这就导致资产管理主体不能有效地实现对房源（铺位）管理、招商、招标、租赁合同、收款和入退场管理的经营租赁业务全生命周期管理。另外，对于下属公司的资产管理业务，如资产采购、处置、出租、出借、出让、投资、担保和报废等也不能实现有效的业务审批，存在工作效率不高、经营风险大等管理问题。

2. 资产经营能力不足

城投公司在资产经营方面做出了一定的探索，但大部分城投公司，尤其是区县级城投公司，仍然存在资产利用水平不高的问题。究其原因，一是缺乏资产经营思维，资产盘活手段单一，房屋租赁、物业服务等仍然是其主要的资产经营模式，难以充分释放资产潜在价值；二是部分企业资源、资产分布较分散，闲置率高，部分资产存在权属不清晰、手续不齐全等问题，资产盘活难度大；三是资产经营存在涉法、涉诉、涉税、涉人等问题，对从业人员要求高，尤其是管理层，需要具备专业素养以及较强的综合能力，目前很多企业难以满足。

3. 专业技术人才短缺

在数据资产化迅速发展的当下，企业需要既懂财务又懂技术的复合型人才，而目前企业普遍面临数据资产管理专业人才储备不足的挑战。在大多数企业内部，一般由财务人员负责资产的管理，尚未建立专门的数据资产管理岗位，而传统的财务人员更偏向财务角度的管理，缺乏数据资产管理所需的专业知识和技能，包括数据分析、数据治理、数据安全和隐私保护等，难以适应包括数据资产入表、授权运营、有偿使用、产品开发、机制创新等在内的数据资产一体化开发与运营模式。

4. 风险管理体系不健全

国有企业对资产的内控监督管理是提升资产管理效益和降低资产管理风险的重要保障。目前新兴资产类型多样化，对企业的风险合规管理提出新要求，数据资源是一种敏感、易变、易受损的资产，在进行数据资产入表时对数据合规要求高，不仅需要完善的会计处理和信息披露，更需要强有力的内部控制和风险管理，但部分国有企业尚未建立完善的风险管理体系，给新兴业务的开展带来不利影响。

二　2023年城投公司资产经营业务分析

为全面深入地了解 2023 年城投公司资产经营业务的开展情况，本文选取全国 192 家城投公司已公开的经营数据、审计报告、评级报告等资料，从业务经营情况和盈利情况两个维度进行城投公司资产经营业务分析。

（一）经营情况

在 192 家城投公司中，开展资产经营业务的公司有 150 家，占比为 78.13%，比 2022 年提高 6.39 个百分点，说明城投公司正逐步从"建设者"向"运营者"转变。以这 150 家城投公司作为样本分析业务类型，资产经营业务主要集中在餐饮服务、房屋租赁、物业服务、酒店服务、旅游服务、停车场运营、广告、充电桩等领域，个别公司已开展数据服务业务，业务类型呈现多元化、创新化趋势。在 2023 年，150 家样本城投公司资产经营收入合计 1010.34 亿元，占总营收的 7.79%，比 2022 年上升 1.53 个百分点，资产经营成本为 857.10 亿元，占总成本 7.41%，比 2022 年上升 0.61 个百

分点,毛利率为 15.17%,相较 2022 年上升 12.88 个百分点,说明城投公司资产经营效率明显提升,盈利能力不断提高(见表 1)。

表 1　2022~2023 年 150 家样本城投公司营业收入和资产经营情况

单位:亿元,%

年份	营业总收入	营业总成本	资产经营业务				
			收入	占总营收的比重	成本	占总成本的比重	毛利率
2022	11875.30	10676.51	742.86	6.26	725.85	6.80	2.29
2023	12975.35	11572.65	1010.34	7.79	857.10	7.41	15.17

资料来源:各公司审计报告、评级报告。

(二)盈利情况

为了更好地评估样本公司 2023 年资产经营业务的盈利情况,本文对营收规模、营收占比、毛利率三个指标进行分析。

1.营收规模分析

150 家样本公司 2023 年的资产经营收入为 1010.34 亿元,其中资产经营收入规模在 0~1 亿元的有 44 家,占样本公司的 29.33%,资产经营收入为 22.21 亿元,占样本公司资产经营收入的 2.20%;资产经营收入规模在 1 亿~5 亿元的有 63 家,占样本公司的 42%,资产经营收入为 158.18 亿元,占样本公司资产经营收入的 15.66%;资产经营收入规模在 5 亿~15 亿元的有 30 家,占样本公司的 20%,资产经营收入为 258.19 亿元,占样本公司资产经营收入的 25.55%;资产经营收入规模在 15 亿~30 亿元的有 6 家,占样本公司的 4%,资产经营收入为 126.09 亿元,占样本公司资产经营收入的 12.48%;资产经营收入规模在 30 亿~50 亿元的有 1 家,占样本公司的 0.67%,资产经营收入为 34.78 亿元,占样本公司资产经营收入的 3.44%;资产营收规模在 50 亿元及以上的有 6 家公司,占样本公司的 4%,资产经营收入为 258.19 亿元,占样本公司资产经营收入的 40.67%,

这6家公司分别位于北京、广州、厦门、上海、深圳、天津等经济发达地区（见图1）。

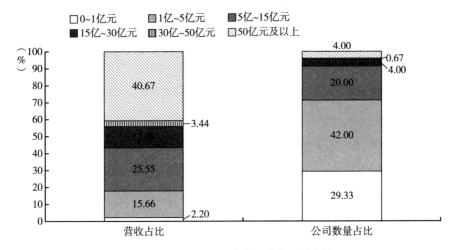

图1 2023年样本公司资产经营收入分布情况

资料来源：各公司审计报告、评级报告。

通过以上分析可知，营收在15亿元以下的公司数量占比91.33%，而营收占比仅为43.41%，营收在50亿元及以上的公司数量仅占4%，但创造了40.67%的营收，产生这种现象的原因主要是城投公司之间的经营性资产质量有较大差别，以及资产经营能力的不同，需进一步优化资产架构与提高资产质量，提升资产经营能力，创新存量资产盘活方式，提升资产利用效率。

2. 营收占比分析

在150家样本公司中，14家城投公司资产经营收入占总营收1%以下，占样本公司的9.3%；63家城投公司资产经营收入占总营收1%~5%，占样本公司的42.0%；48家城投公司资产经营收入占总营收5%~15%，占样本公司的32.0%；17家城投公司资产经营收入占总营收15%~30%，占样本公司的11.3%；4家城投公司资产经营收入占总营收30%~50%，占样本公司的2.7%；4家城投公司资产经营收入占总营收50%及以上，占样本公司的

2.7%。150 家样本公司中，资产经营收入占总营收 5%以下的公司最多，达到了 77 家，占样本公司的 51.3%，说明大部分城投公司在进行资产配置时，经营性资产的占比较低，且资产经营能力偏弱（见图 2）。

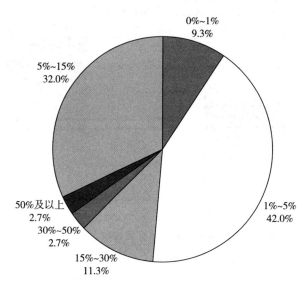

图 2　2023 年样本公司资产经营收入各区间公司数量占比

资料来源：各公司审计报告、评级报告。

150 家样本公司开展的资产经营业务按照资产类型和业务模式可以分为房屋租赁、物业服务、文旅服务（包含酒店、餐饮、旅游服务等）、交通运输（包含通行费、公共交通、汽车租赁等）、服务业务（包含会展、广告、健康、新能源等）、停车服务、数据服务、综合运营八大类。

从营业收入规模来看，房屋租赁为 182.18 亿元，占资产经营总收入的 18.03%；物业服务为 57.38 亿元，占资产经营总收入的 5.68%；文旅服务为 242.33 亿元，占资产经营总收入的 23.98%；交通运输为 159.96 亿元，占资产经营总收入的 15.83%；服务业务为 39.45 亿元，占资产经营总收入的 3.9%；停车服务为 8.09 亿元，占资产经营总收入的 0.8%；数据服务为 0.16 亿元，占资产经营总收入的 0.02%；综合运营为 320.79 亿元，占资产经营总收入的 31.75%（见图 3）。

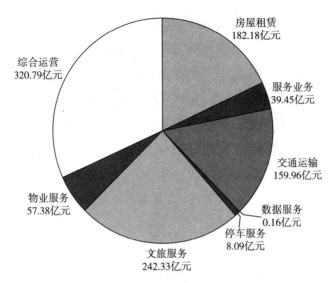

图3 2023年样本公司各板块资产经营收入

资料来源：各公司审计报告、评级报告。

数据显示，目前城投公司在综合运营、房屋租赁、文旅服务、交通运输方面的收入较高，说明城投公司的资产经营业务很大一部分仍是传统资产运营；而数据服务等数据资源的利用较少，仅有1家开展数据服务，随着数据资产入表等政策的发布，未来在数据资源利用上将进一步加大力度。

3. 毛利率分析

150家样本公司2023年的毛利率为15.17%，其中，毛利率为负的公司有16家，占样本总数的10.67%；毛利率在0~10%的公司有10家，占样本总数的6.67%；毛利率在10%~30%的公司有42家，占样本总数的28.00%；毛利率在30%~50%的公司有42家，占样本总数的28.00%；毛利率在50%~70%的公司有29家，占样本总数的19.33%；毛利率在70%~100%的公司有11家，占样本总数的7.33%（见图4）。

数据显示，有16家公司的毛利率为负，毛利率在30%以下的样本公司有68家，毛利率在30%~70%的样本公司有71家，说明城投公司整体在资

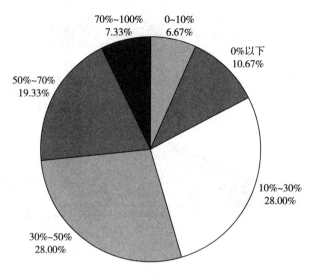

图4　2023年样本公司毛利率各区间公司数量占比

资料来源：各公司审计报告、评级报告。

产经营方面的业务能力有所提升。在样本公司中有11家公司毛利率在70%及以上，其中有3家毛利率超过了90%。

根据前文所分的八大类业务板块，房屋租赁、服务业务、交通运输、数据服务、停车服务、物业服务、综合运营的毛利率均为正，而文旅服务的毛利率为负。另外，房屋租赁的毛利率最高，为51.93%，服务业务、数据服务、综合运营三个业务板块毛利率超过30%（见图5）。

数据显示，城投公司在房屋租赁、服务业务、数据服务三个板块的经营能力要明显优于其他板块，这个现象的原因可能有以下三个方面。一是在早期的城市建设过程中，城投公司积累了大量的房屋类资产，房屋租赁的成本投入较少；二是服务业务中包含的会展、广告、设计、健康、新能源等细分业务，属于资源垄断型、政策扶持型或新兴产业；三是数据类资产是城投公司前期业务的积累，具有高回报的特点。城投公司文旅服务的毛利率为负值，说明文旅服务出现严重的经营成本超支问题，究其原因主要是景区和酒店的设施维护、修缮、运营需要投入大量的人力物力，但是

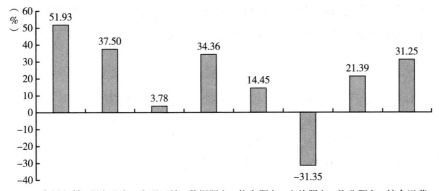

图5　2023年样本公司各业务板块毛利率

资料来源：各公司审计报告、评级报告。

文旅业务盈利能力较弱，不能有效弥补前期投入，从而出现毛利率为负的情况。

三　城投公司资产经营业务发展趋势

2023年，新一轮国企改革深化提升行动正式启动，布局新兴产业、盘活存量资产、化解债务风险是改革的重点方向，也是加速城投公司市场化转型的重要手段。

（一）资产类型多元化，城投数据资产管理加快提质发展

随着信息技术的快速发展，数据已经成为一种重要的新兴资产。2023年8月，财政部印发《企业数据资源相关会计处理暂行规定》，清晰指出数据入表的路径，标志着我国数据资产化的进程正式拉开帷幕。对于城投公司来说，得益于多年城市建设运营经验，在业务开展过程中积累了较多资源，将数据资产纳入财务报表，不但顺应政策和时代发展的需要，而且为其市场化转型开启了一扇新的大门。2024年以来部分公司实现了数据资产入表，但大部分仅停留在报表编制阶段，未实现数据深度挖掘和应用，后续城投公

司将结合市场需求和数据资产特点，加强数据资产管理，深入挖掘数据资源价值，形成可持续发展的数据经营模式，探索更多增值服务，最大化利用数据资产，实现公司的转型升级。

（二）资产价值最大化，城投存量资产盘活将成发展关键

随着存量时代到来，企业发展重心转向提高存量资产运营的质量和效率。主要聚焦在以下方面。一是存量资产盘活将呈现多方协同分类推进趋势，地方政府、国有企业、金融机构、社会资本、服务机构、盘活平台等多方协同力度将加大。二是存量资产盘活将更注重结合资产属性和经营情况，合理匹配相应的盘活路径，如针对收益能力高的资产，重点通过 REITs、资产证券化、PPP 等金融工具及市场化手段进行盘活，促进"资产—资金—资产"的投融资良性循环；针对低效待提升资产，通过改扩建、城市更新、整合资产、混改、引入战投等方式，提升存量资产价值品质；针对无效待处置资产，依托两类公司——地方 AMC 和产权交易所，通过整合、承包、租赁、拍卖、转让等方式，让账面成本较低的资产，按照合理的市场价格盘活。三是以企业资金管理和风险管控为中心的资产管理能力成为城投公司的核心竞争力，通过扩大企业经营空间，加速城投市场化转型，实现资产价值最大化。

（三）变现渠道创新优化，城投综合运营模式加快迭代升级

为促进城投公司存量资产盘活，助力城投公司向城市综合运营商转型，各级政府深入推进政策布局，鼓励基础设施公募、特许经营、REITs、资产证券化（ABS）、产权交易等方式创新，完善"投融建管退"中的"退出"渠道，形成闭环。2023 年 10 月，中国证监会将公募 REITs 试点资产类型拓展至百货商场、购物中心、农贸市场和社区商业等消费基础设施。相对公募REITs 模式，资产证券化模式门槛更低、应用范围更广、模式更成熟，有效补充了存量资产金融化渠道。陕西、安徽、上海、江苏、浙江、广东等地积极开展产权交易建设研究，预计未来，国内跨区域产权交易机制将加速形

成。随着资本市场开放通道的日渐多元化，存量资产变现渠道的持续创新将促进城投转型探索加快显现。

（四）资产运营稳健化，城投风险合规管理将成重要环节

对于城投公司来说，未来要实现资产稳健高效运营，风险管理是重要环节。一方面，市场竞争环境下，市场选择将倒逼企业重视风险管理。资产经营期间，企业定期进行资产估值，实现净值型管理，并模拟实际经营场景精准预测现金流，在经营过程中不停按照市场与租约变化滚动预测中长期的现金流，预判风险。另一方面，2023 年 1 月，工信部等十六部门联合发布《关于促进数据安全产业发展的指导意见》，明确数据安全及数据资源开发利用的相关事宜。数据资产是一种新兴资产类型，目前我国在数据资产方面的法律体系尚不健全，城投公司应重点关注数据的权属、来源、安全保护等合规事宜，按照现行法律，包括《中华人民共和国数据安全法》《工业和信息化领域数据安全管理办法（试行）》等，建立完善企业内部的数据合规组织机构、管理机制和内控制度体系，为实施数据管理提供全面的保障。

B.7
2023年公用事业业务分析

葛勇文[*]

摘　要： 我国公用事业建设资金多元化水平和建设水平持续提升，公用事业基础设施条件和服务能力明显改善，多地政府打造了一批服务能力较强的公用事业综合平台企业，不仅在业务层面实现创新，在成本控制上也取得了显著成效。本文分析了水务、电力、燃气和供热等公用事业行业的情况，运用相关数据梳理水务、电力、燃气和供热行业的发展现状，并从经营概况、盈利能力、运营模式等方面对城投公司2023年公用事业业务情况进行总结。在此基础上，本文对城投公司的水务、电力、燃气和供热公用事业业务发展趋势进行展望，认为城投公司应进一步加强污水处理设施保障能力，释放农村污水市场潜力，促进城乡水务一体化；积极投身新型电力市场，引入电气自动化技术；适应能源低碳转型趋势，积极响应国家环保政策，推动清洁能源利用；运用"互联网+供热"模式，在热力行业引入数字技术，推动热力行业绿色低碳、高效智能发展。

关键词： 公用事业　数字化　数据资产

一　2023年公用事业市场发展状况

公用事业泛指具有共享性特征，为城市生产、流通和居民生活提供基础服务的总和。这些服务广泛涉及城市自来水供应、电力供应、燃气供应、供

---

* 葛勇文，江苏现代资产投资管理顾问有限公司现代研究院研究员，主要研究方向为国企改革、平台公司转型、发展规划等。

热以及公共交通等多个方面。本文基于国家统计局的行业分类标准，同时结合城投公司的特性，界定了样本范围，聚焦于公用事业领域的水务、电力、燃气及供热等相关企业。

（一）水务行业

水务行业产业链涵盖从自然水体取水、水的加工处理和供应到污水处理等多个关键环节。在产业链上游，水源的获取是水务行业的核心，其丰富度和质量直接影响原水获取难度和水生产成本。在产业链下游，水务行业主要满足城镇居民的生活和生产用水需求。经济发展、城镇人口增长以及环保节水政策等因素，均对水务行业的下游需求产生显著影响。

我国水资源的源头供给尽管总量庞大，但存在年度波动。根据2023年《中国水资源公报》数据，2023年我国水资源总量达到约2.48万亿立方米，相较2022年下降8.49%。从需求端来看，在《"十四五"节水型社会建设规划》等各项政策引导下，我国用水总量增速趋缓甚至下降。2020~2023年，全国用水总量分别为5812.9亿立方米、5920.2亿立方米、5998.2亿立方米和5907.0亿立方米，与2022年相比，2023年我国的用水总量减少了91.2亿立方米。在这一背景下，我国的污水处理行业展现强劲的增长势头，市场需求持续攀升，推动污水处理市场规模不断扩大。2023年污水处理市场规模约为1500.1亿元，相较于2022年的1437.4亿元，同比增长了4.36%。污水排放量是污水处理行业需求的关键指标，2022年我国污水排放量约为625.8亿立方米，较上年增长6.13%。根据中商产业研究院的预测，2023年我国污水排放量有望达到646亿立方米。鉴于城市化步伐加快、城市人口的增长、生活用水量的提升以及工业领域的蓬勃发展，预计未来污水排放量仍将维持增长态势。

总体来看，目前我国水务行业已经步入了相对成熟的阶段，呈现区域垄断与行业龙头并存的态势。然而，值得注意的是，城乡水务发展依然存在显著的不均衡现象。在供水领域，城市供水系统已经趋于平稳发展，但乡镇供水市场仍然有较大的开发潜力和空间。为响应节水提效的政策号召，水务企

业纷纷将老旧供水管网的改造作为投资增长的重要方向之一，以此提升供水效率和资源利用率。在污水处理领域，乡镇地区普遍面临污水处理率偏低的问题。随着政府加快城镇污水处理基础设施投资的步伐，乡镇污水处理基础设施建设逐渐成为资金和技术实力雄厚的行业龙头企业异地扩张的重要战略领域。然而，乡镇人口密度相对较低，同时面临常住人口减少的挑战，这对水务企业在投资及运营方面的能力提出了更高的要求。因此，水务企业需要不断创新和提升自身能力，以应对日益复杂和多变的市场环境，实现可持续发展。

（二）电力行业

2023 年，全国主要发电企业在电源工程方面完成投资高达 9675 亿元，较上年实现了 30.1% 的显著增长。从投资占比来看，火电、核电和水电投资占比分别为 10.64%、9.81% 和 10.24%[①]，三者占比总计超过 30%，体现了各类型发电方式的均衡发展和多元投资趋势。2023 年，电网工程投资达 5275 亿元，同比增长 5.4%，我国电网建设稳步推进。在风电、光伏等新能源领域，我国继续保持全球领先位置，表现强劲。2023 年，风电和光伏新增发电装机容量占新增发电装机总容量的比重高达 78.8%[②]，成为新增发电装机的主要力量。从发电装机容量来看，2023 年全国并网风电和光伏发电装机容量实现了显著增长，风电装机容量从 2022 年底的 7.6 亿千瓦显著增长至 2023 年底的 10.5 亿千瓦，展现了强劲的增长势头，风电和光伏发电在全国发电装机总容量中的比重达到了 36%，进一步凸显了新能源在我国能源结构中的重要地位。

电力生产供应领域实现了显著的绿色低碳转型。截至 2023 年底，全国全口径发电装机容量增长至 29.2 亿千瓦，同比增长 13.9%。自 2014 年人均

---

① 《国家能源局发布 2023 年全国电力工业统计数据》，国家能源局网站，2024 年 1 月 26 日，https：//www. nea. gov. cn/2024-01/26/c_ 1310762246. htm。

② 《新能源发展进入关键节点》，经济日报网站，2024 年 4 月 2 日，http：//paper. ce. cn/pc/content/202404/02/content_ 292267. html。

发电装机容量突破 1 千瓦后，2023 年再次取得里程碑式成就，人均发电装机容量首次跃升至 2.1 千瓦。特别值得一提的是，非化石能源发电装机规模在 2023 年首次实现了对火电装机规模的超越，其占发电装机总容量的比重也首次突破了 50% 的大关。与此同时，煤电装机的占比首次降低至 40% 以下，这一变化标志着我国电力行业绿色低碳转型的持续推进。电力行业在分类型投资、发电装机增速及结构变化等方面均展现出绿色低碳转型的显著趋势。在电力消费方面，2023 年全社会用电量达 9.22 万亿千瓦时，人均用电量为 6539 千瓦时，同比增长 6.7%，增速较 2022 年提升 3.1 个百分点[1]，反映了我国电力需求持续稳定增长。

2023 年经济回暖带动电力消费增速提升，全年电力系统稳定运行，供需平衡，电力供应保障取得显著成果。同时，我国电力行业持续加大节能减排力度，推动发输电技术和污染物控制技术的创新，使煤电机组的发电效率、资源利用、污染物及二氧化碳排放控制均达到国际先进水平。综上所述，我国电力行业在绿色低碳转型方面取得了显著成效，未来这一趋势还将继续推进，为实现可持续发展目标奠定坚实基础。

（三）燃气行业

2023 年，国内油气企业持续加大勘探开发力度，油气勘探开发投资约3900 亿元，勘探、开发投资均创历史新高。天然气新增探明地质储量近万亿立方米，天然气产量 2353 亿立方米，同比增长 5.7%。[2] 随着城市化进程的推进，我国城镇燃气管道规模也在逐年扩大，"十四五"期间，我国计划新投运管道里程近 2 万公里。[3]

2023 年，我国天然气市场供需双方均呈现旺盛态势。全国天然气产量

① 《〈2023-2024 年度全国电力供需形势分析预测报告〉发布》，"国家能源局"微信公众号，2024 年 1 月 31 日，https://mp.weixin.qq.com/s/0WRun7DDsEtrScy94T282w。
② 《中石油经研院发布〈2023 年油气行业发展报告〉》，人民网，2024 年 2 月 29 日，http://world.people.com.cn/n1/2024/0229/c1002-40185725.html。
③ 《我国油气管网布局不断完善 打造"四大战略通道+五纵五横"的干线管网格局》，央视网，2024 年 6 月 14 日，https://news.cctv.com/2024/06/14/ARTI5PjlL5szRyoMam4vmLQi240614.shtml。

由 2014 年的 1280 亿立方米增加至 2324 亿立方米，实现跨越式增长。2023 年，全国天然气产量为 2324 亿立方米，同比增长 5.6%，增量达 123 亿立方米，连续 7 年增产超百亿立方米。2014~2023 年，全国天然气进口量由 592 亿立方米增至 1656 亿立方米，年均增速达 12.1%。[①] 2023 年，我国天然气消费量显著增长，达到 3945.3 亿立方米，同比增长 7.6%[②]，显示了我国天然气市场的强劲活力。

2023 年初，国家发展和改革委员会强调天然气价格联动机制的重要性，并推动多省市优化此机制，放宽价格联动条件。在清洁能源转型和燃气价格下降的背景下，天然气消费出现复苏，消费量增长显著。然而，从长期视角看，我国天然气在能源结构中的占比仍低于国际水平，预示着在政策推动下，天然气长期替代潜力巨大。

（四）供热行业

近年来，我国供热行业投资整体呈波动态势，2015~2019 年供热行业固定资产投资整体呈现波动下降的态势，2019 年中国城市供热固定资产投资额下降至 333 亿元，随后在 2020~2023 年投资金额有所回升。随着中国城镇化步伐的加快和居民对高质量生活的追求，城市供热服务需求日益增长，这主要体现在两个方面。首先，供热服务的覆盖面积持续扩大，从 2022 年的 111.25 亿平方米增加至 2023 年的约 175 亿平方米，山东、辽宁、河北等省份在供热面积上处于领先地位。其次，全国城市地下供热管道网络规模不断扩大，从 2021 年的 46.15 亿公里增长至 2023 年的 49.66 亿公里，增长了 7.61%。在供热能力方面，我国城市供热能力整体呈现稳步上升的趋势，同时，随着城市化的推进和公众对资源利用与环境保护意识的提升，未来城市热电联产集中供热的范围与规模将进一步扩大。

① 《中国天然气发展报告（2024）》，国家能源局网站，2024 年 7 月 23 日，http：//www.nea. gov.cn/2024-07/23/c_1310782456.htm。
② 《2023 年 12 月份全国天然气运行快报》，国家发展和改革委员会网站，2024 年 1 月 22 日，https：//www.ndrc.gov.cn/fgsj/tjsj/jjyx/202401/t20240122_1366220.html。

按照我国 2030 年前碳达峰的目标，供热行业有望持续推进节能减排，通过智能设备节约热量消耗，利用信息化系统实现热量的高效调度。展望未来，我国供热行业将迎来快速增长期。在这一进程中，环保和节能将成为行业可持续发展的核心趋势。随着国家层面出台一系列针对城市供热行业的政策，标准化和规范化将成为推动行业市场规模增长的关键因素。这些政策的实施将确保供热行业在高效、环保的基础上稳步发展，满足城市日益增长的供热需求。

二　2023年城投公司公用事业业务分析

为深入研究 2023 年城投公司在公用事业领域的业务开展情况，本文选取全国地市级有公开数据的 192 家城投公司，其中，有 130 家开展了公用事业业务，因此将这 130 家城投公司作为统计和研究样本。本文主要从经营概况、盈利能力及运营模式三个方面，对 130 家城投公司的公用事业业务发展情况进行分析。

（一）经营概况

在 192 家城投公司中，有 130 家从事公用事业业务，占比为 67.71%。公用事业业务主要围绕水务、电力、供热、燃气四大领域，部分样本公司涉及城市公共交通、固废处理、环保及新能源等业务领域。2023 年，130 家样本公司的公用事业营业收入合计为 1704.92 亿元，占统计样本总营业收入的 39.52%，较 2022 年增长 1.17%；营业成本合计为 1692.55 亿元，占统计样本总成本的 46.47%，较 2022 年增长 2.26%。由此可见，城投公司从事公用事业业务的经营规模基本维持稳定。

（二）盈利能力

为分析城投公司公用事业业务的盈利能力，对 130 家样本公司 2023 年公用事业业务的营业收入、营业收入占比、毛利率三个指标进行分析。

1. 公用事业业务营业收入

2023 年，130 家样本公司公用事业业务的营业收入合计为 1704.92 亿元，较 2022 年的 1685.27 亿元，增长 1.17%。如图 1 所示，营业收入在 30 亿元及以上的公司有 17 家；在 20 亿~30 亿元的公司有 4 家；在 10 亿~20 亿元的有 15 家；在 5 亿~10 亿元的有 19 家；在 5 亿元以下的有 75 家。可以看出，样本公司公用事业的业务规模在低速增长，同时多数城投公司的公用事业业务收入并不高，主要集中在 5 亿元以下。相较于其他公用事业业务营收较高的城投公司来说，公用事业业务营收较低的城投公司存在较大的拓展潜力。

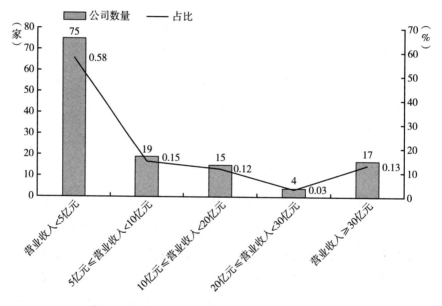

图 1 2023 年城投公司公用事业业务营业收入情况

资料来源：城投公司年度财务报告、评级文件。

2. 公用事业业务营业收入占比分析

130 家开展公用事业业务的样本公司中，整体来看，公用事业业务营业收入的占比分布较为广泛。其中，5% 以下的有 45 家，5%~10% 范围内的有 29 家，10%~30% 范围内的有 34 家，30%~50% 范围内的有 13

家，50%及以上的有9家（见图2）。大多数城投公司（超过80%）的公用事业业务营业收入占比在30%以下，约57%的城投公司公用事业业务营业收入占比在10%以下。一方面，说明城投公司公用事业业务营业收入占比普遍不高，公用事业业务处于次要地位。相较于占比较高的城投公司，考虑公用事业的相对稳定性，此类城投公司需要通过拓展公用事业业务来增加营收。另一方面，可能由于近年来城投公司产业化转型使业务更加多元化，公用事业业务只是其中较小的一部分，城投公司更侧重于其他营收更高的业务领域。同时，近半数城投公司的公用事业业务营业收入占比集中在5%~30%，共有63家，说明公用事业业务对这些城投公司来说具有一定重要性，是部分城投公司营收的重要构成。此外，营收占比在30%及以上的城投公司占比约为17%，在50%及以上的有9家，占比6.92%，这9家公司更专注于公用事业领域，该领域可以为其带来稳定的收入。

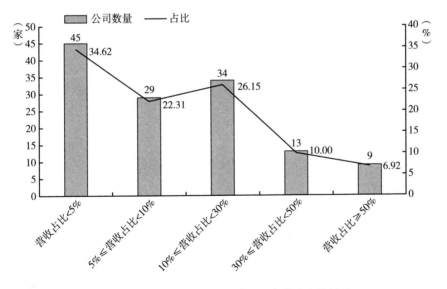

图2 2023年城投公司公用事业业务营收占比情况

资料来源：城投公司年度财务报告、评级文件。

3. 公用事业业务毛利率

130家开展公用事业业务的样本公司，公用事业平均毛利率为12.59%（剔除7家无效数据后，下同），较上年的1.81%出现大幅上升，这显示了公用事业业务盈利能力显著提升。其中，毛利率为负的共有50家，占比40.65%，数量较上年增加31.58%；0%~5%范围内的有8家，较上年下降18.42%；5%~10%范围内的有8家，较上年下降5.26%；10%~20%范围内的有16家，较上年下降5.26%；在20%及以上的共有41家，占比33.33%，数量较上年下降2.63%（见图3）。

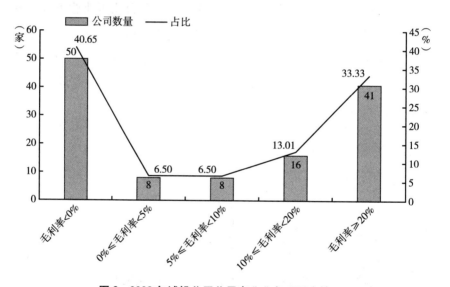

图3 2023年城投公司公用事业业务毛利率情况

资料来源：城投公司年度财务报告、评级文件。

综合以上分析，可以看出，虽然公用事业业务的平均毛利率实现了大幅上升，但不同城投公司之间的盈利状况差异较大，两极分化严重。一部分公司面临严重的亏损问题，超过40%的城投公司公用事业毛利率为负。一方面，公用事业业务大多具有公益性质，其定价受到政府严格监管，且往往以保障民生为主，而非追求利润最大化，导致这些业务的利润率相对较低；另一方面，城投公司开展的公用事业业务多为"历史悠久"业务，设备陈旧、运营效率不高、管理水平有待提升，造成城投公司公用事业业务毛利率不高。然而，另一部分公司则有较强的盈利能力，有33.33%的公司公用事业业务毛利率在20%及以上，说明公用事业业务还有较大盈利空间。

（三）运营模式

目前，城投公司从事公用事业主要采用以下几种模式。

一是政府主导模式。在此模式下，城投公司通常作为政府的代表，负责水务、电力、燃气、供热系统等基础设施的投资、建设和管理。在政策与资金的双重支持下，政府为公用事业的健康发展奠定了坚实基础，而城投公司则肩负起具体的运营和管理职责，确保公用事业的顺畅运行。这种模式能够确保公用事业服务的公共性和公益性，也有助于实现资源的优化配置。

二是市场化运作模式。城投公司积极引入市场机制，优化公用事业服务的运营，包括引入竞争以提升服务质量与效率，引入社会资本以加强基础设施的投资建设，以及采纳现代企业管理方法来提升企业管理水平和盈利能力。

三是政府和社会资本合作模式。城投公司作为社会资本的代表，与政府携手共同参与公用事业基础设施的投资、建设与运营。这种模式旨在通过政府与社会资本的协同合作，共同承担风险与收益，实现双方互利共赢的目标。城投公司利用自身的资源和优势，与政府和其他社会资本方共同推动公用事业服务的发展。

四是清洁能源及智慧化模式。随着清洁能源的快速发展，城投公司积极投身于智慧化及清洁能源项目的开发和运营。在水务建设方面，运用云计算、大数据、5G和AI等前沿技术，通过精心的顶层规划和分步骤实施，推动业务与数据双轮驱动的水务数字化变革。在电力领域，积极投资风电、太阳能等可再生能源发电项目，致力于清洁能源的广泛推广和应用，助力实现绿色能源目标。在天然气领域，投资建设天然气分布式能源站和燃气热电联产项目，确保城市能源供应的清洁性和高效性，为城市提供稳定可靠的能源支持。在供热系统管理上，采用物联网、大数据等先进

技术，实现供热系统的智能化管理和优化运行，确保供热服务的高效、安全和环保。

五是综合性服务模式。在水务行业中，城投公司通过整合水务产业链上下游资源，提供综合性水务服务。例如，可以提供供水、排水、污水处理、中水回用等一站式服务；可以提供水务技术咨询、设备提供和运维服务等增值服务；还可以开展水务相关的投资和金融业务，实现多元化经营。在电力行业中，城投公司通过整合电力产业链上下游资源，实现电力行业的规模化、集约化经营，包括收购或参股其他电力公司、建设电力交易平台、提供电力相关的金融服务等。在燃气行业中，城投公司一方面可开展燃气供应与销售业务，通过与燃气生产商签订长期合作协议，确保燃气的稳定供应，并通过建立销售网络，向居民和工商业用户提供燃气服务。此外，城投公司还可以提供燃气设备安装、维修等增值服务，以提升用户体验和满意度。另一方面还可开展燃气网络建设与运营，包括燃气管道的铺设、连接以及燃气设备的安装和维护。在供热行业中，城投公司提供综合的供热服务，包括供热设施的设计、建设、运营、维护以及相关的咨询和技术支持等。

三　城投公司公用事业业务发展趋势

2023 年 11 月，国务院办公厅转发国家发展改革委、财政部《关于规范实施政府和社会资本合作新机制的指导意见》，标志着我国政府和社会资本合作发展进入新阶段。新机制强调遏制新增地方政府隐性债务，提出聚焦使用者付费项目，全部采取特许经营模式，合理把握重点领域。这对城投公司开展公用事业业务提出了更为规范严格的要求。

（一）水务行业发展趋势

近年来，水务行业在政策推动下发展迅速。在供水领域，政府强调节水服务产业发展，国家发展改革委联合相关部门发布《关于进一步加强水资源节约集约利用的意见》，提出到 2025 年控制年用水总量在 6400 亿立方米内，并计划到 2030 年进一步提升节水效率和效益。在污水处理领域，尽管行业快速发展，但农村乡镇的污水处理率及资源化利用水平仍待提升，污泥处置和水质标准也需改善。城投公司需加强污水处理设施保障能力，释放农村污水市场潜力。未来，污水及污泥处理、黑臭水体治理将成为污水处理企业的重要机遇，推动行业高质量发展。

随着城市化加速和城乡差距缩小，城乡水务一体化成为必然趋势。城投公司应加大投入，强化基础设施，提升供水保障能力，确保城乡居民公平享有安全可靠、经济适用的水资源，推动水务一体化管理。水务行业正由传统模式向智慧水务与数字化建设转型，需深度融合物联网、大数据、BIM、GIS 等新技术，弥补信息短板，实现供水数据信息化、智慧调度、数字化资产管理等。城乡水务一体化将促进资源整合与优化，打破行政壁垒，实现资源共享与高效利用，推动水务行业市场化、产业化发展，形成多元化水务产业链。

（二）电力行业发展趋势

随着国家"双碳"战略实施，火电成为稀缺资源，正在从发电主体的定位逐步向调节、顶峰支撑的定位转变。同时，近年来新能源如火如荼地发展，使电力行业迎来重大变革。为响应国家"双碳"目标对电力行业提出的长期规划，火电企业需双管齐下。一方面，积极投身于新型电力市场的构建与服务中，加速火力发电机组的改造升级；另一方面，将电气自动化技术转化为生产力，通过技术创新和变革优化火电行业的应用系统，有效控制成本，提升运行效率和管理水平。

中国光伏行业在国内已形成成熟产业链，对外出口持续增长，建筑与光伏深度融合发展展现巨大的市场潜力。我国太阳能资源丰富，拥有广阔的国土面积和建筑物受光面积，使太阳能成为新能源开发领域的重要新兴能源。随着分布式光伏在城镇等人口密集区域的逐步拓展，以及光伏建筑技术水平的不断提高，一系列结合太阳能光伏电池与建筑构件材料的光伏建筑材料应

运而生。在技术进步和政策支持的双重推动下，光伏建筑一体化展现了广阔的发展前景。

（三）燃气行业发展趋势

在能源低碳转型的推动下，天然气作为清洁能源，其高效绿色特点有助于改善环境质量，市场前景广阔。目前，我国政府正加大环保投入力度，深化能源改革，"十四五"期间将持续推动非居民液化石油气替代。城投公司适应这一趋势，有助于实现绿色可持续发展。燃气行业不再局限于传统的燃气供应，而是向多元化经营方向发展。城投公司可以考虑进军天然气存储、运输、销售以及燃气设备的研发、生产和销售等领域，以拓展业务范围，提高盈利能力。

随着科技的不断进步，智能化和数字化将成为燃气行业的重要发展方向。城投公司可以通过引入先进的智能化设备和技术，提高燃气供应的安全性和可靠性，同时实现燃气供应的远程监控和智能调度。随着环保意识的不断提高，燃气作为一种清洁能源，地位将日益凸显。城投公司需要积极响应国家环保政策，推动清洁能源的利用，并加大对燃气排放的治理力度，以实现可持续发展。政府政策的支持对城投公司开展燃气行业具有重要影响。城投公司应密切关注政府政策的动向，积极争取政策支持和优惠，为燃气行业的发展提供有力保障。

（四）供热行业发展趋势

当前，我国城市供热仍以煤炭为主要热源，为响应低碳减排号召，国家正推动能源结构转型，加大对清洁能源的支持。城投公司供热业务应提升天然气使用效率，并引入地热能、太阳能等可再生能源，以替代化石燃料，提升清洁能源供热占比，达成节能环保目标。同时，应采取减排技术，确保排放符合国家标准。热电联产作为能源高效利用的途径，将在政策推动下得到进一步推广。城投公司应通过技术创新和设备更新，减少能源浪费，提高利用效率。

在"互联网+供热"及清洁供热政策的推动下，数字技术正逐步融入热力行业。随着《"十四五"可再生能源发展规划》等政策的出台，数字技术正与能源产业深度融合。智慧供热已成为集中供热的重要方向，通过物联网、人工智能等技术实现热力系统智能化管理，以提升监测精度，优化运行，推动热力行业向绿色低碳、高效智能发展。

B.8
2023年金融业务分析

陈志骏[*]

摘　要： 2023年10月，中央金融工作会议首次提出"加快建设金融强国"目标，着力推进金融高水平开放，坚持把金融服务实体经济作为根本宗旨，致力于实现金融与实体经济的深度融合与相互促进。本文梳理了2023年金融业务市场发展状况，从小额贷款业务、融资担保业务、融资租赁业务、商业保理业务、资产管理业务等方面对城投公司的金融业务进行分析，聚焦于城投公司金融业务的经营概况、盈利水平及运营模式。在此基础上，对城投公司金融业务的发展趋势进行展望，认为有以下几个明显趋势：大力发展普惠金融，服务实体经济；监管体系日趋完善，内部整合加速；依托城投自身优势，发展供应链金融；重视地方产融赋能，发展金融投资。

关键词： 金融业务　小额贷款　普惠金融　产融结合

一　2023年金融业务市场发展状况

2023年我国经济全面好转，为金融业持续健康发展奠定了坚实基础。2023年10月，中央金融工作会议首次提出"加快建设金融强国"目标，着力推进金融高水平开放，要求金融要为实体经济和社会稳定高质量发展提供应有的服务。同时，中国金融市场监管不断加强，监管制度和体系不断优化，监管格局从"一行两会"变成"一行一局一会"，形成了从中央到地方

　＊　陈志骏，江苏现代资产投资管理顾问有限公司现代研究院研究员，主要研究方向为战略规划、企业重组等。

的金融监管系统。

在传统金融发展方面，截至2023年底，全年净投放现金8815亿元；本外币贷款余额242.24万亿元，同比增长10.1%；人民币贷款余额237.59万亿元，同比增长10.6%。[①] 表明我国金融市场发展速度较快，金融行业向上发展的总基调没有改变，为我国经济高质量发展提供了重要支持。

在地方金融发展方面，2023年在政策引导下，普惠金融继续健康发展，地方金融监管体系不断完善，地方金融机构持续扩大服务覆盖面，重点加强对薄弱环节的支持，尤其是加强对小微企业、"三农"领域的金融服务。此外，地方金融工作会议强调金融服务实体经济的重要性，通过创新金融产品和服务，优化资源配置，加大对重点领域和薄弱环节的支持力度，促进经济高质量发展，加强对区域经济的支撑。再者，随着国家"双碳"战略的推进，绿色金融得到了长足的发展，绿色信贷、绿色债券发行量显著增加，地方政府及金融机构加大对绿色项目的资金支持力度，促进经济绿色转型。

（一）小额贷款业务

自2020年银保监会办公厅出台86号文以来，随着行业规范不断完善细化，小额贷款在整体规模上呈紧缩趋势。2023年我国小额贷款整体规模亦有所下降，全国小额贷款余额共有7629亿元，全年减少1478亿元，同比下降约16.23%；全国共有小额贷款公司5500家，企业数量同比下降约7.66%。

总体规模下降的背后，是行业规范不断完善细化和行业内部整合的结果。一方面是不符合政策标准的小贷公司和经营不善的区域性小贷公司的数量持续减少；另一方面是以互联网巨头和消费产业巨头为代表的龙头企业通过增资、收购、股权转让等方式，加大布局力度。

2023年以来，全国各主要地区的地方金管局对经营异常、失联、空壳的试点进行查处、整顿，并暂停相应业务资质。在龙头企业布局方面，一是

---

① 《2023年小额贷款公司统计数据报告》，中国人民银行网站，2024年1月26日，http：//www.pbc.gov.cn/diaochatongjisi/116219/116225/5220352/index.html。

龙头企业通过收购、兼并部分经营良好的小贷公司股权，获得牌照，开展小额贷款业务。如电商"得物"关联公司以及东鹏饮料集团、圆通速递母公司，均在 2023 年通过收购的方式，完成了在小额贷款领域的布局。二是已开展相关业务的龙头企业，通过对现有业务持续增资，加大投入，加深行业布局。如滴滴旗下全资子公司重庆市西岸小额贷款有限公司、腾讯旗下深圳市财付通网络金融小额贷款有限公司、京东旗下重庆京东盛际小额贷款有限公司均在 2023 年进行了较大规模的增资。

（二）融资担保业务

近年来，在政府推动和市场需求刺激下，我国担保机构数量及担保余额显著增加，为企业特别是中小企业融资提供了帮助，并形成了以政策性担保机构为主、商业性和互助性担保机构为辅的中小企业信用担保体系。但在宏观经济增速放缓和社会融资规模下降的背景下，担保行业风险水平有所提升，担保规模增速有所减缓。

从市场竞争格局来看，担保业务开展需要大量资本支持，那些资本实力和风控能力较弱的担保机构将逐步被市场淘汰。因此，资本实力较强的担保公司市场份额相对较高，使我国融资担保行业集中度进一步提升。

此外，我国融资担保行业正逐步向"专而精"和"多元化"方向转变，在细分领域提供更为多元化的产品和服务，并取得较好的收益，机构自身的抗风险能力也得到了增强。转变的原因包括两点：一是随着金融市场的进一步深化和发展，其他金融机构进入担保市场，担保行业竞争愈发激烈，迫使担保机构调整业务模式；二是银行授信一直是担保贷款业务的主要来源，融资的收缩导致担保公司业务受到制约，迫使公司调整业务结构，降低贷款担保业务的比重，逐步向更为精细化、多元化业务方向发展。

（三）融资租赁业务

2023 年我国融资租赁业处于触底反弹、缓慢回升的稳健发展状态。2023

年，我国融资租赁新增登记 568.84 万笔，较上年增长 10.58%。[①] 2023 年，大批外资租赁企业退出市场，截至 12 月底，全国外资租赁企业总数为 8330 家，比上年底的 9334 家，减少 1004 家，降幅为 10.8%。[②]

近年来，随着地方政府债务风险的释放和金融租赁行业的风险积累，各监管部门相继出台多项文件，提出愈发细致和具体的监管要求，并突出强调"回归本源""服务实体经济"的宏观导向。以 2022 年 11 月银保监会办公厅发布的 12 号文、2023 年 7 月国家金融监督管理总局出台的 149 号文以及 10 月国家金融监督管理总局发布的金融租赁公司规范经营和合规管理的通知等为例，政策要求推动相关机构转型整改，进一步加强对融资租赁的监管，逐步提升"直租业务"能力，努力提升直接租赁业务占比，发挥金融租赁的本源功能。

此外，随着市场的不断成熟和竞争的加剧，融资租赁行业也逐渐呈现"专业化"的发展趋势。目前，融资租赁公司正逐渐形成以不同领域为主的专业化公司群体，如针对航空、航运、工程机械、能源设备等领域的专业融资租赁公司，租赁物范围在不断扩大。

（四）商业保理业务

我国商业保理行业经历了从无到有、从小到大的发展历程，保理业务量和活跃企业数量实现了百倍的增长。商业保理不仅为企业提供了一种有效的资金周转和风险管理手段，而且在国家战略层面上，也成为推动供应链金融发展和支持实体经济的重要工具。商业保理在破解中小企业融资难、融资贵、降负债以及健全商业信用体系方面发挥了重要作用。

近年来，国家和地方政府为包含商业保理在内的供应链金融，创造了良好的政策环境。中国人民银行等八部门联合发布 233 号文，提出了支持民营经济的 25 条具体举措，明确要求积极开展产业链供应链金融服务。此外，

[①] 《"数"看 2023 年融资租赁：新增登记 568.84 万笔　天津首次跃升第一》，中国金融新闻网，2024 年 4 月 10 日，https://www.financialnews.com.cn/jigou/rzzl/202404/t20240410_290639.html。

[②] 《2023 年中国租赁业发展报告——企业数量》，"深圳市融资租赁行业协会"微信公众号，2024 年 4 月 2 日，https://mp.weixin.qq.com/s/vV5r2dhkicdwrE40fHWvig。

浙江、山东、湖南、上海、安徽、广州、深圳、江苏、福建等相继出台多项政策文件，助力供应链金融持续健康发展。在政策环境不断利好和制度环境不断规范的情况下，商业保理将迎来规范和高质量发展的新阶段。

由于保理业务的复杂性和特殊性，目前行业内部和法律界对保理业务的认知和解读还没有形成统一的标准，制约着保理行业的发展。2023年商业保理行业在"合规""标准"上取得了一些突破。一是2023年3月，江苏省商业保理协会保理纠纷调解工作室正式入驻建邺区人民法院金融法庭长三角多元调解中心，商业保理行业协会调解工作室入驻人民法院成为行业首创，标志着金融审判与金融服务双向联动进一步加强。二是商业保理专委会以及陕西省国资委、山东省国资委、深圳市商业保理协会等地方部门，在2023年陆续出台《商业保理公司全面风险管理规范》（T/CATIS 013—2023）《商业保理公司信用风险内部评级规范》（T/CATIS 014—2023）等相关文件和标准，进一步完善了我国商业保理行业标准规范，有效促进了行业合规发展。此外，相较于国内保理业务，我国的国际保理业务仍然处于发展的初级阶段，与世界的平均水平相比还存在较大的差距。

（五）资产管理业务

我国在经历了2012~2021年的资产管理高速发展阶段之后，自2022年开始，由于国内外经济因素的叠加，资产管理总体上增长速度放缓。但在除去通道业务持续压缩的影响后，各项业务大多实现了增长，尤其是公募基金和私募基金作为行业重要引擎，表现较为强劲。因此整体来说，我国的资产管理业务仍然处于上行阶段。根据中基协数据，截至2023年第四季度末，我国资产管理业务总规模达到67.06万亿元，其中，公募基金占比最高，规模为27.6万亿元。各类机构管理的私募资产规模，证券公司为5.93亿元，基金公司超10亿元。近年来，在监管力度持续加强和地方债务风险不断释放的背景下，地方AMC行业规模依旧稳定上涨。2023年，深圳市招商平安资产管理有限责任公司设立，全国地方AMC企业数量扩容至60家。此外，有6家地方AMC企业实施增资，地方AMC企业发债规模也明显回升。在不良资产管理行业全面回归主业的政策引导下和国内外经济金融形势不确定性因素增多的背景下，对地方 AMC 企业提出了更高的要求，行业内部竞争将进一步白热化，地方 AMC 企业发展将面临更多的机遇和挑战，需重点解决深层次结构性矛盾和低效资产问题，要选准切入点来盘活存量资产、帮扶实体经济，支持经济结构调整。

二 2023年城投公司金融业务分析

为深入研究 2023 年开展金融业务的城投公司的业务运营情况，本文整理了 192 家有公开数据的城投公司，其中，有 57 家开展了金融业务。之后，本文主要从经营概况、盈利水平及运营模式三个方面，对 57 家样本公司的金融业务发展情况进行分析。

（一）经营概况

根据 192 家城投公司的审计报告，在 2023 年有 57 家企业从事金融业务，占比 29.69%，较上年增加了 3 家企业，有 2 家样本企业在 2023 年进行资产整合和业务划分，不再将其计入样本。

2023 年 57 家样本城投公司金融业务收入合计 141.04 亿元，平均收入 2.47 亿元，较 2022 年增长约 5.27%；金融业务的营业成本合计 61.87 亿元，与上年成本基本持平。由此可见，城投公司金融业务的经营规模逐渐扩大，同时成本控制较好。城投公司金融业务逐渐进入更加有序、高效的发展阶段。

（二）盈利水平

为分析城投公司金融业务的盈利能力，我们对 57 家样本城投公司 2023 年金融业务的营收规模、营收占比、毛利率三个盈利指标进行分析。

1.营收规模分析

2023 年，57 家样本城投公司金融业务的营业收入合计 141.04 亿元，营

业成本合计 61.87 亿元。其中，金融业务营业收入在 10 亿元及以上的有 2 家，占样本量的 3.51%；3 亿（含）~10 亿元范围内有 9 家，占样本量的 15.79%；1 亿（含）~3 亿元范围内有 11 家，占样本量的 19.30%；1 亿元以下的有 35 家，占样本量的 61.40%。

可以看出，我国进入高质量发展阶段后，随着产业升级、乡村振兴等拉动金融业务增长，样本城投公司金融业务的营业收入也在稳定增长，但大部分城投公司金融业务营业收入仍集中在 1 亿元以下，金融业务规模化发展程度较低、多元化发展不足为主要原因。

2. 营收占比分析

57 家开展金融业务的样本城投公司，2023 年金融业务的营收合计占企业总收入的比重仅为 2.45%。其中，营收占比在 10%~30% 的有 4 家，占比 7.02%；在 5%~10% 的有 5 家，占比 8.77%；在 1%~5% 的有 15 家，占比 26.32%；小于 1% 的有 33 家，占比 57.89%。从总体上看，样本城投公司金融业务营业收入占总营业收入比重为 2.45%，仍处于较低水平，且大部分城投公司金融业务营收占比低于 1%，表明城投公司在金融业务领域仍然有较大的发展空间（见图 1）。

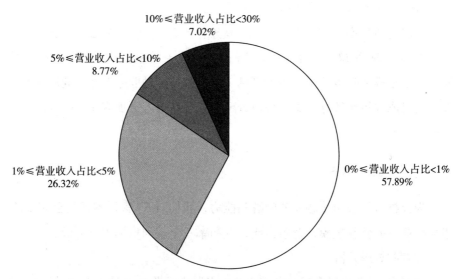

图 1　2023 年样本城投公司金融业务营收占比情况

3.毛利率分析

2023 年，开展金融业务的 57 家城投公司的业务毛利率平均值约为78.14%，同比增长 1.3%，共有 38 家公司超过毛利率平均值。从图 2 中可以看出，毛利率在 75% 及以上的公司数量最多，有 40 家，占比超 70%。根据分析，大部分样本公司金融业务毛利率为正，且多数毛利率超过 70%，实现了较好盈利。主要原因是样本城投公司大多使用自有资金开展小额贷款业务和担保业务，业务成本较低，利润水平高（见图 2）。

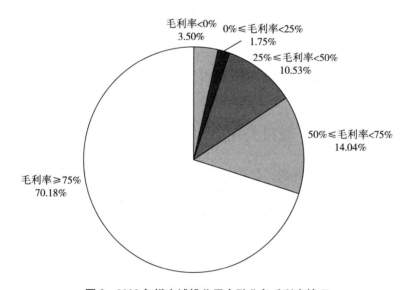

图 2　2023 年样本城投公司金融业务毛利率情况

（三）运营模式

57 家样本城投公司中开展一种类型金融业务的有 33 家，占比 57.89%，开展两种及以上类型金融业务的有 24 家，占比 42.11%。在各项金融业务中，开展借贷业务的有 25 家，开展融资担保业务的有 16 家，开展融资租赁业务的有 8 家，开展商业保理业务的有 6 家，开展资产管理业务的有 6 家，开展其他业务的有 8 家。

由此可见，城投公司金融业务集中在小额贷款和融资担保两大领域，业

务结构相对单一，业务类型不够丰富，主要为地区性中小微企业提供金融支持，具有显著的地域性和普惠性，从市场化发展角度开展金融业务的城投公司数量较少。

总体来看，2023年受政策导向和国内外经济影响，样本城投公司金融业务的总体规模和毛利率均有所上升，但营收占比还较低，城投公司还处于从传统业务向金融业务转型的过渡期，同时受制于其独特属性，仍以履行政府职能为导向，金融业务尚不能实现较好的收益。因此，城投公司一方面要根据自身特点整合资源，紧跟国家战略导向，依托自身优势，开拓符合区域发展要求的金融业务，逐步提升业务规模，实现利润增长；另一方面在发展金融业务的同时，要积极吸引各类社会资本，增强金融服务能力，提高业务运营管理能力和服务水平。

三 城投公司金融业务发展趋势

金融业务是城投公司转型发展的重要领域之一。对于城投公司来说，合理布局金融业务，可以减少自身对银行贷款和政府信用的依赖，在满足自身资金流动性管理的要求基础上，更好地服务于自身经营的其他业务的发展，进而实现更好的产融互动；同时，城投公司布局金融业务可帮助区域中小企业解决融资难、融资贵问题，进而更好发挥城投助力地方经济发展的社会职能。基于2023年地方性金融业务的发展状况与城投公司开展金融业务的情况可知，目前地方金融行业发展表现出以下几个明显趋势。

（一）大力发展普惠金融，服务实体经济

自2013年我国提出"发展普惠金融"以来，政治引领、政府推动、政策激励力度不断加大。2023年9月，国务院发布《关于推进普惠金融高质量发展的实施意见》，指出要推动我国普惠金融发展取得长足进步，实现金融服务覆盖率、可得性、满意度明显提高，小微企业、"三农"等领域金融服务水平不断提升。今后，政府将进一步支持小微经营主体可持续发展，拓

宽经营主体直接融资渠道。因此，城投公司可以通过"融资担保"和"小额贷款"等业务开展普惠金融，推出特色融资产品，解决中小微、"三农"企业在成立初期的资金实力较弱、抗风险能力差、抵押物有限、不符合银行贷款条件、业务资金短缺等痛点。

城投金融机构在现阶段应加强产品创新，帮助企业配套合适的融资产品，助推中小微企业经营发展。相关企业在面临短期资金周转需要时，可以通过城投金融机构的"过桥资金服务"帮助其渡过资金周转难关。如在政策支持和省级"应急转贷引导基金"的引导下，山东省各地城投公司纷纷开展"应急转贷"业务，以服务中小微企业、支持培育新质生产力为宗旨，通过高效的服务和较低的融资费率，帮助企业"无缝续贷"，解决中小微企业"融资难、融资贵、转贷难"等问题，扩大了山东省普惠金融服务覆盖面。

（二）监管体系日趋完善，内部整合加速

《地方金融监督管理条例（草案征求意见稿）》发布后，中央和各地方的相关监管要求和规范陆续出台，将各类金融活动全部纳入监管，并要求原则上不得跨省级行政区域开展业务。在金融监管体系不断完善和管理要求更加严格的环境下，行业内部将加速整合，"头部效益"将更加显著。一方面是不符合监管要求的机构将被强制清退；另一方面是地方金融机构将按照政策规定，聚焦本地市场，区域内市场竞争将更为激烈，经营不善的机构将被市场"优化"。这将对城投公司开展金融业务的专业化能力提出更高要求。

城投公司在新一轮政策监管下，在依法合规开展金融业务的基础上，还应强化风险管理工作。同时，城投公司应依托国资背景和地区优势，整合地方资产资源，创新符合地区经济发展要求的金融服务。

（三）依托城投自身优势，发展供应链金融

金融资源的有效利用，是供应链企业脱离发展困境的重要抓手，也是金

融创新、核心功能与竞争力提升的有效路径。因此，地方城投公司应充分利用多年基础设施建设资源优势，整合上下游产业链资源，创新发展供应链金融业务，这一点也是目前市场所关注的。该项业务的开展，一是可通过供应链金融公司将应收账款转让给资本市场，提前实现资金回笼，进而有效减少应收账款带来的管理成本，缓解资金压占成本的风险，缩短现金循环周期，增强资产流动性。二是城投公司依托在地方城市建设、服务方面的主导地位，在开展供应链金融方面具有天然优势，可提高资金、数据等市场化要素流通效率，完善要素自由流动的体制机制，提高与上下游企业的协同性，有效盘活地方存量资源，推动资源要素市场化配置，整合相关产业链、助力相关产业链健康发展。

近年来，在政策引导和市场需求的刺激下，部分城投公司开始涉足供应链金融业务，并通过与互联网和数字技术结合创新产品，取得了明显成效。如青岛城乡建设小额贷款有限公司借助科技金融力量，于 2019 年 10 月推出在线供应链金融平台——诚 e 贷，为青岛市 24 条产业链和青岛城投集团内部产业链"链"主上下游企业量身打造快捷、便利的金融服务。平台业务模式灵活多变，产品创新能力强，能够满足不同客户群体需要，且设立以来，推出了政采快易贷、房易贷、商票质押贷、学 e 贷、保易贷等多个特色产品，充分满足各类企业融资需求，有力地支撑了青岛市产业发展。

（四）重视地方产融赋能，发展金融投资

《国务院办公厅关于金融支持融资平台债务风险化解的指导意见》下发以来，引导地方产业转型，聚焦和培育地方战略性新兴产业正逐步成为地方及城投公司一项重要的社会职能，也是城投公司自我转型的重要突破口。利用金融资源赋能产业发展，构建"产融生态体系"是当前城投公司转型发展的重要路径。

在投资方向上，重点关注"战新"产业和未来产业等领域。此外，聚焦和支持科技创新公司，特别是对产业链甚至整个产业生态具有较大影响力的公司。基础设施投资聚焦优化基础设施布局和发展模式，重点关注交通、

能源、水利、分布式智能电网、产业升级基础设施、城市防洪排涝、污水和垃圾处理、防灾减灾基础设施、农村规模化供水等项目，支持构建现代化基础设施体系。

在投资手法上，一是与园区综合运营相结合。城投公司可结合既有园区和再开发园区，以园区内企业孵化培育为目的的产业投资、产业服务为抓手，实施金融投资业务。二是股权收购。城投公司可以以自身战略规划为基础，结合区域产业发展和政策导向，对目标公司进行股权收购（含上市公司），并持续关注目标公司经营和管理情况，确保资产保值、增值。三是参与或成立产业发展基金。城投公司可以参与或设立产业发展基金，通过基金投资于高端制造、新材料、新能源等重点产业领域，更好地服务区域产业链布局。

B.9
2023年文旅业务分析

富亦灵*

摘　要： 2023 年是文旅产业强势复苏的一年，亦是倡导文旅消费升级，消费新热点、新现象、新模式不断涌现的一年。同时，文旅产业对当前促进经济发展、扩大居民消费、提振消费信心具有重要的影响，文旅产业作为国民经济新增长点、国民经济战略性支柱产业的重要作用愈发凸显。伴随"旅游赋能效应的增强"，文化和旅游部、各地政府及文旅相关机构愈发重视文旅产业的发展。本文通过对 2023 年我国文旅产业发展的整体状况和城投公司开展文旅业务的具体情况进行分析，总结了城投公司文旅产业业务未来发展的趋势。

关键词： 　城投公司　文旅产业　文旅业务

一　2023年我国文旅市场发展情况

（一）文旅市场发展情况

1.文旅市场整体回暖

2023 年是我国文旅产业强势复苏的一年。据文化和旅游部统计，全年国内出游总人次为 48.91 亿，比上年同期增加 23.61 亿人次，同比增长93.3%，恢复至 2019 年的 81.44%，国内文旅市场复苏加速。

＊　富亦灵，江苏现代资产投资管理顾问有限公司现代研究院研究员，主要研究方向为平台公司产业转型、企业战略管理。

从全年宏观视角来看，在文旅市场供需双方均保持活跃的状态下，各季度间游客流量的差距趋于缩小，形成了"淡季客流仍然可观，旺季客流更显充沛"的市场态势。相比于2022年，2023年每一个季度的国内旅游人次均呈现增长态势，其中，第三季度作为常规旅游活动高峰期，在暑期旅游热潮的强力推动下，出现年度峰值12.91亿人次；而第一季度和第四季度的数据基本保持一致，均超过12亿人次。

此外，国内游客的出游总消费达到4.91万亿元，同比增长140.3%，消费总额恢复至2019年的85.82%，这表明民众的旅游消费信心强力反弹，进一步展现了文旅产业的强劲复苏力。

2.旅游主体进一步细分

在文旅产业的复苏与转型中，旅游主体的多元化与旅游模式的定制化趋势显著，其中，不同年龄层和社会角色的旅游者都具有鲜明的偏好。

以大学生为主的"00后"群体逐步确立其在旅游市场的主导地位。该群体中相当一部分人已成为拥有独立旅游消费决策权的个体。统计数据显示，"00后"群体的人均出游频次在各类受访群体中居高位。同时，作为数字时代的"土著"，该群体更容易受到数字媒体的影响，对于市场热点、网红热点具有快速聚集和放大的效应。自2023年以来，"进淄赶烤"美食游、"特种兵式"打卡游、寻求心灵慰藉的"寺庙游"以及深度城市漫游等众多热门旅游趋势均表明，"00后"群体正在成为塑造旅游业态格局的不容忽视的力量。

以"80后""90后"为主的年轻父母是亲子游消费的主力。在2023年国内文旅市场中，家庭亲子人群占比42%，相较于2019年增加了10.5个百分点。精神的富养是年轻父母的普遍追求，他们希望自己的孩子体验不同的世界，认识新鲜事物，拓宽眼界和思维方式，提升精神与修养境界。周末或者假期带着孩子出游，无论是为了消磨亲子时间还是享受品质生活，都体现了"精神刚需"催生的新消费市场正在成为新兴家庭标配的生活方式。

随着社会老龄化的加深，"银发游客"数量显著增长。根据携程公布

的《2023 银发人群出游行为洞察》，55 周岁及以上的旅客出游数量与 2022 年同期相比增加了两倍。在这个年龄段中，55~60 岁的人群为消费主力，出游人数占比最高，约六成；61~65 岁的群体紧随其后，人数占比超过两成。老年游客的身影频繁出现在各地旅游景点，一部分倾向于参加便捷的团体游，遍览名胜古迹与自然风光；另一部分则对康养、医疗旅游及度假产品情有独钟，享受温泉或沉浸于森林氧吧，追寻与自然的和谐共处之乐。

3. 文旅融合互促形成市场叠加效应

首先，政策层面积极推动文化产业与旅游业在更大范畴、更深维度、更高层次上的有机结合。国家层面上，文化和旅游部发布《关于推动非物质文化遗产与旅游深度融合发展的通知》，提出激发非物质文化遗产的生机和活力，推动非物质文化遗产与旅游深度融合，扎实做好非物质文化遗产的系统性保护，促进旅游业高质量发展。以苗族银饰为例，这项拥有数百年历史的传统手工艺，被巧妙地融入了现代文旅产品的创新设计之中。设计师们深入挖掘苗族银饰的图案寓意、制作技艺，将其与时尚配饰、家居装饰等现代生活用品相结合，打造了一系列独特的文化周边产品，成功吸引众多追求个性化、文化深度体验的消费者。这些文创产品也在旅游景点、文化展览、线上商城等多个平台进行展示与销售，为游客提供了近距离接触、体验非遗文化的渠道。

其次，演艺市场蓬勃复兴，与旅游行业携手并进，催生了文旅消费新业态。"演唱会+旅行"的新兴模式正逐步深入人心，成为人们休闲娱乐的新风尚。这不仅让演唱会成为旅程中不可或缺的文化盛宴，也促使众多二线乃至三线城市，在文旅融合的大潮中摇身一变，成为充满魅力的文化体验目的地和热门旅游打卡地。这些城市通过举办高质量的演艺活动，不仅提升了自身知名度，还有效带动了当地住宿、餐饮、交通等相关产业的发展，激发了经济与文化的双重活力。根据中国演出行业协会发布的《2023 年全国演出市场发展简报》，2023 年 2000 人以上大中型演唱会、音乐节演出共 5600 场次，较 2019 年增长 100.36%；票房收入 201.71 亿元，较 2019 年增幅高达 373.60%；观演人数 3551.88 万人次，较 2019 年增长 208.50%。此外，2023 年演唱会和音乐节向三、四线城市拓展显著，这种"下沉"策略不仅丰富了当地的文化生活，还有效推动了跨区域的观众流动，成为带动地方文化和旅游消费的关键驱动力。

最后，影视作品对旅游行业的积极影响日益显著，成为推动地方文化旅游发展的新引擎。随着影视与旅游的深度结合，热门影视作品中的城市迅速成为旅游热点。动画电影《长安三万里》热播后，重庆白帝城迅速成为网红打卡点，而四川松潘县因在影片中惊艳亮相，暑期旅游迎来了井喷式增长，每日游客接待量突破 2 万人次，这不仅为当地带来了直接的经济效益，也极大地提升了地区的知名度和文化影响力。历史题材巨制《封神》取景地河南安阳的殷墟景区，暑假期间游客数量暴增，超过 16 万人次，尤其是景区内的研学基地，凭借其独特的文化教育资源，成功吸引了超过 2 万人次的访客，实现了文化教育和旅游的完美结合。

4.乡村旅游开启繁荣新阶段

随着 2023 年旅游市场的全面复苏，热门景区、网红城市游客爆满，催生了乡村错峰旅游需求，乡村旅游也成为寻求心灵慰藉与远离都市喧嚣的理想之选。在春节、五一国际劳动节、端午节、中秋节以及国庆节这五大关键节假日里，乡村旅游总量比 2022 年增长 162%，与 2019 年相比几乎翻了一番。2023 年，各地乡村还积极探索并利用自身产业聚集优势与日臻完善的配套设施，创新打造了多样化的旅游体验场景。从徒步探索自然秘境到研学旅行的知识寻觅，从注重身心健康的康养活动到亲自参与的农事劳作，再到策划各种主题节日吸引游客、推出乡村认养计划、鼓励田园风光摄影等，这些新颖的旅游形态极大地丰富了乡村旅游的内涵，精准对接了现代旅游者对于个性化、体验式、治愈系旅游的新渴求。

5.特色工业旅游促进资源活化利用

工业旅游以其"科技+文旅"的独特魅力，在工业遗产高效利用和资

源活化方面展现了显著优势。2023 年，文化和旅游部依照《国家工业旅游示范基地规范与评价》甄选 69 家单位，确立为国家工业旅游示范基地，为中国工业旅游的发展提供了示范样本。一方面，工业旅游作为一种成熟的模式，已在推动工业遗产焕发新生机方面发挥了积极作用。首钢园凭借其奥运会与工业遗产双重身份，在北京冬奥会结束后，仍在充分发挥"双奥"品牌的影响力和独特的工业景观魅力，成为工业旅游地标。辽宁地区则充分利用当地丰富的工业遗产资源，成功将昔日的工业"废弃地带"改造成如今的文化旅游"热点区域"。以沈阳味觉博物馆为例，自开业以来已接待游客接近 10 万人次；原建于 1939 年的 1 号楼原料库经改造后成为极具人气的现场音乐表演场所，全年累计举办演出 200 多场，年度票房收入高达 7000 多万元。另一方面，在新型工业化进程加速推进的时代背景下，工业旅游更能生动诠释"中国制造"的魅力所在。2023 年上海市文化和旅游局主导举办了"上海工业旅游主题日"系列活动，发布了覆盖全市 16 个区、包含十大主题和 39 条深度体验线路的工业旅游项目，丰富了上海工业旅游的内容层次。从市场参与者的表现看，伊利集团推出现代智慧健康谷工业旅游项目，融汇科普教育、休闲娱乐、观光互动及研学旅游等多元化特色内容，让参观者能亲身体验从"一株草"到"一杯奶"的全程制作过程，使工业旅游成为研学旅游和亲子游的一种特色形式。

（二）当前文旅市场发展过程中的不足

在当前文旅消费需求日益旺盛的大环境下，文旅经济在迈向规模化发展道路上所面临的问题具有多层次、多维度的特点，具体的不足体现在以下几个方面。

第一，创新能力不足。许多地区在开发旅游项目时，往往忽略了对本土文化的深入挖掘和独特性的塑造，导致众多景点看似琳琅满目，实则千篇一律。从仿古街巷到主题公园，从民俗村到自然风景区，相似的建筑风格、雷同的娱乐设施、标准化的旅游路线，这种"复制粘贴"式开发模式严重削弱了旅游目的地的竞争力，降低了其辨识度。此外，创新能力的匮乏还体现在文化旅游产品的内涵挖掘不深上。许多地方未能充分结合自身的自然风光、历史文化、民俗风情等特色资源，打造具有深度文化体验和情感共鸣的产品。这不仅错失了展现地域文化多样性的良机，也难以满足当下消费者追求个性化、差异化旅游体验的需求。在此背景下，游客的重游率低，口碑传播效应较弱，最终影响整个区域旅游业的可持续发展。

第二，项目投融资面临瓶颈。文旅产业的发展壮大离不开充足的资本投入，涵盖从大型项目规划到实施建设，从基础设施更新升级到高素质人才队伍培养等多个重要环节。然而，文旅产业因其产业特点往往面临投资回报周期长、不确定性大等问题，使众多潜在投资者望而却步，更倾向于采取保守观望的态度。这种普遍存在的投融资瓶颈严重限制了文旅产业获取充足发展资金的能力，从而影响整个产业规模化的进程。

第三，配套设施有待完善。基础设施作为旅游业发展的根基，其完备程度直接影响着游客的出行选择和旅游体验。然而，在某些旅游目的地，尤其是发展潜力较大的地区，交通网络不够发达，路况堪忧，给游客到达和离开带来了很大的不便。此外，旅游景区内的配套基础设施如供水供电系统也可能不够完善，不能确保游客在游览过程中的舒适与便利。这类基础设施短板，无疑会大大降低游客的整体满意度，并从源头上掣肘文旅产业规模化的实质性推进。

第四，资源保护与开发的失衡。文化和自然资源构成了文旅产业的核心竞争力和独特魅力，但现实情况是，部分地方在资源的开发利用过程中，存在明显的过度开发、无序利用现象。这样的短期利益驱动行为，非但没有实现资源价值的最大化，反而造成了资源的不可逆损耗和生态环境的破坏，以及珍贵文化遗产的完整性受损。这种违背可持续发展理念的做法，不但损害了文旅资源的长期使用价值，更会对文旅产业的健康持续发展产生负面影响。

二 2023年城投公司开展文旅业务情况

开展文旅业务的城投公司和文旅类城投公司，在经营管理和业务开展方面，依旧存在很大的差别。为科学、准确地对城投公司开展文旅业务中的共性问题进行研究，本文选取主要承担文旅产业及相关配套基础设施的开发建设、文旅项目运营的城投公司（后称文旅类城投公司）作为样本，共65家，并从经营概况、盈利水平以及运作模式三个方面进行分析。

（一）经营概况

65家样本城投公司按主体类型划分，省属企业10家、市属企业43家、区县企业12家；按主体信用级别划分，AAA级4家、AA+级26家、AA级35家，其中AA级多为市属企业和区县企业，整体主体资质一般（见图1、图2）。

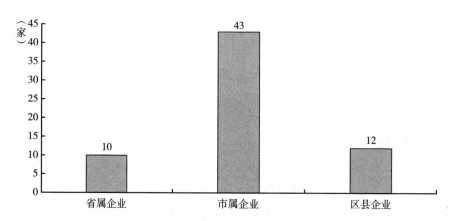

图1　65家样本城投公司主体类型

资料来源：城投公司年度报告。

根据业务细分数据，65家样本城投公司的主要业务可分为以下7大板块：工程施工、景区运营、销售与贸易、酒店相关业务、基础设施代建、交

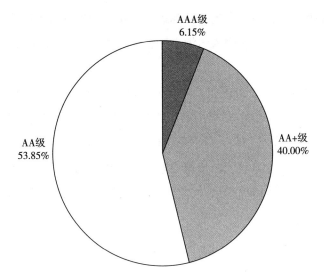

图2　65家样本城投公司主体信用评级

资料来源：城投公司评级报告。

通运输、服务类。其中，26家城投公司开展工程施工业务，多集中在云南、贵州、四川，18家城投公司开展景区运营业务，多依靠当地丰富的自然资源，36家从事销售与贸易，26家开展酒店相关业务，15家涉及基础设施代建业务，7家从事交通运输业务，另有18家开展服务类业务，主要集中在江苏、浙江、湖北。

以上数据表明，样本城投公司的业务普遍呈现多元化，相当一部分公司的文旅业务收入在总收入中占比较小。文旅类城投公司一般是由地方政府整合当地各类旅游相关的国资企业组建而来，因此业务十分多元，包括景区、旅行社、酒店、餐饮、商贸零售、交通等，特别是近几年新成立的国有文旅集团，由于更强调旅游投资、资源开发的功能，因此整合了城市投资、基建投资、大宗批发等重资产业务，其定位是偏向旅游开发的地方城投公司。

（二）盈利水平

为了更好地分析2023年城投公司文旅业务的盈利能力，以下对营收规

模、营收占比、毛利率三个盈利指标进行分析。为保证数据准确性，本文对数据做进一步筛选，剔除收入明细不完整的样本后共计59家公司。

1. 营收规模分析

59家样本城投公司2023年营业收入合计3063.60亿元，其中营业收入在100亿元及以上的有9家，排名前两位的北京首都旅游集团有限责任公司和湖北文化旅游集团有限公司收入分别是490亿元和480亿元，其余7家企业的收入水平则在100亿~200亿元。值得注意的是，排名第三的杭州市商贸旅游集团有限公司总收入为182亿元，与前两名相比差距较大（见图3）。

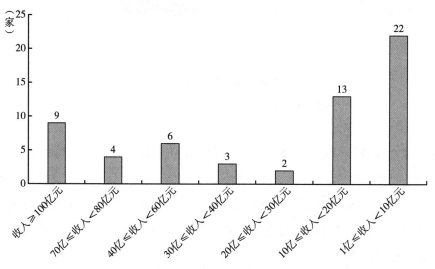

图3　59家样本城投公司2023年营业收入情况

资料来源：城投公司年度报告。

从营收增长情况来看，2023年有37家城投公司营业收入实现正增长，其中增长超100%的企业共4家，从高到低依次为南京牛首山文化旅游集团有限公司（437.38%）、三亚旅游文化投资集团有限公司（184.96%）、四川省峨眉山乐山大佛旅游集团有限公司（146.91%）、陕西华山旅游集团有限公司（105.82%），以知名山岳景区、度假目的地、主题公园经营企业为主。而同比下降比较明显的代表性城投公司如福建省旅游发展集团有限公司（-66.21%），营业收入下降的主要原因是外贸及商贸收入大幅下降。与上年相比，22家城投公司实现盈利并扩张，19家城投公司盈利缩水，8家城投公司成功缩减亏损，5家城投公司由亏转盈，3家城投公司由盈转亏，2家城投公司亏损进一步加剧。

尽管2023年文旅市场出现复苏迹象，但并未转化为文旅类城投公司业绩的全面回暖。考虑到2022年较低的业绩基数，2023年盈利缩水、亏损进一步加剧以及由盈转亏的城投公司总共有24家，占样本的40.7%。由此可知，单凭旅游业务的增长不足以推动以多元化业务和综合性运营为特点的文旅类城投公司实现业绩的全面跃升。

2. 营收占比分析

文旅类城投公司的收入构成可归纳为三大部分。一是景区运营业务产生的收入，涵盖基本的门票销售收入，以及诸如景区内交通服务、住宿（酒店）、旅行服务、文化表演等附加收入。二是代建与土地整治业务的收益，涉及旅游景区基础设施建设、土地开发整理及棚户区翻新改造等，此类业务多采取政府回购或委托建设的合作形式。三是一些与景区直接关联较小的多元化收入来源，例如房地产投资、商品贸易、工程建设服务等。

基于上述业务特性和收入结构，文旅类城投公司可被细分为两种类型：经营型与开发型。经营型企业侧重于旅游经营本身，其主要营收源自门票、酒店运营、旅行社服务等直接与旅游相关的活动；而开发型企业则更专注于旅游景区及其配套设施的规划与建设，文旅直接相关的收入占比较低，大部分的收入来自景区周边基础设施建设、土地整治项目，或是其他扩张业务如贸易、房地产开发等。

分析59家样本城投公司的收入细分项可以发现，工程代建与房地产收入通常占据首位，其次是贸易收入与土地整治的收益。相比之下，景区运营收入由于高度依赖自然资源的特性和品牌的市场影响力，规模常常受限。可见，当前文旅类城投公司依然以开发型为主。

3. 毛利率分析

与2022年相比，59家样本城投公司2023年毛利率整体呈上升趋势，其中，南京牛首山文化旅游集团有限公司毛利率高达74.16%，紧随其后的

是酉阳县桃花源旅游投资（集团）有限公司，毛利率为 59.23%，值得注意的是该公司 2022 年的毛利率在样本公司中居首位，为 56.11%。2022 年和 2023 年都有近四成样本城投公司的毛利率为 10%~20%，反映了文旅类城投公司盈利能力整体依旧偏弱（见图 4）。

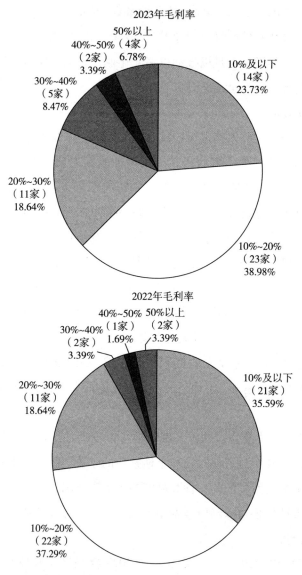

图 4　59 家样本城投公司毛利率对比情况

资料来源：城投公司年度报告。

（三）运作模式

旅游项目的运作模式依据运作主体是否持有经营权限，可分为两大类别：一是不直接参与经营的代理建设模式，二是自担建设与运营的整合模式。这两种模式在盈利途径与市场导向上又有明显区别。

在代理建设模式中，城投公司充任项目实施的主角，依托地方政府的"委托授权"，负责旅游工程的资金筹集与投资。此过程中，政府通常提供财政补贴，旨在确保城投公司顺利推进这些盈利潜力有限的项目，其运作模式类似于城市公共服务设施的常规建设流程。

自担建设与运营的整合模式，则涉及城投公司获取旅游区域土地使用权限，并独立承担从建设到运营的全链条责任。项目竣工后，公司直接受益于后续的经营活动，比如门票销售、交通服务费、商品零售、餐饮住宿服务以及旅游咨询服务等，以此反哺初期投资。这种模式强调市场的核心作用，而城投公司应当拥有高质量的经营资产和稳定的现金流量，且必须增强自身的债务偿还能力。值得注意的是，多数城投公司不再从事单一的旅游代理建设，而是倾向于结合运营业务，且不少公司还涉足房地产、贸易、物业管理和其他非旅游相关领域，尤其是省级城投公司表现得更为突出。

三　城投公司文旅业务发展趋势分析

（一）加快市场化转型适应消费升级

城投公司市场化转型已经提了很多年，国企改革三年行动也已完成一轮，但是许多地方城投公司的平台融资思维依然存在，核心原因是市场行为和政府行为边界不清，地方政府对城投公司的授权清单不明，且城投公司自身因为国有资本保值增值的原因，也无法承担市场风险。同时，大量的城投公司运营能力较差，房东化和物业化思维占据主导地位，参与市场竞争的能力弱。下一步，城投公司应抓住机遇，在地方政府的大力支持下，转型成为

真正的市场化国企，主要方式包括：第一，资产重组，剥离无效或低效资产，注入现金流较好的资产，可以考虑重新组建地方国有资本运营公司，并以此作为投融资新的市场化主体；第二，完善公司治理，尤其是明确城投公司与地方政府的关系，同时，在地方政府或国资管理部门授权下经营，明确市场化国企的职责职能、权责清单、绩效考核办法，编制新组建企业的战略发展规划，以此作为市场化转型的依据；第三，重塑运营能力，建议与产业链龙头企业合作，尤其是民营企业合作，按照《关于规范实施政府和社会资本合作新机制的指导意见》等文件的要求，发展混合所有制企业，通过制度设计引入运营商并解决运营短板问题。

（二）打造现代化文旅从业人员队伍

城投公司在推动旅游业复苏及确保高质量发展中扮演着重要角色。面对2024年的机遇窗口，一方面，城投公司应把握旅游业需求回暖的契机，引导旅游业加快步伐，吸引在行业动荡中流失的旅游业务人才回归，稳定核心人力资源架构，并扎实开展新入职员工的培训工作，实现在岗人员职业素养培训与外部专业人才引进双管齐下，从而实质性地提升旅游从业人员的服务技能和专业实力。另一方面，城投公司应积极拓宽旗下旅游从业人员的引进与转岗途径，全面优化配置新时代旅游行业的人力资源。尤其是在民族和地域特色旅游、乡村旅游等细分市场领域，城投公司需注重引导与支持大学生、返乡投身农业现代化的"新农人"等群体投入旅游行业，实现自主就业和创业；通过专业志愿服务、挂职交流、定向人才输送、对口援助等多元方式吸引和补充旅游经营管理的专业人才。此外，基于新媒体传播渠道的特点，城投公司还应广泛吸收有意参与定制旅游产品运营的旅游达人、旅游爱好者等群体加盟，以便更好地适应旅游行业的新形势、新场景和新业态发展需求。

（三）开发多元化和高品质文旅产品

城投公司在推动旅游业系统性优化和协同发展以实现高质量发展的过程

中，应聚焦产品创新、需求挖掘、开放合作、市场主体培育和保障机制等多个维度。从增加优质旅游产品供应的角度审视，战略规划、特色导向和融合性发展模式构成了城投公司构建旅游业供给侧竞争优势的核心策略。首先，城投公司须秉持全局观念来绘制旅游产业蓝图。在对各区域旅游资源进行全面梳理的基础上，进行统筹规划和整体布局，无论是体育旅游、乡村旅游、生态旅游还是海洋旅游等多种业态的拓展，都必须遵循规划优先的原则。在推进资源开发和基础设施建设时，充分考虑区域内竞争与合作的关系，科学界定各个地区旅游项目的比较优势，以此为基础指导形成涵盖多层次、多类别旅游产品的目的地体系。其次，城投公司应以独特性理念为核心来设计旅游产品。高度重视各地特有的生态环境保护和历史文化传承，依据各地区的产业资源基础、文化底蕴、地理位置等，制订符合地方特色的旅游发展计划，差异化打造独具魅力的旅游品牌。最后，城投公司还需通过融合模式来不断创新旅游业态。积极推动旅游与其他行业如文化、体育、康养、生态农业等的深度交叉与整合，致力于实现文旅产品从单一向综合、从浅层向深层的高品质转型升级。

（四）拥抱新技术实现自身高质量发展

城投公司推进旅游业高质量发展，重点要提升关键技术和文旅产品的自主研发能力，积极拥抱并运用5G网络、物联网（IoT）、人工智能（AI）、云计算、区块链技术、大数据中心等新型基础设施建设成果，以及虚拟现实（VR）、增强现实（AR）、全息技术等前沿科技手段，全面提升旅游业的智能化、数字化水平。城投公司需要通过将这些科技创新元素与旅游消费场景紧密融合，不断拓宽科技在旅游场景中的应用边界，促使旅游体验和消费模式实现升级。基于这一坚实的科技基础，城投公司应当着力推动旅游产品及服务的迭代更新，确保旅游行业的各类市场主体能精准捕捉和响应新时代下旅游消费需求的新特点及其变化。这不仅要求城投公司在产品层面实现多样化，还要求其追求个性化定制，力求纵向深挖旅游体验价值，横向拓展专业化服务领域，从而切实满足人民群众对于更高品质、更丰富内涵旅游生活的

期待和追求，不断提升人民群众的旅游幸福感和满意度。此外，随着互联网的普及和移动终端的广泛应用，人们的旅游消费习惯已发生深刻转变，信息获取、行程规划、产品预订、体验分享，几乎全程依赖线上平台。新媒体运营能够帮助城投公司顺应这一趋势，通过社交媒体、短视频平台、在线旅行社区等多元化渠道，精准定位并高效触达潜在游客。尤其是年轻一代和数字原生代消费者，他们更倾向于通过新媒体平台获取旅游资讯、分享旅行体验。通过精准投放、内容营销、互动活动等方式，城投公司可以有效提升文旅项目的知名度和影响力，吸引目标客群关注并参与。

实践探索篇

B.10

杭州城投资本集团产融结合发展报告

李彩霞*

摘　要： 随着我国经济迈入高质量发展阶段，城投集团面临转型升级的发展需要，产融结合成为重要发展方向，越来越多的城投集团开始借助金融资本发展产业资本，提升企业核心竞争力，实现长效发展。杭州城投资本集团有限公司是杭州市城市建设投资集团有限公司产融结合、战新产业投资的重要载体以及提升经营规模的重要增长极，以专业化、特色化的"3+X"业务格局以及"123"投资管理策略，取得了良好发展成效，为我国城投集团充分利用金融资本助推产业经济发展提供了创新思路，不仅具有重要的现实意义，而且具有较高的借鉴价值。

关键词： 城投资本　产融结合　供应链

---

* 李彩霞，杭州城投资本集团有限公司投资发展部（研究中心）咨询主任。

一 引言

产融结合是指实业和金融业为了共同的发展目标和整体效益，通过参股、持股、控股和人事参与等方式进行的内在结合或融合。产融结合可以看作产业资本和金融资本的结合，从两种资本的载体来看，产业资本一般是指工商企业等非金融机构占有和控制的货币资本及实体资本；金融资本一般是指银行、保险、证券、信托、基金等金融机构占有和控制的货币及虚拟资本。产融结合可以降低企业交易成本，实现协同效应，推动企业并购整合，增加企业利润，拓宽企业融资渠道，从而使企业实现跨越式发展。

近年来，地方城投作为区域经济发展的重要主体之一，正逐步从服务于城市建设转向服务于产业发展，产融结合成为重要的路径之一。杭州市城市建设投资集团有限公司（以下简称"杭州城投集团"）作为国内地方城投的代表之一，是一家业务范围涵盖产城、水务、公交、能源、安居、城建、置业、投资八大领域的大型国有企业，围绕"为城为民、筑创未来"的企业使命，锚定"产城融合高质量发展引领者"的企业愿景，以杭州产业发展和城市功能提升为出发点，持续增强核心功能、提升核心竞争力。本文以其投资板块杭州城投资本集团有限公司（以下简称"杭州城投资本集团"）为研究重点，通过分析总结其业务特征、典型做法、发展成效等，为国内其他地方城投产融结合及转型升级，提升地方金融与实体产业综合竞争力，提供参考经验。

二 集团概况

杭州城投资本集团成立于 2005 年 11 月，是杭州城投集团下设的全资国有投资平台，定位为杭州城投集团的产业投资和金融服务平台，不仅是杭州城投集团产业发展支撑引领平台，也是杭州城投集团产融结合、战新产业投资的重要载体以及提升经营规模的重要增长极。"十四五"期间，杭州城投资本集团坚持以产融结合为发展方向，构筑并深化"3+X"的业务格局，发挥国有资本优势，撬动社会资本力量，为杭州城投集团的项目开发、产业发展、并购重组等提供全面的金融支撑，并致力于推动杭州城投集团核心竞争力提升、产业补链延链以及发展模式转型升级，打造浙江省内一流的金融投资与产业发展平台。

三　典型做法与主要成效

杭州城投资本集团的典型做法可总结为"3+X"业务格局及"123"投资管理策略。

（一）"3+X"业务格局

"3+X"业务格局中的"3"是指金融投资、供应链服务、产业投资三大业务板块，"X"是指新业务拓展。

一是金融投资。围绕城投集团的基础设施建设、城市更新、城市综合运营等相关产业以及上市公司，提供多元金融解决方案，包括但不限于商业保理、证券投资、保险、PE 投资、资本市场、基础设施投资等。目前已拥有商业保理、私募证券、保险等牌照，正在争取银行、融资租赁、融资担保等牌照资源。

二是供应链服务。从建材贸易业务逐步升级为供应链服务，目前已在"与城投合作模式"的供应链服务基础上，丰富产品品类，同时跨出基建领域，在新能源、电梯、造纸等多个制造业领域实现供应链业务新突破，已成为杭州城投集团供应链服务的主平台。

三是产业投资。围绕杭州城投集团及"兄弟"板块、杭州产业发展方向，开展全链条产业投资，助力重点产业链升级及产业集群打造。具体业务类型包括产业基金投资、实业投资、杭州城投集团及"兄弟"板块产业协同等。在实业投资方面，以数字科技服务杭州城市建设为方向，投资了互联网法院等新业务，为推进杭州新型智慧城市建设和运营提供了技术平台

支持。

四是新业务拓展。在开展新兴产业投资的基础上，积极参与杭州城投集团系统内重大资产重组与资本运作，系统内企业上市、上市公司控股权收购、上市公司战略性投资等工作。同时，打造特色"基地+基金+产业"运营模式，并对外推广复制，形成产业基地投资运营业务。

（二）"123"投资管理策略

"123"投资管理策略是指，围绕1个"产融结合"使命和功能，持续优化"投资组合"与"投资策略"2项业务思路，匹配3个关键保障机制。

围绕1个"产融结合"使命和功能。杭州城投资本集团在坚持"产业投资和金融服务平台、集团产业发展支撑引领平台、集团产融结合和战新产业投资的重要载体、提升经营规模的重要增长极"四大功能定位的基础上，持续增强产融结合功能，构建"产融投一体化"发展生态，包括以融助产、以产促融、融融协同等方式，不断增强与杭州城投集团及"兄弟"板块的产业协同。

持续优化"投资组合"与"投资策略"2项业务思路。从投资组合看，杭州城投资本集团形成了金融投资、供应链服务、产业投资及新业务拓展的"3+X"业务格局，投资业务组合多样化程度较高，尤其是金融投资更是涉及类固收、资本市场、股权投资、商业保理、财富管理、证券投资、基础设施投资、保险等多个业务领域。杭州城投资本集团多样化投资业务组合，增强了企业发展的稳定性、可持续性。同时，各投资业务在资金融通、投资标的筛选、投资风险控制、投资标的综合服务等多个方面进行高效配合，充分体现了多样化业务的组合协同效应。从投资策略看，杭州城投资本集团资金重点配置的业务，以低风险客户为主，如百强企业、政府合作平台、行业龙头等，以顺应市场变化，及时灵活调整策略。投资策略注重对项目风险的实质性考察，落实全过程风险控制责任，创新性强。在国内外经济形势不确定性增加、经济下行压力大、金融监管趋严的背景下，投资项目风险和不确定性增加，但是得益于对市场的精准判断，各项业务有的放矢，在房地产市场极大波折下实现全面回款，守住期限，仍然取得了良好的投资成绩。

匹配3个关键保障机制。一是投资管控"一企一策"，组织管理扁平高效。对混改类、成熟型企业采取战略管控模式，对全资类、初创型企业采取运营管控模式。同时，集团总部实施组织扁平化管理，部分运营管控类子公司业务团队提级管理，与集团总部职能部门平级，提升管控效率与响应速度，减少决策流程。二是投资主体赛马机制，竞合关系提高效率。除了商业保理、基础设施投资业务，其余业务均采取赛马机制，即同一业务由2个及以上业务主体共同开展，以激发团队积极性和竞争意识，促进团队合作和业务信息及知识共享，提升投资管理的水平和效率，推动实现精益管理和高效运营。三是激励机制市场化程度较高，组织活力充分激发。杭州城投资本集团积极推动下属企业探索混改，引进阿里、富冶集团、浙江交科、杭州热联等战略投资者，组建市场化运作平台；建立灵活的决策机制，向下充分授权，有效提升项目落地效率；推行市场化选人用人机制，积极运用与探索激励工具，激发企业活力。

（三）发展成效

杭州城投资本集团通过"3+X"业务格局及"123"投资管理策略，推动产业资本与金融资本融合，同时利用自身拥有的市场声誉、品牌与人才、技术等资源，充分发挥金融资本的优势和功能，降低融资成本，拓展融资渠道，并依托自有资源和利益相关者市场，突破优势资源的使用限制，有效整合"产""融"两方资源，充分发挥协同效应，实现了企业规模扩张和运营效率提升，创造了更大的协同价值。

第一，企业资产规模实现较快增长。截至2023年底，杭州城投资本集团总资产达到154.43亿元，2018~2023年年均增速为46.33%，净资产达到69.60亿元，2018~2023年年均增速为49.27%，总资产及净资产的增速均大幅高于A股多元金融上市公司平均值。

第二，营收利润呈现高速增长。截至2023年底，营业收入173.54亿

元，2018~2023年年均增速为49.29%，净利润2.40亿元，2018~2023年年均增速为66.71%，营业收入及净利润的增速均大幅高于A股多元金融上市公司平均值。

第三，价值创造能力不断提升。近年来，杭州城投资本集团持续优化业务组合，发挥范围经济与规模经济优势，净资产收益率不断提升，从2018年的2.0%提升至2023年的8.1%，增速高于A股多元金融上市公司平均值，体现了投资模式的优势，既提升了盈利能力，又创造了更多价值。

第四，股东贡献日益突出。从资产规模贡献看，杭州城投资本集团总资产、净资产在杭州城投集团中的占比分别由2018年的1.86%、1.94%增长至2023年的5.19%、5.19%，年均增速分别为22.79%、21.75%；从营收利润贡献看，杭州城投资本集团营业收入、净利润在杭州城投集团中的占比分别由2018年的8.96%、1.09%增长至2023年的26.89%、9.66%，年均增速分别为24.58%、54.71%，占比提升速度高于总资产、净资产，尤其是净利润占比增速显著。

四　发展经验

城投公司作为区域经济发展的重要主体，需要在聚焦主责主业的基础上，进一步转型升级，创新发展。杭州城投集团的产融结合取得了良好成效，为城投集团转型升级提供了有益借鉴。

（一）明确战略定位，强调产融结合

随着我国经济进入高质量发展阶段，结合党的二十大对现代化基础设施体系、城市服务功能体系等建设的要求，推动产业转型升级已成为城投集团发展的使命与职责，其金融板块也更加需要明确战略定位，以聚集金融资源、积极推动金融板块和城投公司实体产业的协同为战略方向，构建全链条的综合服务体系，为企业全生命周期提供全方位服务，以全链条服务推动更深层次的产城融合，以服务全生命周期能力覆盖更广范围的产融互动。通过

产融结合的方式，利用差异化风险偏好的资本，如天使投资、VC、PE 等股权投资资本，发现、培育新的市场机会，壮大新兴产业。

（二）优化业务体系，创新投资模式

围绕城投集团及区域产业发展等方向布局金融牌照、发展产业投资等多元化业务，考虑盈利、杠杆、周转等价值创造的关键因素，优化投资策略，调整资金配置结构，形成合理的业务体系。在金融投资方面，在金融监管趋严、项目风险和不确定性增加的背景下，稳步拓展业务类型、产品线，优化产品结构，建立产品开发管理机制，实现长远稳定发展。在产业投资方面，布局企业全生命周期股权投资，形成各阶段资本联动，充分获取企业的股权溢价收益。另外，从服务产业看，可以以服务城投集团、地区重点产业的产业链全链条为方向，围绕产业链上下游提供全方位综合服务，助力区域重点产业链升级及产业集群打造。

（三）搭建研究体系，提升核心能力

投资能力和投资研究体系是投资模式运作的关键支撑。一是以构建投资服务关键能力为目标，打造"募、投、管、退"四个环节的专业化能力，尤其重视投后管理赋能，以加强项目管理、提供增值服务、注重现金回流等方式有效促进投资收益变现。二是加强内外部研究力量整合，充分利用内外部研究资源，如行业报告、企业公告、专业数据库等，提高研究效率；同时，培养专业研究队伍，打造高效、协作的研究团队，强化行业深刻洞察能力，通过深入研究行业发展趋势、竞争格局、政策环境等，提升对行业变化的敏感度和预判能力，通过对目标行业深入分析找出行业投资机会以及价值创造模式，带动投资能力提高。

（四）注重发展节奏，强化风险防控

在我国金融产业监管总体趋严的背景下，以"金融适度、风控为先"的原则适度发展金融业务，同时建立风险早识别、早预警、早处置机制，防

范化解金融风险，积极升级风控理念，明确风险偏好，建立风险量化体系，实施全面风险管理，强化各层面的风控能力，设置好内部资金、业务和风险的防火墙，控制关键环节从而控制业务风险，取得稳步发展。

我国经济已全面进入高质量发展阶段，推动产业转型升级成为提升我国综合实力的重要任务。城投集团作为推动城市发展的重要力量之一，承担着区域国有资本投资及运营的功能，其金融资本投资运营的重要性日益凸显，应通过对各种金融资源实施优化配置，实现金融产业与实体产业的有效融合。本文总结分析了杭州城投资本集团的"3+X"业务格局及"123"投资管理策略，发现其取得了良好发展成效，实现了多维价值创造。未来，各城投集团应更加强调以产融结合为重心的战略方向，优化业务体系，创新投资模式，同时强化研究能力等关键保障支撑，更好地服务城投集团发展目标，助推区域产业转型升级与高质量发展。

B.11
福州城投集团以新基建推动
国企转型发展报告

江　星*

摘　要： 　福州城市建设投资集团有限公司以实施国家发展改革委重点项目
"5G+智慧城市"为契机，落地城市数字底座、智慧停车、智慧社区及智慧
工地等一系列创新场景。随着科技进步和"以人为本"的发展理念不断深
化，福州城投集团开展"福州市韧性城市综合保障能力提升工程"，对路桥
管网等基础设施进行智能化改造，构建全域智能感知的"基础设施网"；同
时，落地运营数字生活服务和城市治理平台，打通数据构建"综合服务
网"。伴随"两张网"建设，集团内新业态不断涌现，为发展新质生产力提
供了所需的数字化、智能化基础设施和技术支持，使集团快速实现从"老
基建"到"新基建"的蝶变。本文介绍了福州城投集团致力于通过新基建
提升城市品质和带动企业转型发展的探索。

关键词： 　智慧城市　韧性城市　新基建　国企转型

一　集团概况

福州城市建设投资集团有限公司（以下简称"福州城投集团"或"集
团"）成立于 2013 年 6 月，是福州首家信用级别为 AAA 级的市属大型国
企、市国资委所属一级国企，注册资本 20.685 亿元，资产总额超 2200

---

　* 江星，福州城投新基建集团有限公司执行董事、总经理。

亿元。

近年来，福州城投集团凝心聚力做好市委、市政府下达的各项任务，高质高效建成 301 个房建项目、195 个公建项目和 2344 个市政项目。从三江口大桥、鹤林高架桥改造、鼓山大桥及连接线、新店外环路等市政项目，到牛岗山公园、鹤林生态公园、最美晋安河、三江口生态公园等民生工程，以及福州妇幼保健院新院、福州学校、福州三中滨海校区等代建项目，再到榕发·悦乐郡、榕发·观湖郡、建总·领筑等精品商品房项目，以高标准严要求铸就城投口碑。集团位列 2023 年中国服务业企业 500 强第 168 名、2023 年福建企业 100 强第 27 名。

围绕国资国企改革精神，集团目前已构建"4+2+4"管控体系，即以战略决策中心、资本运作中心、资金运营中心和风险防控中心为四大管理中心，形成项目管理中心和数字中心两大专项支撑，构建人才管理、纪检、审计和企业文化四大组织保障。初步形成"四链四驱双循环"战略体系，即以智慧城市开发建设运营的全产业链条为核心，以供应链、数字链、资金链作为支撑链条，以城市开发、城市建设、城市运营和战略投资四大板块为驱动力，构建以集团内部市场业务循环体系和外部市场业务循环体系为核心的双循环体系，促进集团快速健康转型发展。

二 主要举措及成效

福州作为数字中国建设的思想源头和实践起点，坚持"3820"战略工程思想精髓，持续高质量推进数字福州建设，将数字化技术、方案融入城市建设管理的各个环节，正在全方位打造"全国数字应用第一城"。福州城投集团作为福州城市建设主力军，突破以房建开发类业务为主的单一业务结构，抢抓国家全面布局新基建的关键契机，融入数字福州发展大局，快速开展国企数字化转型和新基建布局，以新一代信息技术构建数字时代竞争力，推进管理数字化、产业数字化和数字产业化。

在福州市委、市政府的支持下，福州城投集团通过"4+2+4"管控体系，快速布局新基建业务板块，成功实施国家发展改革委重点项目"5G+智慧城市"，获得世界智慧城市基础设施和建筑大奖（2021年）、亚太经合组织（APEC）城市可持续发展和科技创新竞赛最佳实践奖、未来城市大奖等近十项专业领域大奖；积极谋划全国第一个由国有企业主动出资的韧性城市项目"福州市韧性城市综合保障能力提升工程"，将新一代信息技术渗透在城市治理、传统产业提升、社会民生服务等领域，实现集团发展增速换挡。

（一）智慧城市建设为新基建初期实践提供"试验田"

2022年，福州城投集团精心组织实施国家发展改革委重点项目"5G+智慧城市"，将该项目作为布局新基建版图的关键抓手，充分利用已建在建大量市政项目、重大项目等物理空间的优势，为新基建项目建设落地和初期实践落地提供发展热土，将"成为一流的智慧城市建设运营商"作为企业发展愿景，使项目建设愿景与企业转型战略全面接轨。

"5G+智慧城市"项目统筹数字空间和物理空间规划，设计了"1+2+N"的智慧城市管理体系，即"1"个城市级数字底座，围绕城市治理和产业发展"2"条线，打造智慧社区、智慧工地、智慧灯杆、全域智慧停车、智慧积水监测、智慧管廊等"N"项创新应用场景，将5G、人工智能、物联网等新技术融入城市建设。"5G+智慧城市"在福州实际落地应用后，在统一的数字底座上，横向打通了多个应用场景，实现了智慧城市一平台统管调度，取得了较好的评价反馈。项目建成1年来，已服务100余个工地，有效提升了工地管理和监管效率；为700余个社区提供智慧生活服务；基于建成的近2000根智慧灯杆，实现了城市安防、交通治理等功能应用；接入管理超6.2万个停车位，全域统筹赋能城市停车运营；多项亮点成果受到国家级行业期刊和省级、市级官方媒体的报道和关注。

"5G+智慧城市"为新基建提供需求牵引的同时，实现了数字技术深度赋能，不断产生的新技术、新产品和新应用为智慧城市建设提供了坚实的技术支撑。同时，该项目前瞻考虑未来海量数据存储、海量设备接入、各类新场景涌现以及更加精细化服务需求的挑战，规划设计了开放、共享的数字底

座，因地制宜地改造城市物理空间，为福州智慧城市后续发展搭建了集约化的发展框架，避免重复投入和资源浪费。

（二）统筹发展和安全，以韧性城市构筑新基建增速发展"路线图"

国家"十四五"规划纲要和党的二十大报告进一步强调，"韧性"是现代化国际城市和智慧城市建设的必然要求。福州城投集团将韧性城市与智慧城市统筹结合，率先谋划"福州市韧性城市综合保障能力提升工程"，利用已建成的"5G+智慧城市"基础设施和数字底座，改造提升城市物联感知体系及各个智慧管理平台，实现城市生命线的安全预警和应急保障。

韧性城市主要从四个方面推进：第一，利用"无人机编队"、智慧灯杆等设施建设天地一体的"5G+"微波应急数据传输保障专网，即使基站受到破坏，局域网仍然能正常运转，让城市不怕"失联"；第二，构建城市物联感知体系，让城市各个角落的险情随时可探、可报；第三，开展城市智慧化更新，将口袋公园、羽毛球场馆、停车场等公共设施进行"韧性改造"，让它们可随时转为避难场所，成为市民身旁的"诺亚方舟"；第四，加快建设"城市健康管家"系统，实现全市燃气、用水、关键路桥接入统管监测平台，全方位掌握城市健康状态。

福州城投集团韧性城市建设已取得阶段性成果。由福州城投集团自主投资建设的"城区积水风险点智慧监测预警平台"落地后取得了较好的成效。作为沿海城市和闽江下游入海口城市，特殊的地形地貌导致福州在汛期的排水防涝工作十分艰巨。"城区积水风险点智慧监测预警平台"通过软件平台和智慧灯杆等城市基础设施硬件的配合，实现积水点情况实时监测、自动分级预警、智能视频线上巡检、一涝一档记录历史数据等功能。在应用中，智慧灯杆作为5G专网，将安装在46个道路积水点位、63个人行下穿通道的积水监测仪的LoRa信号转为5G信号传至平台，同时联动智慧摄像头做到"视位联动"，提供智能视频线上巡检功能；在极端降雨情况下，智慧灯杆的蓄电系统依旧能稳定供电。该平台在台风"杜苏芮"和"海葵"中有效助力科学应对洪涝，为福州灾后快速恢复提供了强有力的数"智"支撑。

目前，福州城投集团相继落地物联网感知体系数字信息基础设施建设、综合管廊建设及智能化提升改造、静态交通智能化提升改造，以及城市生活垃圾分类管理设施智能化提升改造等项目，改造提升路桥、地下综合管廊、灯杆、停车场、垃圾分类屋等各类城市内的基础设施，在提升城市服务智能化水平的同时，注重提高城市的基础设施韧性和安全性。

（三）社会和经济效益并重，以"两张网"构建新基建发展"生态圈"

福州城投集团在推进智慧城市进一步发展的过程中，不仅关注技术层面的创新，更强调以人为本、可持续发展等内涵。在党的二十大精神指引下，福州城投集团坚持以人民为中心的发展理念，提出打造"一体系两张网"——城市全域感知的智慧治理体系以及"基础设施网"和"综合服务网"两张网，聚焦每一个个体对高品质生活的需要，建立人工智能融合协作平台，进一步强化城市全域感知交互能力，丰富并贯通城市治理和生活服务，加快新基建产生质的飞跃。

"基础设施网"——实现智慧城市全面感知。通过智慧化改造与新建灯杆、基站、管廊等市政设施，结合视频监控、人工智能以及各类环境感知设备，形成全覆盖、可共享的城市级感知应用网络，并以"感知—推送—处理"的模式，为管理部门提供管网、道路、水域等城市空间的高效管理服务。目前，基于"5G+智慧城市"项目及相继落地的"福州市韧性城市综合保障能力提升工程"，已初步建成"路由+感知"一体化网络，联动近2000根智慧灯杆、50个新能源汽车充电站、400余个电动自行车换电柜、700多个社区智能垃圾分类点、4万余个停车泊位以及7条综合管廊。

"综合服务网"——应用平台及服务场景融合打通。福州城投集团整合集团内外的线上、线下资源，发挥"建设+服务"运作优势，打造一体化城市级生活综合服务平台，目前已经成功打造了以"榕城小福"为主

品牌的智慧城市运营服务体系，在平台上聚合工会福利、新能源充电、智慧停车、食堂消费等服务，成交金额超千万元，后续将贯通物业、体育、公园、餐饮、康养等全部商业文旅板块，逐步打通集团内部各业务板块，搭建工会、企业、物业等运营生态圈，为市民与商家提供智慧便捷的生活服务。

伴随"两张网"建设，福州城投集团通过新基建有力催生了集团内新业态，进一步发挥了对数字经济产业发展的带动作用。

三 发展经验

2024年是习近平总书记亲自擘画"机制活、产业优、百姓富、生态美"新福建宏伟蓝图10周年，是国资国企"十四五"规划攻坚之年，也是福州城投集团新十年发展的开局之年。在福州市委、市政府的领导下，福州城投集团以"一流的智慧城市建设运营商"为总目标，在"建设城投"的基础上，以"数字城投"为突破口，深入推进城市开发、城市建设、城市运营和战略投资四个板块强劲发展，力争在新的十年里"再造一个城投"。

（一）建立适用于新基建的战略体系

福州城投集团践行国企担当，建立完善的"四链四驱双循环"战略体系，并在该体系支撑引领下，快步推进数字化转型，有效实现管理数字化、产业数字化和数字产业化。

"四链"——以智慧城市开发建设运营的全产业链条为核心，以供应链、数字链、资金链作为支撑链条。一是产业链，以城市开发建设运营的全产业链条为核心，根据集团的战略发展要求及资源禀赋，构建四大业务板块，并通过"建链、补链、强链"，以"做专、做精、做强"为目标，全面推动集团市场化转型，通过集团"内部业务内部做"，进一步发挥集团规模优势，最大化获取各个环节附加价值，打造集团的核心竞争力。二是供应链，以城市开发建设运营的全产业链条为依托，通过集团物资集中采购平台,为产业链各业务板块提供相关产品,加强集团内部物资流通,推动内部协同发展,并逐步拓展外部市场业务。三是数字链,以"市属最先进的智慧国企"为定位开展"智慧+"相关工作,开展智慧社区、智慧工地、智慧停车、智慧管养以及5G基站等新基建项目的研发、规划、建设、应用及运营。将招商配套商服纳入"智慧+"建设规划范围,打造以大数据处理、分析和应用为核心的数字链,快速构建城投体系智慧生态圈。四是资金链,充分发挥AAA级信用级别的优势,发挥有偿借贷、对内投资、对外投资以及联合投资的管理机制效能,提升国有资金配置效率,凸显投融资功能,通过资金投入、资金运营、资金回笼(增值收益)三个方面对资金运营情况进行有效控制,确保资金链安全。

"四驱"——以城市开发、城市建设、城市运营和战略投资四大板块为驱动力。一是城市开发,是集团围绕智慧城市开发建设运营全产业链开展的核心业务,主要包括市政开发、房地产开发(含特色地产)、片区开发等。城市开发板块积极融入城市开发新发展理念,以城市整体规划目标为导向,支撑福州"省会发展高能级、产业发展高质量、城市建设高品质"等发展目标。二是城市建设,是集团围绕智慧城市开发建设运营全产业链开展的前端业务,主要包括建筑工程、工程专业技术服务、建材制造等。城市建设板块积极开展核心技术攻关,在强化业务能力的同时,拓展采购链、创新链、人才链、资金链、服务链等,打造更加紧密、更具活力的综合平台。三是城市运营,是集团围绕智慧城市开发建设运营全产业链开展的培育业务,主要包括新基建、城市服务、园区运营、贸易、园林绿化等。城市运营板块借助集团城市开发建设资源,统筹城市各类公共服务产品供给,同时充分利用创新要素、科技要素等,实现传统业务转型、服务质量跃迁、口碑品牌蝶变。四是战略投资,是集团围绕政府产业发展规划要求开展的战略产业布局,是集团发展的战略业务。战略投资板块响应国家"双循环"战略、"双碳"战略、加快构建现代化产业体系等政策要求,对未来具有较大发展潜力的产业或企业进行投资、培育和孵化,为集团发展培育新业务,同时获取投资收益。

"双循环"体系——构建以集团内部市场业务循环体系和外部市场业务循环体系为核心的双循环体系，促进集团快速健康转型发展。一是内外双循环，坚持"内部业务自己做、外部业务合作做"要求，合理划分业务边界，设计协同机制，推动福州城投集团内部市场建设，把内部业务做实、做精、做透，并协力拓展外部市场。二是新旧双循环，以传统业务为基础，以新兴业务为转型抓手，构建"新旧结合"的业务体系。三是任务与产业双循环，以政府交办的重点任务为核心，努力完成任务，同时拓展经营性业务。积极探索"财政+国企+金融"的投融资模式，发挥财政资金的引导作用，推动国有资源和国有资产市场化运用，辅助金融工具创新，实现"资源—资产—资本"的转变，不断做强做优做大国有企业。四是生存与发展双循环，以生存为根本，建立先生存后发展的经营理念。

（二）加大新基建创新投入力度，深化产学研协同发展

近年来，福州城投集团在自主创新、科技研发、产学研合作等方面发力，取得了一系列数字信息领域的创新成果，包括 2 件实用新型专利、19 项软著，获得了 ISO27001 信息安全管理体系认证、ISO20000 信息技术服务管理体系认证、ISO9001 质量管理体系认证、AAA 级企业信用认证、CMMI3 认证、ITSS 信息技术服务标准三级认证、CCRC 信息安全服务资质认证、"双软认证"等 8 项信息技术领域的专业认证，以及数字信息技术相关奖项 12 项。

福州城投集团积极探索前沿技术，对接"大所大院"开展产学研合作。与北京大学高文院士团队共建"新基建视觉智能联合实验室"，以福州全域实时视觉感知为基础，结合物联网实时感知的城市运行数据，开展面向宜居、韧性、智慧城市等应用场景的"人工智能+"的关键技术研究。

（三）积极拥抱数字经济，抢先布局新赛道

福州城投集团紧跟北京、上海、深圳等第一梯队城市的发展趋势，结合

城市生活服务场景建设需求，组建"无人机编队"，探索"平急结合"的服务应用场景；响应"双碳"战略，建设"光储充检"一体化的新能源超充站；抢抓数据要素流通交易先机，成立全市首家数据要素工作站，数据资产授信额度达 1000 万元；抢抓时机布局新能源充电、低空经济、AI 大模型等新赛道，为决胜未来下好先手棋。

B.12
咸阳城投集团依靠民生定位多元施策解决城市停车难

杨小平*

摘　要：　咸阳市城市建设投资控股集团有限公司作为咸阳市城市建设运营的主力军，在咸阳市当前面临的停车难、停车贵等民生问题上破解有方。一是把破解停车难问题视为重要民生工程去抓，强化市停车办的权能责任；二是向上争取专项财政资金，支持集团停车项目建设；三是协同政府部门规范和管控停车收费，制定停车条例；四是加强市区停车位规划建设，探索车位共享机制，利用智慧停车平台"秦停车"实现公共车位的有效管理与便利使用，以更好地解决停车难题，助力集团转型成为城市综合运营商。

关键词：　民生工程　智慧停车　城市综合运营商

　　停车难尤其是小汽车停车难是现代城市治理的普遍难题。在小汽车日益普及化的背景下，充足便捷优惠的停车条件，不仅是高品质生活的基本要素，事关民生福祉，也是高质量发展的环境保障，影响着区域经济尤其是商业服务业的运营。咸阳市要建设现代化西部名市、丝路名都，加快西安—咸阳一体化进程，全面融入西安都市圈，做好停车场（位）的规划建设与管理运用是重要任务。

---

* 杨小平，咸阳市城市建设投资控股集团有限公司党委书记、董事长。

一　停车难问题表现

城市停车难问题按停车时长划分为三个主要类型：一是医院学校周边停车难，停车时长多在半小时至一小时；二是繁华商圈停车难，停车时长多在一小时至半天；三是居民小区停车难，停车时长少则一整夜一整天，多则数日数周。

居民小区是私家车真正的归宿，小区私家车难停又难取，让市民群众感到焦虑与煎熬。咸阳市委、市政府着眼于民生福祉，坚持问题导向，从成立市停车公司、建设停车场，到引进智慧系统、推行计时收费等，探索实施了一系列有针对性的政策举措，也取得了一定成效，但是咸阳市主城区停车场（位）的供需矛盾仍然突出，由此引发的道路混乱拥堵、市民焦虑抱怨与社会矛盾纠纷此起彼伏，线下线上反应强烈，并从老城区向城区周边蔓延。各类老旧小区停车难问题没有得到缓解，而很多新建小区也出现停车难问题。即便市级机关新建的口碑较好的渭滨苑小区，也经常要排队好久才能开车进入，北门外的道路两侧总是停满车辆，夜晚还会出现单边双排停放甚至路中央停放的情况。市区多数有车一族都感叹"买车容易停车难"，一些在小区路边停车的市民每天像"打游击"一样，早早就得起来，把车挪走，晚了可能就会被"处罚"。

学校医院周边停车难仍会定时出现。实验学校所在的沈平路东段、沈兴路南段，实验中学所在的中华东路西段，每到上学、放学时段就人潮涌动，车辆排成长队，嘈杂的鸣笛声此起彼伏。渭阳西路比邻而立的两家三级医院陕中附院、彩虹医院的大门口，每天早上"车满为患"，医院实行出一进一，想进院而不能进院的小汽车经常在渭阳西路西向主干路上排成长龙，占据两个车道中的一个。

繁华商圈停车难也不断重演。在没有提前规划足够停车位的汇通夜市等传统商圈，停车困难已经成为常态，市民和外地慕名而来的食客都戏称一碗汇通面价值 109 元，面是 9 元，另外 100 元是违章停车罚款。一些新兴的繁

华商圈同样出现停车困难现象，如渭河南岸滨河路咸阳桥至风雨廊桥段，2023 年以来餐饮服务业兴盛，夜晚路边停车经常一位难求。如果交警勤于巡查、严于执法，这些车辆无一例外要被贴条罚钱，因为这段道路两边没有规划停车位。

二 停车难根源何在

深究咸阳城区停车难问题的根源，有多重因素多种缘由。

（一）"有位"不足

停车位总量始终远低于汽车实际保有量。综合省商务厅网站及市停车公司数据，咸阳市机动车保有量 85 万辆，其中汽车保有量 57 万辆、小汽车保有量 48 万辆，秦渭两区小汽车保有量 21 万辆。如果加上咸阳人在西安购车挂牌、西安人在咸阳买房居住、西咸新区（尤其是秦汉、空港、沣西三个新城）居民在咸阳城区活动的陕 A、陕 U 牌照小汽车，咸阳主城区小汽车保有量突破 30 万辆。然而，主城区各类停车位总数仅 15.8 万个，其中出行停车位（含公建配建、公共停车场泊位、路内停车泊位）仅 2.6 万个，存在较大的车位缺口。由于距离远、收费高等原因，单位大院与商业街区停车场（位）不是居民停车的首选，对夜间停放的居民私家车而言，可用车位量更是紧缺。咸阳湖滨聆水居、林湖苑两大小区业主超过 3000 户，停车位却不到 200 个；柳仓街阳光小区住户 2200 多户，仅有地下车位约 60 个、地上车位 650 个。很多住户只能将车停在路边挨罚，或停放在离家较远的单位大院、其他街道。

（二）"建位"不及

停车（场）位的规划建设远远不能满足居民便捷停车的实际需要。从标准把控看，老旧小区在规划建设时大多没有充分考虑车位问题，而新建小区在规划建设时也存在标准不高、把控不严问题。2010 年以前，新建居民小区户位比（住户数与车位数之比）要求为1：0.8。建研苑小区2009年开建，244户居民仅有140个车位，实际户位比为1：0.57，其中地下车位仅60个，其余80个车位为占用道路划定。2010年以后，普通商品房小区户位比要求为1：1，这是全国文明城市的基本要求。渭阳西路渭阳兰庭小区2015年开建，2017年交工，不算商业面积，居民236户，车位仅100个，实际户位比为1：0.42。近几年政府规划建设了大量经济适用房与公租房小区，户位比标准更是降低到1：0.5，但这些小区私人车辆同样增长很快，原因是一些国产汽车很便宜，有些住户也需要购车自用或经营。从建设进展看，由于缺少建设用地和建设资金、投资回报低等，近几年咸阳市规划建设的大型公共停车场，除市城投集团（市停车公司）负责的咸阳湖、体育场、咸阳西站等地下停车场等已经先后建成投用，其余多数还在建设或规划中，未投入实际应用。

（三）"用位"不佳

智慧引导与计费调节还有提升空间。一是缺引导。由于各个停车场的位置及空缺车位没有及时上传到行车导航系统，或缺少路边电子屏幕显示引导，停车需求与空闲车位不能及时有效对接。二是缺平衡。有的公共停车场（位）收费价格设置没有平衡日间与夜间、出行车与过夜车的需求差别与支付差距，计时收费过于僵化且偏高，车主难以承受，出现了车位空置浪费现象。同时，居民小区地下车位管理费用过高，很多小区出现业主不愿买不愿用地下车库现象。三是缺统筹。除节假日由市停车办统一督导开放，各机关事业单位内部停车场（位）均没有对外开放夜间限时停放车位。已建成的咸阳湖、体育场地下停车场，虽然新增车位很多（前者1814个、后者1224个），但由于车位远离主要居民区、商业区，周围多是机关单位、公园、河湖、酒店，加上计时停车价格也远高于小区停车价格，普通市民很少来此停车，停车位经常闲置。

（四）"管位"不强

引导支持停车场（位）建设运用的政策不力。一是协调管理能力不强。

优化提升停车场（位）的规划建设及运营管理涉及多个领域和多个方面，需要多部门协调配合，但 2006 年设立、2019 年重组的市停车办（市公共停车场建设管理领导小组办公室，设在市住建局）人员多为抽调，没有脱离原单位工作，日常运转不畅，协调督办能力较弱，直接影响了停车场（位）规划建设管理的实际成效，也让市停车办和市停车公司承担了不少社会非议。二是政策支持不够。近几年咸阳市公共停车场计划立项多、实际建成少，充分证明大型停车场建设投资大、运营回收慢，对社会投资主体的吸引力不大。市城投集团（市停车公司）负责的大型地下停车场之所以建设进展较快，既有企业运营的利益链接，更有国有企业的荣誉担当。但市城投集团（市停车公司）在停车场建设运营上的财务压力也非常大，咸阳湖地下停车场总投资 4.45 亿元、市体育场广场及地下停车场总投资 3 亿元、高铁枢纽换乘中心及地下停车场总投资 7.63 亿元，大多是企业借贷所得，必须按期还本付息，否则直接影响企业信用评级与未来筹资。市停车公司每年停车收费等综合收入，减去日常维修、职工薪酬等固定支出后，净利润仅 300 万元左右，再遇到创文等活动，净利润更是所剩无几。然而，继续提高停车收费标准并不可行，因为过高的收费标准背离了改善民生的初衷，容易引起市民情绪反弹，损害营商环境评价，车主还会通过减少停车次数、缩短停车时间来策略性回应，停车收费收入同样不会有较大提升。所以，依靠停车收费收入来为停车场建设还本付息几乎是天方夜谭，必须有政府政策资金的支持。

三　停车难破解有方

破解停车难是一个长期复杂的系统工程，必须前瞻思考，整体谋划，综合施策。学习借鉴发达城市的成功经验，聚焦咸阳市区停车难问题的根源，尤其是停车场（位）建设管理运营中的困难挑战，本文提出以下建议。

（一）把破解停车难作为紧要民生工程来抓

破解停车难已是关系多数市民的治理课题。综合各类调查数据（根据咸阳市第七次全国人口普查数据，咸阳市有家庭 137.5 万户，其中秦都区 18.8 万户、渭城区 10.5 万户）粗略计算，咸阳市域家庭机动车拥有率已达 62%，小汽车拥有率已达 42%，其中市区家庭小汽车拥有率更是高达 72%，如果加上经常往返于咸阳市区的西安牌照车主，市区家庭汽车拥有率会更高。可以说，多数市民家庭面临着日常在哪里停车、付多少停车费的问题，停车位日渐成为必备品，停车难、停车贵已成为市民的普遍烦恼。

破解停车难是具有多重效益的政策配套。基于实现人民对美好生活向往的执政目标，以及构建国内国际"双循环"格局的战略，国家政策一直鼓励支持国民购买家用小汽车。2022 年 7 月 5 日，商务部等 17 个部门发布《关于搞活汽车流通 扩大汽车消费若干措施的通知》（商消费发〔2022〕92 号）。但是，为了城市治堵保畅和治污降霾，各级党委政府尤其是城市党委政府又极力倡导市民绿色低碳出行，多乘公交、少开私家车。为此，就很有必要破解停车难、停车贵的问题，让市民有地方多停车，也有意愿少开车。停车难日渐成为社会稳定的隐患。物业与业主、业主与业主、车主与车场等社会主体之间，经常因为停车位、停车费等问题发生冲突。车辆乱停乱放也严重影响消防救援与医疗救护成效。

因此，必须把破解停车难当作执政为民的当然之义来看、当作优化治理紧要事项来抓，加强停车场（位）规划建设的前瞻性、严肃性，保持停车场（位）运营管理的特许性、微利性。

（二）强化市停车办的权能责任

建议在市住建局内专设停车管理科，配备编制人员，专职承办市停车办的日常事务，并赋予市停车办参与研究制定全市停车（场）位建设的规划与政策、参与审查验收公共停车场（位）和房地产项目停车场（位）的设计与施工等权责，协调解决停车场（位）规划、用地、融资、建设、运营监管等诸多问题。长远看，还要学习四川省宜宾市的经验，开展机动车停车地方立法，以法治化手段解决停车难、停车乱等治理顽疾，也为市停车办开展协调督导提供法源支撑。

（三）加大对市城投集团（市停车公司）的财政支持

城区公共停车场（位）既是企业经营项目也是市政民生项目，建设资金支出不应完全由企业独自承担。2021 年 5 月，《国务院办公厅转发国家发展改革委等部门关于推动城市停车设施发展意见的通知》（国办函〔2021〕46 号）明确提出，鼓励各地对符合条件的停车设施建设项目，制定出台资金、土地等方面的支持政策。建议市委、市政府从增进民生福祉、改善商业环境的角度出发，运用城市建设配套费等收入列出专项财政预算，支持市城投集团（市停车公司）在公共停车场（位）建设项目上的还本付息。

（四）加强市区停车收费的政策管控

坚持保企惠民的原则定位，在基本实现城区所有公共停车场（位）由市停车公司特许管理运营、市财政对大型公共停车场（位）建设运营进行专项支持的基础上，发挥市发改委、市停车办等机构的职能，引入专业机构评估、"两代表一委员"评议等程序，对公共停车场（位）的收费标准与收费机制进行设计，并建立动态调整机制，实现停车公司有盈利但不高、停车居民有负担但能承受。尤其是有过夜停车业务的公共停车场（位），收费标准要与居民收入水平相适应、与附近小区停车收费价格相接近，对市民日常停车实行时段优惠或长租优惠。

（五）加强市区停车场（位）的规划建设

基于居住停车"基本满足"的供应导向，在新建居民小区时，应严格按照"一户一位"来配建停车位，鼓励大型住宅小区建设项目将户位比提升到 1 : 1.3。结合城市更新行动，加大内部挖潜增效、片区综合治理力度，充分利用城市公园、绿地、广场、人防工程的地下空间，以及高架桥荫、高压线塔下等无法开发空间，扩建新建停车设施。在公共停车场（位）与大型居民区之间、城郊停车场与繁华商业区之间，还应该设置便捷惠民的公交线路，提升公共停车场（位）的居民使用率。鼓励机关事业单位挖潜利用闲置土地或空间资源，与市城投集团（市停车公司）联合建设运营公共停车设施。积极探索机关事业单位车位错时共享的政策机制。

（六）提升市区智慧停车管理水平

市城投集团（市停车公司）已建成了集监管、运营、引导、结算、分析于一体的智慧停车管理平台，推出了"秦停车"微信公众号和支付宝生活号，实现了主城区各类停车场的动态化导引、智能化监管和便捷化支付，还积极提供电动汽车充电设施和互联网数据服务。下一步，将致力于加大"秦停车"App 推广力度，拓展"ETC+"智慧停车功能，高标准建好各类停车场（位）的网络设施、充电设施，特别是 Wi-Fi 设施、导视导引设施，将所有已建成的公共停车场（位）和各机关事业单位内部停车场全部纳入市级智慧车管平台，真正实现全市公共车位"一张网管理、一张卡运行"，形成全民共享、动静结合、全面联通、规范运营的良好态势。

专家观点篇

B.13
突破地方财政收支困境
构建"大财政"运行格局

丁伯康　周文静*

摘　要：　财政作为国家治理的基础与关键支柱，其重要性不言而喻。当前，各地政府面临财政收支缺口逐渐增大以及资金、资产、资源盘活利用效率低下的双重难题。在此背景下，政府需牢固树立财政"管家"思维，围绕全域统筹、盘存引增和提高财政保障能力，构建全新的地方财政运行模式——"大财政"格局。本文先是深入剖析了当前地方财政运行所面临的困境及内在成因；接着结合各地在"大财政"格局实践中的探索经验，提出了构建"大财政"格局的路径建议，即统筹用好"加减乘除"四则运算。具体而言，"加"是要强化财源统筹，从而扩大财政资

* 丁伯康，中国城镇化促进会城市更新工作委员会副主任，中国财政学会国有资产治理研究专业委员会副主任委员，城市投资网首席经济学家，江苏现代资产投资管理顾问有限公司董事长兼现代研究院院长，主要研究方向为投融资体制改革、平台公司转型、企业并购重组等；周文静，城市投资网特聘专家，江苏现代资产投资管理顾问有限公司发展研究中心总监、现代研究院高级研究员，主要研究方向为平台公司转型、战略规划、组织管理等。

金的有效供给规模，为财政运行注入充足的血液；"减"是要削减低效甚至无效的财政支出，以达到降本增效的目的，避免财政资源的浪费；"乘"是要充分发挥财政资金的乘数效应，撬动社会资源，实现财政资金效应的放大；"除"则是要消除财政运行过程中的各类障碍，提高财政效能，确保财政机制的顺畅运转。最后，本文还提出了对构建"大财政"体系有着重要意义的保障措施，为"大财政"格局的顺利构建和稳定运行保驾护航。

关键词：　"大财政"体系　政府管家　地方财政运行

一　当前地方财政运行面临的困境及成因分析

随着我国迈入高质量发展阶段，经济增速换挡，财政收入增长放缓，地方政府的财政运行出现了一些困难，我国原有的财政体系运行中存在的短板和收支矛盾逐渐显露。特别是在房地产市场发生重大变化情况下，地方政府依靠土地维持财政运转已难以为继。同时，随着地方政府债务的持续增加，债务风险不断累积，导致地方政府财政保障能力弱化，财政支出压力进一步加大。这一切都凸显了加强地方财政统筹、推动地方资源整合以构建"大财政"运行格局的重要性和紧迫性。

（一）当前地方财政运行面临的困境

一是房地产市场出现变局，土地出让难以为继。1994 年分税制改革后，因无须上缴中央，土地出让收入成为地方政府财政收入的重要来源，地方政府对土地出让收入的依赖也在持续增大。2022 年以来，房地产市场持续低迷，土地出让收入随之大幅下降。财政部数据显示，2022 年，受房价上涨预期转弱、居民收入预期悲观等因素叠加影响，房企拿地积极性处于低位，

全年土地出让收入大幅下降 23.2%，至 6.69 万亿元①；2023 年，国有土地使用权出让收入近 5.8 万亿元（其中包括部分城市政府融资平台托底摘地所上交的出让金），同比下降 13.3%，持续下滑②。弥补土地财政持续萎缩带来的财政资金缺口，成为当前地方政府迫切需要解决的问题。

二是财政支出压力加大，财政保障能力弱化。近年来，地方政府财政运行受产业转型和房地产市场影响较大，多地进入长期财政紧平衡状态。在财政收入端，房地产市场低迷、大规模减税降费、经济下行压力等均给财政收入带来"减收"的影响；在财政支出端，基层"三保"（保基本民生、保工资、保运转支出）、政府法定债务付息、化解隐性债务等刚性支出压力不断增加。因此，各级财政收支矛盾持续加剧，财政保障能力与高质量发展要求的不匹配愈加突出。

三是地方债务规模持续增长，债务风险逐步凸显。根据财政部披露的数据，自 2018 年以来，地方政府债务余额以 16.33% 的平均增长率快速增长，远高于同期经济增速，导致负债率攀升、债务风险不断累积。截至 2023 年末，我国地方政府债务余额约 40.74 万亿元，同比增长 16.19%。此外，2022 年地方债支付利息首次突破万亿元大关，2023 年付息规模持续抬升至 1.23 万亿元，同比增长 9.6%③，对地方财政构成较大的付息压力。近年来在中央政府针对隐性债务持续"控增化存"政策背景下，政府融资平台新增融资大幅受限，地方融资平台借新还旧被严控，一定程度上遏制了债务风险的进一步加大。

四是财政政策边际效应递减，有效投资仍然不足。我国经济发展进入新常态，严峻复杂的国内外环境加大了经济增长的难度，积极财政政策拉动效应也相应减弱。近年来，地方政府专项债券成为落实积极财政政策的重要抓

① 《2022 年财政收支情况》，财政部网站，2023 年 1 月 30 日，http：//gks.mof.gov.cn/tongjishuju/202301/t20230130_3864368.htm。

② 《2023 年财政收支情况》，财政部网站，2024 年 2 月 1 日，http：//gks.mof.gov.cn/tongjishuju/202402/t20240201_3928009.htm。

③ 《2023 年 12 月地方政府债券发行和债务余额情况》，财政部网站，2024 年 1 月 30 日，http：//yss.mof.gov.cn/zhuantilanmu/dfzgl/sjtj/202401/t20240130_3927707.htm。

手，是扩投资、补短板的重要政策工具。但是，随着国内传统基础设施逐步完善、趋于饱和，政府投资效率降低，基建领域投资效益边际下滑；地方政府在使用专项债券资金时，也存在资金闲置、使用效率低、投向不合规等问题，影响投资目标实现。

（二）当前地方财政运行困境的原因

一是从财政运行理念看，传统财政运行理念制约财政作用有效发挥。随着经济社会发展，传统的财政体制以及"账房先生"式的狭隘思维，已不再适应高质量发展阶段的要求。特别是党的十八大以来，我国财政实践的综合性特征日益凸显，在国家现代化建设中发挥的作用愈发突出。因此，打破制度壁垒，促进协同和整合，树立财政"管家"思维，实行对财政资金收支全过程和全周期的运行、管理，构建"大财政"格局的趋势不可阻挡。此外，我国已经进入数字化、智能化时代，大数据成为重要的生产要素，数字经济成为经济发展的新动力，这为财政提供了丰富的数据基础。由数字经济和数字产业所形成的新业态，给财政预算管理制度等带来挑战。同时，数字经济也强化了财政实践的综合性特征，为财政制度改革创新提供有力支撑和坚实保障。

二是从地方自身看，地方财政收入自主能力不高，财政自给率不足。我国实行分级财政体制，各级地方财政收入主要来自税费收入、上级转移支付、本级结余结转资金。然而，省级以下政府间收入划分不够清晰规范、省级以下财权事权界定不够清晰，存在财权上移、事权下移的现象，尤其是存在共同事权较多、支出责任交叉重叠等问题。此外，我国地方税税种较多，但是普遍收入规模较小，税源分散，共享税中专享收入比重较低，缺乏充裕且稳定的主体税种，分税制的税收划分原则未得到充分体现。

三是从财政管理看，财政预算管理缺乏有效的监督与考核。财政预算规范和财政活动安排直接体现政府的政策意向，直接关系地方经济运作。一方面，我国财政预算管理体制还不健全，预算管理缺乏全面性、系统性，财政经费流失的现象仍然存在，影响地区经济发展及基础设施建设；另一方面，

财政预算没有发挥应有的约束作用，政府行政预决算、三公经费预决算的公开披露不够细化。此外，财政监督法律法规体系也不够健全，监督的强制力有限，目前只有审计署和纪委监察部门对财政收支工作进行监督，在监督内容、监督形式、监督手段等方面也存在不足。

四是从财政统筹看，事权划分和财政预算转移支付仍待完善。一方面，省级以下政府的财政事权与支出责任界定不够清晰，在事权落实过程中，存在一定的事权重叠交叉、无序下移等问题，加剧了基层政府财政困境。尤其是县级政府，承担着税收优惠政策的落地责任，同时面临财政资金匮乏的压力。另一方面，财政转移支付没有匹配基层政府的财政资金需求，这一问题在省级以下尤为明显。转移支付的整体结构不够合理，部分专项转移支付的预算编制不够规范，在资金分配使用上缺乏科学性，导致资金使用效率不高，甚至出现资金闲置现象。而且，转移支付监管机制和法律制度不够完善，上级政府对地方的实际需求和资金使用情况了解不够准确和及时，同时预算绩效管理不到位，导致地方财政对上级补助的依赖度普遍较高。

二 构建"大财政"格局的路径建议

有效缓解当前地方财政运行面临的困境，需要探索构建财政、预算、绩效"三位一体"、深度融合的"大财政"格局。不同于"小财政"的"账房先生"思维，"大财政"格局是在"管家"思维下，基于地方财政收支全过程和财政资金全周期的运行、管理，提出的一种全新的地方财政运行模式。"大财政"理念，不仅拓展了地方财政收支管理的外延，也丰富了地方财政运行管理的内涵。因此，构建地方"大财政"格局的首要目的，就是通过理念、运行和管理层面的改革创新，补齐传统的"小财政"机制的短板弱项，为地方财政体系的高质量运行和管理，提供新的思路和方案。统筹用好"加减乘除"四则运算，解好"大财政"格局构建方程式，主要从以下四个方面着手。

（一）做实财源统筹"加"法，增强财政综合实力

一是要加强财源统筹，完善财政资源集成管理模式。一方面，要加强预算统筹，深化"零基预算"改革，打破基数概念和支出固化格局，建立资金"能进能退"的预算机制，加大以前年度财政存量资金收回和统筹力度，防止资金"碎片化"、撒胡椒面式使用；另一方面，要完善集中力量办大事的财政保障机制，打造贯通重大战略任务到政策项目的保障链条，加大对地方经济和城乡发展重大战略、重点规划、重点项目的保障力度。

二是要做大总量，拓展税收来源的领域和范围。在保障减税降费政策落地的基础上，依法依规及时组织足额收入征管，科学把握土地储备和出让节奏，多措并举稳外贸、补缺口，让公共"钱袋子"加快鼓起来。

三是要培育增量，厚植可持续财源。一方面，要围绕加快构建现代化产业体系，通过建项目、兴产业、强企业，不断壮大骨干财源，培育新兴财源；另一方面，要高度重视财政投资项目的运营管理，加大政府投资项目的建设力度，深挖第三产业税源潜力，跟踪服务好重点项目和重点企业，不断壮大实体经济的优质税源。

四是要盘活存量，提升财政资源配置效益。不断加强对政府资源和国有资产的管理，有序推进行政事业单位经营性资产集中统一监管；完善盘活财政存量资金的常态化管理机制，定期清理整顿存量财政专户，及时收回闲置沉淀、低效无效、预算结余资金和财政专户存量资金，有效释放源头活水，充分发挥财政资金使用效益。

（二）做细财政支出"减"法，推动财政降本增效

一是要持续优化财政支出，强化落实"过紧日子"监督。加大节约财政成本力度，提升财政使用效率。政府要"过紧日子"，大力压减一般性支出，减少非必要开支，取消低效无效支出。在财政投资项目和政府补贴项目的降本增效、压缩经费、节约成本和利息支出等方面，需要深入研究成本规

制对市政公共事业运行的影响，力图增收节支。

二是要建立科学有效的政府投资决策管理流程，强化政府投资项目源头管控。要扩大有效投资，财政资金要更多投向供需共同受益、具有乘数效应的重大战略、重大改革、重大项目等。要控制投资项目的融资成本和运营管理成本等，在不断满足社会公共需要的前提下，追求最少的财政投入，不盲目追求所谓的高标准建造，减少低效、无效投资。要加大财政投资评审力度，严抓财政评审、政府采购、绩效评价，确保资金用在刀刃上，以实现资金的最大效用。

三是要推进基本公共服务均等化，兜牢保基本民生、保工资、保运转"三保"底线。确保基层正常运转，经评估分类予以延续执行、调整或取消到期的民生保障、产业发展等支出政策。此外，要注重监督管理，审查预算单位公用经费和市级专项资金的压减范围和口径，关注压减的资金是否统筹用于民生保障等重要领域，对年底追加预算执行、超标准超范围超进度拨款等事项进行重点延伸核查，督促财政和预算单位厉行节约。

（三）做精财政撬动"乘"法，放大财政资金效应

一是要充分发挥财政资金引导激励作用，加快构建"财政+"模式。一方面，强化财政政策资源集成，用足用好金融工具，充分发挥财政资金引导激励作用，提高地方财政资金投入效益，放大财政资金杠杆，撬动金融资源和社会资本投入，实现财政政策和金融工具协同联动，放大财政资金对地方经济的带动效应。另一方面，深化基金赋能，助推产业升级，加大新旧动能转换基金投资运作力度，充分发挥政府投资引导基金杠杆作用，加强对本地产业投资项目的引导和培育。另外，要高度重视做好财政投资项目的包装，以更好地吸引外部资金。

二是要向内挖潜，加强全过程预算绩效管理。坚持"花钱必问效、无效必问责"，将绩效理念贯穿预算管理的全过程，探索构建预算绩效全链条管理机制，力争实现预算编制目标清晰、预算执行监控到位、预算绩效评价

客观、评价结果反馈及时、反馈结果应用充分，进一步保障预算资金实际使用效益最大化。

三是要继续坚持用减税降费激发市场主体活力。更好地引导企业预期和增强市场信心，提高居民消费能力，稳定经济增长。要强化部门之间的信息共享、决策共商、效果共评，使其协同发力、同向发力，使财政与货币、就业、产业、区域、科技、环保等政策取向一致，避免各自为政，力求放大组合效应、叠加效应、乘数效应。

（四）做足财政风险"除"法，提高财政政策效能

一是要切实兜牢基层"三保"底线，坚持"县级为主、市级帮扶、省级兜底、中央激励"原则，强化弱地区的资金保障。同时，要从源头上做好地方债务风险防范，统筹调度相关支持性政策和财政资金资产资源，加快推进隐性债务规模和融资平台数量压降，严防平台债务风险转化为金融风险，进而向财政传导集聚。

二是要加强政府债务和资金管理，有效防范化解地方财政风险。要区分不同的财政投资项目，从预算入手科学规划、合理融资、计划使用。如通过超前的投融资项目谋划，将财政投资预算前置，根据规划项目的重要性、阶段性、建设周期等，区分轻重缓急，把财政资金统筹好、分配好，不过于超前、盲目投资，将财政资金用在刀刃上、用出实效来。此外，针对审计监督，要持续提高精度、拓展广度、加大力度，紧盯重大政策落实、重点资金使用和重大项目建设，统筹提升审计监督质效。

三是要重点抓住专项资金业务流和资金流两条主线，梳理财政执行管理过程中的关键环节和内控风险点。要做好财政预算前置，探索构建财政支持多元适配机制，以相关支持性政策目标为基础，以企业类型和项目特性为适配条件，以资金效益最大化为最终目的，提升财政支持质效；要建立健全事前绩效评估机制，尤其要针对新出台的重大政策以及新启动的重大项目，扎实推进投资绩效评估，评估结果作为申请预算的必备要件和预算安排的重要依据，保障财政资金的安全、高效使用。

三 构建"大财政"格局的保障措施

地方"大财政"格局的构建，关键在于打破传统"账房先生"思维，着力构建契合时代发展需求的全新财政理念。既要破除财政体制机制障碍，完善以预算制度为核心的财政体系；又要理顺各级政府财权、事权关系，健全财政转移支付等相关制度，以增强各级政府财政实力，确保财政可持续发展。同时，还应以大数据等新一代信息技术为支撑，加快各地数字财政的发展。实现地方"大财政"格局的科学完善与高效运行，需要以下六个方面保障措施的扎实推进与有效落实来保驾护航。

（一）打破传统"账房先生"思维，重构"大财政"理念

构建"大财政"格局，要树立"四大思维"。一是要树立前瞻性思维。地方政府财政预算要面向未来，科学合理。因此，地方预算不仅要前置，还要和本地经济社会发展的现状紧密结合，和地方中长期经济社会发展的规划相衔接。通过提高财政预算的科学性和可行性，改变靠部门或政府领导拍脑袋决定的现状。二是要树立整体性思维。要做好地方财政收支的整体统筹，在科学制定城乡经济发展规划和产业发展规划的前提下，确保一张蓝图绘到底。从建设规划、项目包装、财政投资、建设运营、偿还债务等全过程，统筹、协同和串联地方的国有资产、资源和财政资金，实现资源变资产、资产变资本、资本变资金的一体化循环运作。三是要树立稳定性思维。要充分考虑支撑"大财政"格局运行的关键要素，及短、中、长期地方财政收支的稳定性和持续性，避免因为债务问题、投资问题等带来不必要的财政运行困难和风险。要高度重视财政运行的效率和结构问题，积极支持做大做强国有经济和国有企业。四是要树立可控性思维。无论是从财政投资风险的控制角度，还是从财政投资的绩效管理角度，都需要加强财政资金的投入和支出，进行更加精细化的管理，包括各类资金、资产、资源的使用状况、投资过程控制，项目跟踪监测，财政支出绩效评价等。进行全过程和全周期的跟踪监

管，才能实现对地方财政收支的科学管理和精细管理，提高财政运行整体效率。同时，需要协调相关部门，超前建立地方政府投资的项目库，并制订中长期政府项目投融资规划，确保财政资金的投入和支出都用在刀刃上。

（二）加强组织管理，打造财政管理闭环

在构建地方"大财政"格局的过程中，强化工作组织管理并打造科学有效的财政管理闭环至关重要。其关键在于政府、财政部门以及业务部门三方明确职责、协同发力，以此构建全方位、多层次且衔接紧密的财政管理工作架构，为地方"大财政"格局的稳健运行与持续完善提供坚实保障。

第一，政府要加强对预算工作的统筹协调，对预算编制、执行及监督进行宏观指导、系统谋划，保障各项政策措施的细化完善与落地见效，从而持续提升财政统筹水平和政府治理效能。第二，财政部门应加强制度配套和衔接，厘清责任分工，进一步压紧压实主体责任，统筹推进各项重点任务高质高效完成；同时，建立健全不同层级、不同区域财政部门之间的干部沟通协调和"帮带"培养机制，有效提升基层财政管理能力。第三，业务部门应抓好预算支出管理，结合具体业务对预算管理相关制度进行细化完善，配强本部门的预算管理机构，并加强对下属单位预算执行的指导监督，推动形成财政管理工作合力。

（三）完善转移支付制度，加大财政直达力度

一是使转移支付财政支出进一步科学化，寻找财政收支影响因素，形成客观、科学的财政标准。二是提高一般性转移支付规模占比，清理、规范、整合专项转移支付项目，并根据地方实际情况，适时、适量补充特殊性转移支付项目，同时加大对资金的考核监督力度，逐步合理化财政支出，缓解转移支付规模过大压力。三是在中央的常态化财政资金直达机制统筹下，地方政府应持续完善直达资金机制，稳步拓展直达资金范围，结合实际将自行安排的惠企利民资金纳入其中，优化资金分配管理和常态化监管方式，促进财力下沉，助力做好"六稳"工作、落实"六保"任务。四是全面规范直达

资金项目管理，进一步加强项目库建设，做好项目遴选与审批，确保直达资金与项目推进的有效匹配、无缝衔接，同时紧密跟踪项目实施情况，紧盯潜在"堵点、痛点、难点"问题，综合施策保障项目进度，切实发挥直达资金使用效能。

（四）加强地方预算管理，健全科学预算体系

从部门预算出发，构建预算编制、执行、决算、监督各个环节"互为前提、一体运行"的财政运行机制，协同推进财政支出标准体系与预算管理体系建设，全方位提升预算管理的科学性与规范性。一是完善项目预算管理机制，根据相关政策指引，在入库环节进行项目的分类细化、优先级排序，突出保障重大政策项目支出需求，建立健全项目入库联评联审机制和储备项目滚动管理机制。二是加快构建项目全生命周期管理体系，细化考核重点、监管节点，保障项目实施全过程的精细化管控，推动形成高水平、可持续的项目管理链条；基于此，建立健全预算执行的中期评估与优化机制，动态调整财政资源分配。三是持续提高预算透明度，进一步完善财政信息公开机制，详尽披露财政收支相关细化信息，推动形成预决算信息公开工作链，充分发挥社会监督作用。

（五）完善监督管理体系，加强财政绩效考评

一是加强内部监督。进一步完善工作机制，将财政的监督职能拆分出来，将原本分散的监督模式转变为集中的监督模式，同时强化日常监督工作，提高监督的有效性。二是拓宽外部监督。充分发挥各部门的作用，加强与纪检监察机关、巡察机构和审计部门等其他监督主体的沟通与协作，避免交叉重复，形成监督合力。三是构建全链路管控体系。事前系统谋划，建立健全工作机制，加强监督检查和绩效评价，培养复合型人才；事中规范推进，探索建立财会监督与绩效评价相融合的监管模式，在科学评价财政资金效益的同时，对资金进行财会监督；事后加强结果运用，形成有效的监督闭环，健全完善绩效结果与预算相挂钩的机

制，针对发现的问题加大整改力度，将财会监督的严肃性与绩效管理的导向性紧密结合。

（六）强化大数据技术支撑，加快数字财政建设

当前我国财政数据较为分散，存在碎片化、地方化、部门化的现象，因此，要充分利用大数据等新一代信息技术，在"大财政"理念下，加快推进数字财政建设。一是实现预算管理一体化，提升大数据整合能力，实现省、市、县、乡（镇）各级财政部门的垂直贯通和各层级预算单位的横向连接，形成预算管理全流程闭环。二是推动财政收支管理智能化，保障资金的安全与合规，同时推进跨部门信息集成，如接入税务部门的相关数据，提高税收征管的准确性；接入银行等金融机构的相关数据，通过平台实现自动核对账目，提高安全性。三是促进财政风险管理精细化，有效提升风险管理的效率和准确性，通过大数据分析，依托数据和分析模型，及时发现关键领域的异常情况，判断风险的影响范围及严重程度，并通过平台与其他部门进行风险管理信息共享。

B.14
新质生产力赋能城投公司转型

丁 颖*

摘 要： 新质生产力是实现高质量发展的重要引擎。城投公司作为基础设施建设和产业投资的主力军，在发展新质生产力、推动区域经济转型升级中具有重要作用。本文从新质生产力的内涵和特征出发，分析了城投公司发展新质生产力的优劣势，其既有资金、平台、政策和市场等优势，也面临债务压力大、新兴经济领域投资效率不高、数据处理能力弱等劣势。本文以合肥建投为典型案例介绍了城投公司发展新质生产力的成效和经验，并提出城投公司要着眼未来产业，转型为投资类企业；着眼产业园区，转型为科技服务类企业；以科技创新驱动新型产业园区发展；协同区域多元产业，整合资源、优化产业链条，实现不同产业之间的互补和协同，提升整体效益和竞争力。

关键词： 新质生产力 市场化转型 数据资产化

一 新质生产力的内涵、特征与重要意义

新质生产力是生产力发展的最新形态，它代表着生产方式的根本性变革。这种变革主要源于科技的迅猛发展、资源的优化配置以及产业结构的深度调整。新质生产力以创新为驱动、以人为本，能够极大地提高生产效率，创造出全新的产品和服务，从而引领社会生产力的全面升级。新质生产力具

---

* 丁颖，中国高技术产业发展促进会新质生产力促进工作委员会执行主任委员，主要研究方向为高技术产业发展和新质生产力培育等。

备如下特征。

第一，高素质人才是推动社会进步和发展的核心力量。随着全球科技创新的加速和经济结构的深刻变革，新质生产力成为国家竞争力的关键标志。新质生产力依赖于科技创新，而科技创新又依赖于高素质人才的支撑。因此，高素质人才无疑是发展新质生产力的第一资源。

第二，科技创新是发展新质生产力的动力源泉。科技创新不仅可以推动生产方式革新，提升生产效率，还可以促进产业结构优化升级，提高综合竞争力。面对未来，应当继续深化对科技创新的理解和应用，充分发挥其在经济发展和社会进步中的关键作用，为实现高质量发展提供不竭动力。

第三，产业融合是优化新质生产力要素组合的核心要义。产业融合直接关系生产要素的高效配置和利用，进而影响经济社会发展全局。其重要性体现在多个方面，包括上下游产业链的深度融合、新型生产要素的嵌入融合、多领域创新要素的交叉融合等。

第四，绿色发展是新质生产力发展的内在要求。绿色发展不仅关乎技术和产业的变革，更关乎整个社会的可持续发展。在确保经济增长的同时，要推动环保和资源高效利用，实现人与自然的和谐共生。绿色发展在新质生产力发展进程中的重要性主要体现在绿色技术创新、绿色产业转型、绿色生活方式、资源环境要素市场化配置等方面。

发展新质生产力是推动高质量发展的内在要求和重要着力点，也是城投公司转型升级的关键路径。通过发展新质生产力，城投公司可以增强核心竞争力，提升可持续发展能力，优化债务结构，化解债务风险，服务区域经济发展，助力产业转型升级。尽管新质生产力发展为城投公司转型升级提供了重要机遇，但城投公司在发展新质生产力方面也面临诸多困境和挑战。

二 城投公司发展新质生产力的优劣势分析

城投公司通过债务融资支持地方政府的基础设施建设，拉动经济增长，在中国经济快速发展的过程中扮演着不可或缺的角色。新质生产力的发展为

城投公司转型升级提供了重要机遇，但由于兼具地方、国资、企业等多重角色，城投公司和其他市场化企业相比，具有特殊的优势和劣势。

（一）城投公司发展新质生产力的优势

第一，资金优势。城投公司作为地方政府融资平台，具有较强的资本实力，可以为新质生产力的发展提供充足的资金支持。

第二，平台优势。城投公司拥有丰富的土地资源、基础设施资源和产业资源，可以为新质生产力的发展提供良好的平台和载体。

第三，政策优势。城投公司作为政府控股企业，拥有较强的政策优势，可以为新质生产力的发展争取政策支持和优惠待遇。

第四，市场优势。城投公司深耕地方市场多年，拥有良好的市场信誉和较强的品牌影响力，可以为新质生产力的发展提供广阔的市场空间。

（二）城投公司发展新质生产力的劣势

城投公司目前普遍存在较大的债务负担，这可能会制约其在新质生产力领域的投资。债务规模大、化解债务风险难是城投公司发展新质生产力面临的首要挑战。

城投公司对新兴经济领域的投资较为粗放，投资回报率低。城投公司普遍存在经营性资产不足的问题，导致整体资产收益率偏低，这虽然与国有企业所承担的社会责任有一定关系，但也反映了城投公司在市场化运营以及提高资产收益率方面有较大提升空间。尤其是新质生产力集中体现的新兴经济领域，城投公司对于统筹资源、孵化项目、筛选项目尚未形成科学的方法论和实施体系。

数据处理能力弱，制约新产业、新业态发展。数据是新质生产力发展的重要生产要素。城投公司积累了大量城市运行和产业运营数据，但这些数据往往处于"沉睡"状态，未能有效转化为可供利用的生产要素。一方面，城投公司积累的数据普遍质量参差不齐、缺乏统一的标准和管理规范，同时城投公司也缺乏专业的数据开发应用人才和技术，难以将数据资源转化为可应用的资产，导致数据资产价值难以有效挖掘，制约了数据赋能业务创新和转型升级。另一方面，目前公共数据的确权、定价、交易等环节存在诸多障碍，导致公共数据资产难以有效流转和变现，制约了数据资产化进程。

三　城投公司发展新质生产力的典型案例

合肥建投成立于 2006 年，时至今日经历了两次成功转型。2008 年，合肥建投经历了第一次转型，标志性事件是参与投资了京东方项目。投资京东方项目需要地方国资以股权投资的方式参与，这为合肥建投带来了机遇，使其能够以股权投资的方式参与战新产业的重大项目。2019 年以来，合肥建投开启了第二次转型，主要是通过市场化方式转型为国有资本投资公司，取得了较好成效。

具体来看，合肥建投的主要做法可以概括为如下几个方面。

一是发挥各业务板块的建设管理优势，提升市场化业务拓展能力。深化政府项目代建业务的同时，以厂房代建、提供定制化服务等方式拓展招商项目；强力推进综合管廊建设进程，以此为契机，引领并促进勘察检测等相关领域业务蓬勃发展。

二是持续优化战新产业投资结构。紧抓国家政策红利，加快发展战新产业，引入金融活水，带来千亿元级资金投入，深入服务京东方、晶合等重点项目，在新型显示领域实现了跨越式发展，成功突破大规模集成电路制造技术瓶颈，推动全省产业升级；积极引进蔚来汽车、神州数码等优质项目，以市场化经营理念围绕龙头企业构建完整产业链，实现协同发展。

三是构建内部协同发展的企业生态。搭建各领域协同发展的平台，形成各主体相互配合、优势互补的工作机制；围绕国资平台的投资职能，打造各种专业化投资公司，以实现"重资产投资+轻资产服务"；以政府投资和自主投资等项目为引领，为工程管理、停车充电、综合管廊、勘察检测、租赁住房等业务创造更多的市场机遇。

四是灵活使用多样化的金融手段参与产业投资。例如，采用直接股权投资、上市公司间接投资（参与定增）、委托运营（通过协议、章程约定各方权责，按市场化方式委托运营，设置必要的对赌机制）、组建产业基金（组建"政府引导母基金+天使基金+种子基金+专业基金"等，吸引社会资本参与）等方式参与产业投资。此外，促进投资"募—投—管—退"良性循环，形成可持续发展的资本积累。合肥建投转型以来累计实现收益328亿元。

四 城投公司发展新质生产力的建议

（一）着眼未来产业，转型为投资类企业

城投公司在向产业投资类企业转型时，可以选择直接投资控股核心企业的方式，也可以选择以基金管理人的身份组建设立产业基金的方式。无论哪一种方式，都需要特别关注数据这一新质生产力的核心要素，通过高端智库来分析未来产业，通过数据来选择投资标的。城投公司在数据获取方面，尤其是产业数据和园区数据方面有着得天独厚的优势，可通过和新质生产力相关智库合作，建立园区大数据平台，利用好这一优势，能够高效挖掘当地有增长潜力的高科技企业。

部分城投公司通过设立产业基金撬动社会资本，布局战略性新兴产业和未来产业，加快区域产业转型升级，为企业发展注入新活力，有利于企业培育新的利润增长点，增强企业的可持续发展能力。

（二）着眼产业园区，转型为科技服务类企业

基于新质生产力的内涵，结合城投公司自身的优劣势，城投公司可以从数据要素的角度发展新质生产力，服务园区企业。

《"数据要素×"三年行动计划（2024—2026年）》是国家层面推动数据要素市场建设的纲领性文件，为城投公司发展数据相关业务提供了新机遇。城投公司发展数据相关业务的政策如下。

一是加快数据要素市场体系建设。鼓励地方政府依法依规设立数据交易机构，构建数据要素市场化配置机制，促进数据要素安全有序流动。

二是加强数据要素基础设施建设。加强数据中心、算力设施等基础设施建设，提升数据要素供给能力。

三是培育数据要素市场主体。支持各类数据要素市场主体发展壮大，鼓励数据要素经纪机构、数据服务商等市场主体创新发展。

四是完善数据要素流通规则。研究制定数据要素流通规则，规范数据要素交易行为，保护数据安全和隐私。

在具体发力领域中，根据深入调研，工业数据集既贴合国家战略，又具有广阔的应用前景，能够形成经营型商业模式。保护和应用工业数据对我国具有重要意义。首先，我国工业数据流失严重。我国工业门类齐全，拥有海量工业数据，过去几十年来，大量承载了工艺参数与工业知识的宝贵数据被沉淀到国外工业软件中，急需保护与应用。其次，工业智能遭遇数据瓶颈。随着通用人工智能的发展，机理与数据融合驱动的算法引擎是工业智能的发展趋势，例如物理神经网络等颠覆性方法的应用，但是最大的瓶颈是工业数据难以获取和集中。再次，自主工业软件缺乏测评测试。我国自主可控工业软件蓬勃发展，但是与国外大厂对标困难，导致市场推广难，需要有同台竞技的机会与平台。而结合了试验数据与仿真数据的工业数据集是最理想的测试库。最后，算力资源服务制造业能力有待提高。我国大力推进东数西算工程，算力总量居世界前列，但在将算力转化为生产力方面还远远不足，要想把算力真正转化为现实生产力，必须在优化算力供给、加强技术创新、促进应用落地等方面持续发力、久久为功。

工业数据集的典型应用场景有以下几种。高端制造业工业研发过程中，在对产品进行设计和性能分析时需要调用各类数学、力学算法引擎，结合工业数据和模型，使用大量算力进行反复迭代和测试。工业智能检测是机理与数据融合驱动的典型应用场景，既需要大量的数据支撑，也需要大量的算法指引，通过不断积累的数据集和知识类算法沉淀，达到逐步优化的效果。工业智能运维领域最大的困难在于故障数据的积累难度大，需要同类场景联合

起来形成中心化与分布式相结合的数据集，更需要生成式算法助力生成高质量数据。基于机理模型和数据模型的工业灾害情景构建是目前该领域最优的技术手段，工业智能算网为这种全新的技术提供数据、算力和算法支撑。数据集中的每一条数据都对应着灾害情景中的一个工况或者事件，将场景和数据解耦也是工业数字孪生的新形态。

（三）以科技创新驱动新型产业园区发展

城投公司作为产业园区的重要运营主体，在产业园区招商引资、基础设施建设、产业服务等方面发挥着重要作用。近年来，随着产业转型升级步伐加快，城投公司不断探索新的发展模式，以提升产业园区的竞争力和可持续发展能力。

新质生产力服务产业园区科技创新的主要路径包括聚集技术、标准、专利、人才、专家、数据等科技创新资源；"因园制宜"建设科技创新平台，发展颠覆性技术、前沿技术，培育战略性新兴产业和未来产业，实现新型工业化和高质量发展。科创大数据平台是园区产业大脑，新质生产力要素包括技术、标准、专利、人才、专家、数据，通过将科技创新资源注入科创大数据平台，促进全要素协同创新，推动产业园区的新型工业化升级。

城投公司通过建设科创大数据平台，可以为园区、企业、区域产业提供多方面的服务。对园区，科创大数据平台调动科技创新图谱、专利、人才、专家资源，实现产业数据交叉验证、工具自动提取，从而提升园区服务质量、提高产业数据的准确性，以数据模型为分析基础实现精准对接与招商。对企业，科创大数据平台通过数据安全备份、容灾防勒索、工业数据集构建等功能，实现数据资产化，沉淀核心数据与技术，提高研发效率。对区域产业，可将科创大数据平台打造为区域科学传播中心，发展科技文旅；吸引对接高等职业教育，实现对未来创新人才的培养，为区域产业的可持续发展打下长远基础。

城投公司可通过新型产业园区的建设运营，聚集科技创新资源，以科技创新为动力、产业创新为引领、开放创新为支撑，聚焦强化创新策源、深化转化应用、优化公共服务持续发力，用好重大科技基础设施，抢抓产业变革"窗口期"，健全科创平台体系，突出基础性、公益性和技术性，布局建设跨学科交叉、跨领域融合的科技公共服务平台，缩短科创企业创业期和孵化期，优化营商环境助力企业成长，以创新资源的集中和知识溢出效应吸引特定产业或领域内各类相关主体充分参与。

（四）协同区域多元产业，整合资源、优化产业链条，实现不同产业之间的互补和协同，提升整体效益和竞争力

城投公司在发展新质生产力时，通常会涉及不同的产业领域和经济部门。以多元化发展为目标，通过整合资源、优化产业链条，实现不同产业之间的互补和协同，可有效降低风险，提高整体效益和竞争力。城投公司作为地方政府重要的投融资平台，可充分利用自身丰富的资源、资本和政策优势，对区域内的多元产业进行协同，整合资源、优化产业链条，从而提升区域产业效益和竞争力。具体而言，城投公司可以采取以下策略。

一是构建产业协同平台。城投公司可以依托自身资源优势，搭建区域产业协同平台，整合区域内各类产业资源，促进产业间的信息共享、资源对接、协同合作。例如，建立产业信息数据库，为企业提供产业链上下游信息查询、供需对接等服务；建设产业公共服务平台，为企业提供研发、检测、认证等公共服务；打造产业园区，为企业提供土地、厂房、水电气等基础设施服务。

二是推动产业链集群发展。城投公司可以聚焦区域产业发展优势，以龙头企业为核心，链接上下游企业，构建完整产业链条，形成产业链集群。例如，围绕支柱产业或战略性新兴产业，招引龙头企业落户，并支持上下游企业发展，形成完整的产业生态。

三是实施产业链招商引资。城投公司可以利用自身招商引资优势，针对产业链薄弱环节或空白领域精准招商引资，补齐产业链短板，完善产业链布局。例如，开展产业链招商对接活动，邀请潜在投资者到区域考察，并提供

政策咨询、项目申报等服务。

四是促进产融结合。城投公司可以发挥自身融资优势，与金融机构合作，创新金融产品和服务，支持区域产业发展。例如，设立产业基金，为企业提供股权融资和债务融资；提供融资担保服务，降低企业融资成本；开展供应链金融服务，缓解企业资金压力。

五是加强产学研深度合作。城投公司可以通过联合高等院校、科研机构共建创新合作平台，加速科技成果转化，推动区域产业转型升级。例如，设立科技成果转化基金，为科技型中小企业提供资金支持；建设联合实验室，开展前沿技术研究。

区县城投篇

B.15
2023年中国区县城投发展现状与展望

丁　逸[*]

摘　要：　县域作为我国行政管理的基本单元，是地方发展的重要载体，是区域经济布局中承上启下的关键环节。县域经济的发展既有增长潜力大、要素成本低的优势，也面临不平衡、不充分的结构性问题。有效释放县域经济发展活力，离不开政府政策的支持引导，以及区县城投在基础设施建设、民生服务保障、产业培育发展等方面的积极贡献。但在宏观经济增速放缓的当下，叠加地方政府债务严监管持续，区县城投的债务化解和运行已到了极其关键的时期。未来，区县城投将以整合重组为契机，加速推进产业化、市场化转型，勇当县域经济高质量发展"排头兵"。

关键词：　区县城投　债务化解　融资　转型

---

　*　丁逸，住建部中国建设会计学会投融资专业委员会副主任，江苏现代资产投资管理顾问有限公司总经理，现代研究院副院长，主要研究方向为平台公司数字化转型、投融资机制创新、信用评级提升。

一 2023年区县城投发展环境

（一）县域经济：机遇与挑战并存，发展企稳加固

2023年，国家宏观政策发挥了积极导向作用。各县（市）全面考量"稳增长、防风险、保安全"，积极发挥比较优势、厚植竞争优势、积蓄发展胜势，成功克服了复杂严峻的内外部多重挑战，有效缓解了需求下滑、供给冲击和预期弱化带来的压力，实现了经济的稳定回升，呈现积极的增长态势。根据赛迪顾问数据，2023年全国新增5个"千亿县"，"千亿县"总数攀升至59个，GDP合计高达9.6万亿元，占全国GDP的7.6%，同比提升0.4%。此外，百强县（市）中有54个县（市）跻身"GDP千亿元俱乐部"，GDP合计达8.6万亿元，占全国GDP的7.1%。值得一提的是，百强县（市）中有98个县（市）实现了工业增加值正增长，其中73个增速更是高于全国平均水平，成为推动区域乃至全国经济增长的重要力量。

在2023年中央一号文件中，"县域"一词被频繁提及，与"县"相关的表述达35次。发展县域经济是促进城乡均衡发展、缩小地区差距、实现县域繁荣和人民富裕的关键路径，县域经济的多样性和灵活性在缓解宏观经济波动、维护社会稳定方面发挥着不可替代的作用。然而，当前县域经济发展仍面临增长动力不足和结构失衡的严峻挑战。县域产业基础薄弱，主要依赖土地、资本和劳动力等传统要素驱动，缺乏创新，且产业规模普遍较小，结构层次较低，难以形成规模效应和推动产业转型升级。同时，城乡经济发展水平的差异依然显著，第二、第三产业主要集中在城镇，而第一产业则集中在农村，导致城乡经济差距明显。

党的十八大以来，"三农"工作取得了显著进展，但城乡发展差距仍然存在，诸多短板亟待补齐。县域是连接城市群、都市圈与乡村的桥梁，其高质量发展是促进城乡发展一体化、实现乡村振兴的重要抓手。未来，县域经济发展应当聚焦县域治理的难点和重点，将强县与富民、改革与发展、城镇与乡村紧密结合，以县域之变促区域之进，为实现区域经济繁荣和社会稳定贡献力量。

（二）财政金融：中央财政大力支持，金融工具灵活多样

总体上看，我国县域经济发展水平、财政供给能力自东向西逐步下降，县域财政收入在很大程度上依赖上级转移支付的支撑，财政收支的失衡问题愈发凸显。

为了应对这一挑战，2023年中央出台了一系列政策文件，旨在确保财政金融政策为乡村振兴提供有效支撑。1月，中央一号文件明确指出，要坚持把农业农村作为一般公共预算优先保障领域，调整完善土地出让收益使用范围，反哺农业农村；允许地方政府债券支持乡村振兴项目，支持设立市场化运作的乡村振兴基金，鼓励由市场主体打包实施乡村振兴项目，引导社会资本更多地流入农业农村领域；运用再贷款再贴现、差别化存款准备金等政策工具，引导金融机构加大信贷投放力度，赋能乡村振兴。同时，多层次资本市场对农业的支持力度也在不断加大，优化了"保险+期货"模式。6月，央行等五部门联合发布97号文，进一步强调了乡村基础设施建设的金融支持，提出建立健全农业农村基础设施建设融资项目库，并鼓励金融机构通过合作方式共同支持乡村基础设施建设；支持农民返乡创业，通过加大信贷资源投入力度和深化银企对接，带动更多农民工等重点群体创业就业，并鼓励各地根据实际情况放宽创业担保贷款的申请条件。

随着政策的持续推动，县域经济和乡村振兴将迎来新的发展机遇。资金来源的拓宽和资金使用的优化将助力县域经济稳步提升，财政创造能力也将得到增强。同时，政府与金融、社会投入的联动将形成多元化投融资格局，为乡村振兴提供坚实资金保障，激活县域经济内生动力，促进县域经济持续健康发展。

（三）社会发展：城乡融合进程加快，特色产业成为重要抓手

县域经济不仅是中国经济高质量发展的核心引擎，更是新型城镇化战略

实施的关键,对于城乡融合和区域协调发展的加速推进具有不可或缺的作用。作为连接城市和乡村的纽带,县域兼具承接城市功能外溢和集聚农村生产要素的载体平台功能,在城乡一体化中的角色愈发重要。

近年来,县域经济持续壮大,特别是大中城市周边县域,其产业链条、基础设施、公共服务以及基层社会治理等正逐步与中心城市接轨,产业配套服务功能不断提升,积极承接邻近城市的产业梯度转移和延伸,主要涉及劳动密集型产业、一般性制造业、区域性物流基地等。在此过程中,其自身的主导产业、特色产业得以做大做强。根据《中国县域经济发展报告》,县域的专精特新小巨人企业约占全国总数的三成,制造业单项冠军占全国总数近四成,对提高县域经济发展水平、培育特色产业起到了重要的推动作用。县域产业结构正不断优化,稳步迈向高端化、智能化、绿色化。

县域商业建设为农村直播电商发展打下基础,进一步助力乡村特色优势产业发展。2023 年 7 月,商务部会同八大部门发布了《县域商业三年行动计划(2023—2025 年)》,旨在引导资源要素向农村市场倾斜,在县域统筹下,构建以县城为核心、乡镇为重点、村为基础的商业体系,推动城乡融合发展,助力乡村振兴。该行动计划涵盖七大重点任务,涉及商业网络、消费市场、农村物流、农村电商等多个方面,提出到 2025 年打造约500 个"领跑县"的目标,并特别强调"三个一批"建设,即一批县级物流配送中心、乡镇商贸中心以及农村新型便民商店,推动县域商业迈向高质量发展新阶段。未来,县域经济将在城乡融合发展中发挥更加重要的作用,更多地承担推动产业集群发展壮大的功能,为我国经济的持续健康发展注入新的活力。

(四)债券融资:城投融资持续收紧,区县化债受益有限

2021 年以来,城投债市场进入新一轮收紧周期,严监管政策密集发布,城投债募集资金用途受到了较大限制。交易所对城投公司按"红橙黄绿"债务率分档管理,并通过制定公司债券发行上市审核相关文件,重点限制区县城投新增公司债。

2023年6月，证监会发布《关于深化债券注册制改革的指导意见》《关于注册制下提高中介机构债券业务执业质量的指导意见》，债券注册制改革取得突破，公司债与企业债发行审核工作进入统一化的新阶段。10月，证监会修订《公司债券发行与交易管理办法》，企业债和公司债正式并轨。另外，为配合企业债券职责划转，交易所陆续出台相关制度文件，强化以偿债能力为重点的信息披露要求，压实各环节中各市场主体责任。企业债作为地方建设中的重要融资渠道，纳入证监会监管体系后，市场化和规范化水平需进一步提升，对于主体资质普遍较弱的区县城投来说，发行难度加大。

与此同时，自2023年7月起，中央推出了一系列助力地方政府债务化解的政策，旨在严控新增债务、化解既有债务，已取得较为显著的效果。现代研究院数据显示，截至2023年底，区县城投债存量规模达6.34万亿元，同比增长10.23%，涨幅较2022年略微提升0.29个百分点；全年发行规模达2.57万亿元，同比增长32.02%，其中，1~3年期仍为主要发行期限，占比45.60%；净融资规模为5881.85亿元，同比增长13.16%，较2022年有所恢复，但全年呈波动下滑趋势，自11月起净融资转负。另外，从一揽子化债方案实施情况来看，政策支持主要向重点省份及地市级城投倾斜，区县城投融资环境改善有限，特别是存量债务规模庞大、债务结构欠合理的区县，短期内实质性化解债务的难度仍然较大，债务压力依然突出。

二 2023年区县城投发展情况

（一）资产规模整体扩张，结构性问题仍然存在

2023年，区县城投资产规模整体稳步增长。根据城市投资网和现代咨询联合发布的"2024全国区县城投公司总资产榜单"，收录的466家城投公司资产规模总计26.46万亿元，其中，排名前100的区县城投公司资产规模总计12.69万亿元，同比增长17.78%，涨幅略微收窄；排名前100的区县

城投公司总资产准入门槛为728.94亿元，较2022年拔高了122.03亿元，同比增长20%。2023年，资产规模超千亿元的区县城投公司达59家，有19家为新晋千亿元城投公司，9家资产规模超过2000亿元，3家资产规模超过3000亿元，增长速度不容小觑。

从整体上来看，区县城投资产规模呈扩张态势，但仍面临以下三个问题。一是资产规模较小。结合现代咨询"2024全国城投公司总资产情况"和"2024全国区县城投公司总资产榜单"，截至2023年底，收录的247家城投公司平均资产为1120.99亿元，而同期的466家区县城投公司平均资产为567.72亿元。相对来说，区县城投资产规模仍有一定的增长空间。二是资产分布不均衡性突出。2023年，区县城投资产中位数为389.06亿元，远低于平均值，且前100名的资产总额占466家区县城投公司资产总额的比重达47.96%，"马太效应"明显，头部城投公司的拉动作用较强。三是有效资产不足。区县城投普遍组建较晚，业务布局单一且资本运作能力有限，因此资产结构较为单一，以城市基础设施项目资产为主，经营性资产较少。部分区县城投公司无效资产剥离不彻底，较大部分的资产缺乏流动性、难以变现，总体质量不高。总的来说，这三大问题使区县城投公司陷入资产运营难提效、信用等级难提高、融资能力难提升的僵局，制约了其高质量发展。

（二）区域分化依旧明显，弱区县城投发展受限

受全国房地产市场和土地市场低迷的影响，土地出让收入大幅萎缩，地方财政收入增长持续承压。在此背景下，区县城投的区域性分化现象延续，甚至出现一定程度的加剧，头部城投主要集中于发达地区。其背后的原因是，作为地方政府出资的国有企业，城投公司尤其是区县城投公司的组建和发展离不开当地政府支持，受地方经济和财政实力的影响明显。在经济较为发达地区，区县城投公司有望获得政府更大力度的直接或间接支持，整体实力更强；反之，在经济不发达地区，区县城投公司整体实力偏弱。

在资产规模方面，据现代咨询整理统计，2023年466家入榜区县城投

公司中，东部地区有 250 家，中部地区有 135 家，西部地区有 77 家，东北地区有 4 家。相较于 2022 年 434 家区县城投公司榜单中，东部、中部、西部地区分别有 235 家、125 家、74 家，区域分化情况未出现明显改善。在总资产榜单前 100 名中，东部地区入榜数量最多（77 家），从具体省份来看，浙江、江苏、四川入选区县城投公司数量占比位列前三（见图 1）。浙江省区县城投公司入选达 40 家，其中杭州市 11 家；江苏省入选 29 家，其中南京市和苏州市最多，均为 6 家；四川省入选 15 家，其中 14 家属于成都市属区县城投公司。

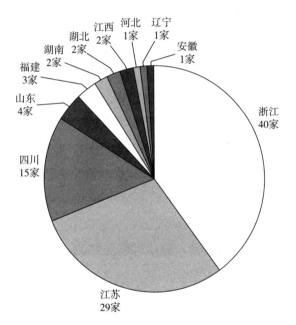

图 1　2023 年资产规模前 100 区县城投公司区域分布情况

资料来源：城市投资网和现代咨询"2024 全国区县城投公司总资产榜单"。

在营运能力方面，根据榜单内 453 家（剔除数据缺失样本 13 家）区县城投公司 2023 年度财务报告，共有 144 家区县城投公司的政府补贴收入占净利润比重低于 50%，满足"335"指标中的"5"，主要分布在江苏（29家）、四川（18 家）、山东（15 家）、浙江（14 家）和安徽（13 家）等省

份。另外，共有292家区县城投公司的收现比达80%以上，同样集中在浙江（65家）、江苏（53家）、山东（34家）、四川（30家）和安徽（22家）等省份。这些地区的区县城投公司现金流相对宽松，资金周转率较高，业务可持续性有一定保障。

在融资能力方面，据中证鹏元统计，2023年第四季度至2024年第一季度，江苏、浙江、山东、重庆、四川、北京和湖南7个省市的区县城投债发行规模全国领先，合计占全国区县城投债比重达86%。其中，山东、重庆等地自身前期债务压力较大、融资环境偏弱，受益于"一揽子化债"政策带来的城投刚兑预期强化，区县城投债发行节奏得以加快。高收益区县城投债（发行利差大于100BP）发行规模分布与整体基本一致，江苏、山东、重庆、浙江和四川5个省份的高收益区县城投债发行规模占比达74%，其中，发行利差300BP以上的区县城投债主要集中在四川和山东。

在违约风险方面，据企业预警通数据，2023年全国城投非标违约事件增至79起，创近五年新高，其中区县城投非标违约事件占比提高至68.4%，集中在山东、河南、贵州、云南等省份，均为前期债务压力较大或经济财政实力较弱的区域。

（三）主体资质仍待提升，资金面紧张程度加剧

根据"2024全国区县城投公司总资产榜单"，2023年，区县城投公司信用级别有一定提升，但整体信用资质仍然较弱。其中，绝大部分区县城投公司为AA+级或AA级，占比分别为42.25%、51.91%，较2022年（38.94%、51.84%）均有提升；AAA级区县城投公司占比5.84%，较2022年（4.15%）略有上升，但仍为少数。

从债务情况来看，截至2023年底，榜单内466家区县城投公司总负债规模达15.89万亿元，平均资产负债率为57.84%，小幅上升了1.44个百分点。总体来说，大部分区县城投公司负债水平偏高，存量债务负担较重，共有210家区县城投公司的资产负债率超60%，占比45.06%；169家在

50%~60%，占比36.27%。分区域来说，平均负债率分布由高到低分别为东部地区（60.81%）、西部地区（55.32%）、中部地区（54.14%）、东北地区（45.78%）。对榜单内样本的年报数据进一步分析，453家区县城投公司债务规模持续增长，2023年平均有息债务规模为235.74亿元，同比增长17.79%，其中，有366家总债务规模同比正增长，最大涨幅为961.72%；87家总债务规模同比负增长，最大降幅为43.60%。同时，债务结构短期化现象加剧，2023年样本平均短期债务占比达30.05%，相较于2022年（28.86%）进一步上升；平均现金短债比为0.52，较2022年（0.80）进一步降低，仅36家区县城投公司的货币资金对短期债务覆盖倍数超1倍，不及样本总数的8%，表明区县城投的短期债务偿付能力持续弱化，短期债务压力持续攀升。

从融资情况来看，一系列化债政策出台后，区县城投新增债券融资难度加大。据中证鹏元数据，2023年第四季度，区县城投债终止审查数量增加、规模扩大，区县城投债发行规模持续回落至3618.19亿元，同比降低10.03%，环比降低39.67%，占各层级主体城投债发行规模比重为38.51%，同比基本持平；净融资规模由正转负，表现为净流出680.89亿元，面临较大的资金压力。

（四）业务领域稳步拓宽，产业化转型持续探索

伴随城镇化率增速放缓以及房地产市场深度调整，土地开发整理、市政基础设施建设等传统城投业务逐步进入存量状态，区县城投正通过积极拓展业务领域，寻求增量空间。业务拓展主要有以下两个方向。一是高度聚焦主责主业，创新商业模式。这需要在前期国有资本布局持续优化的基础上，厘清核心业务，围绕主业进行开拓探索。例如，2023年，资产规模首次突破千亿元的苏州市吴江城市投资发展集团有限公司，基于城市运营服务业务，与长三角投资（上海）有限公司、深圳市天健（集团）股份有限公司共同组建合资公司，推进"物业城市"一体化项目试点，探索城市现代化治理新路径。二是围绕主责主业纵向延伸，布局主业协同的新业务，打造更具竞

争力的业务生态。例如，台州市黄岩城市建设投资集团有限公司立足于工程建设业务，另外成立了招标采购代理、工程造价咨询、矿业开发等相关业务子公司，并积极谋划混凝土搅拌站、装配式建筑，致力于打通建筑业上下游产业链，带动区域运输业、采掘业、加工业等业务同步发展，实现"全产业链条"布局。

在"借新还旧"新要求下，城投转型成为突破企业融资局限的关键路径，产业化转型或打造产业主体是其中的重点方向之一。虽然相较于其他行政层级的城投公司，区县城投公司往往体量较小、产业基础薄弱、资源禀赋不足，但已有部分初具转型条件和能力的区县城投公司率先开展探索。例如，宁波市奉化区投资集团有限公司开展相关产业板块及优质资产资源的整合重组，组建宁波市兴奉产业发展集团有限公司，并将其作为重点打造的产业类平台，于2024年6月获得产业类 AA 级信用级别，聚焦奉化区产业链提升和高质量发展，为培育新质生产力赋能。目前，产业主体打造主要有三种形式：一是地方政府整合区域产业资源，新设产业类平台；二是城投公司整合产业类资产，设立产业类子公司；三是地方政府向城投注入产业类资产，或城投公司整合重组，以稀释城投属性、提高产业属性，实现产业化转型。

三　区县城投发展展望

（一）政策导向持续发力

县域是新型城镇化发展的主阵地，县域经济作为融城乡于一体的综合性经济体系，是区域经济的基础和重点。然而，我国县域经济发展不平衡、不充分的现象仍然突出，内生动力、活力不足的问题亟待解决，尤其是经济强县、经济大县偏少。进入新发展阶段，加强政策支持成为进一步推动县域经济高质量发展的必由之路。

从国家政策导向看，2023 年中央一号文件 13 次提及"县域"，县域经济发展被提上新的历史高度，文件要求从发展农产品加工流通业、发展现代乡村服务业、培育乡村特色产业、培育壮大县域富民产业、积极培育龙头企业五个方面发力，推动县域经济高质量发展。2024年政府工作报告提出，统筹推进新型城镇化和乡村全面振兴，培育发展县域经济，进一步优化区域经济格局，推动城乡融合和区域协调发展。2024年4月，习近平总书记在新时代推动西部大开发座谈会上强调，要发展各具特色的县域经济，培育一批农业强县、工业大县、旅游名县，促进农民群众就近就业增收，因地制宜推进城镇化进程。[①]

从地方政策导向看，自2023年以来，多地出台关于推进县域经济高质量发展的意见。例如，山东省出台了《关于进一步加快县域经济高质量发展的意见》和《山东省县域经济高质量发展三年行动方案（2023—2025年）》，提出"加快科创要素集聚"，"实施县域科技创新能力跃升工程，深化国家创新型县（市）建设"；贵州省出台《关于推动县域经济高质量发展若干政策措施的实施意见》，提出"发展壮大县域主导产业"，"推动县域旅游业提质增效"；四川省出台《关于推动新时代县域经济高质量发展的意见》，提出推进新型工业化，加快发展生产性和生活性服务业，发展现代农业，统筹推进传统与新型基础设施建设等。

综合来看，推动县域经济高质量发展主要从以下四个方面入手。一是要因地制宜明确主导产业。根据县域功能定位，构建县域特色产业体系，坚持创新引领发展，扎实推动科技创新与产业创新深度融合。二是要科学合理优化空间布局。大力破解要素资源制约，围绕主导产业整合资源要素，用好托底性帮扶政策，推动县域产业高质量发展。三是要多措并举促进联动发展。推动国企、民企、外企协同发力，统筹三次产业及各类新兴业态融合发展。四是要以县域为切口深化城乡融合。加快商贸、交通、电商、物流等城乡流通体系构建，促进城乡间要素自由流动，持续加强产城融合。随着政策端持

---

① 《习近平主持召开新时代推动西部大开发座谈会强调 进一步形成大保护大开放高质量发展新格局 奋力谱写西部大开发新篇章》，新华网，2024年4月23日，http://www.news.cn/politics/leaders/20240423/ac19bfde6d3f4518aedde12f3d8f0eb2/c.html。

续向提振县域经济发展、推动城镇化进程倾斜,发展壮大县域经济的"路线图"逐渐清晰,区县城投作为推进县域经济发展的主力军,未来的发展明显呈现向好趋势。未来,区县城投将聚焦产业配套、市政设施、公共服务和人居环境四大建设重点领域,提升县域综合承载能力,获得新的业务机会。

（二）城投债务压力增大

近年来,城投债务到期偿还规模逐年上升,债务滚动压力逐渐增加。自2023年7月中共中央政治局会议提出一揽子化债方案以来,在"遏制增量、化解存量"的总体思路下,多项政策陆续落地。区县城投公司是流动性承压的重点领域,在债务严监管的背景下,未来面临的债务压力仍然较大。

区县城投因"一揽子化债方案"受益相对有限。一是特殊再融资债券规模有限。特殊再融资债券是财政化债的重要工具,自2023年10月重启以来,已有29个省份发行超过1.5万亿元。但从区域来看,特殊再融资债券主要支持省会及重点地级市,其他化债措施落地相对缓慢,因此在遏制增量的总体要求下,区县城投存量债务化解将依赖于区域发展以及自身经营。二是化债措施对长期流动性支持有限。尽管化债政策取得了阶段性流动性缓释效果,但化债措施集中解决的是短期内到期的债务。此外,就2024年第一季度债券发行情况来看,区县城投发行债券规模达6498.44亿元,发行期限仍以1~3年期及3~5年期为主。在此背景下,区县城投公司债务压力将仍然依赖于政策的持续性和执行力度。

经济不发达地区弱资质城投融资难度加大。一是现有政策大多有利于银行类债务的化解,而对于非标融资支持力度有限。2023年以来,山东、贵州和云南等省份城投债务舆情多发,非标违约、商票逾期事件起数显著增加。非标融资虽然短期能够缓解区县城投债务流动性压力,但融资成本较高,未来或将面临监管政策收紧。二是融资渠道进一步收紧。2023年第四季度交易所终止审查的城投债中区县城投债数量、发行规模占比分别达84%和74%。此外,2023年9月,证监会将企业债券纳入公司债规制范围,进一步加强了监管协同。对于资质较弱、区域债务率较高的区县城投来说，债券发行难度将有所增加。

（三）整合重组提速推进

2023年7月，新一轮国企改革深化提升行动明确指出，要"以市场化方式推进整合重组，提升国有资本配置效率"，有序推进国有企业整合重组，推动国有资本做优做强。2024年3月两会期间，财政部首次提出"压减融资平台数量"，随后在国务院会议中再次予以强调。截至2023年12月，全年城投整合事件数量超过350起，其中区县城投整合事件150起，占比高达41.9%。在此背景下，区县城投整合重组仍将保持高位，特别是围绕平台压降和产业引领的整合重组将更加活跃。

相较于省、市级平台，区县城投公司起步较晚，整合重组大多还处在"形整"阶段，具体来说有三个方面的特征：一是资产结构失衡，整合后资产虽有所增加，但是资产结构不平衡，虽然满足"335"指标，但在质量和结构上仍有提升空间；二是业务协同程度不高，因地方政府资源有限，区县城投业务同质化程度高，与同地区其他城投平台业务协同程度不高，很难实现市场化转型和专业化运作；三是组织结构模式化，广泛应用常见的"1+N+X""以市带县"等模式。

区县城投作为区县基础设施建设的重要主体，对县域经济发展有着至关重要的作用，整合重组作为提升区县城投资质、做大做强国有资本的重要手段，未来将更加关注以下三点。一是做优做实资产。盘活低效闲置资产，将其划入优质资产。通过盘活、划转实物、债权、股权、特许经营权、未来收益权五类资产，激活矿山砂石（"金"），林业碳汇（"木"），港口、航道、水面（"水"），能源电力（"火"），土地（"土"），数字资源（"数"）六类资源，实现资产规模的稳步扩大和资产结构的持续优化。二是打造多元化产业发展平台。区县城投整合重组应当从满足"335指标"转变为更加注重多元发展，构建资本运营或产业发展综合平台。通过投资并购、双向混改等多种方式，围绕区域优势产业进行资源整合，推动上下游协

同发展。三是推动内部优化配置。经过一轮或多轮资产整合后，部分区县城投已掌握了当地绝大多数国有资产，下一步应着重内部的优化重组，对组织架构、股权结构、管理体系、资产状况、业务状况、债务情况等进行系统盘点，按照"同业归并、精简高效、兼并重组、增强实力"的原则，重构业务板块布局，重塑内部体制机制。

（四）转型升级进程加快

相比于央企、省属国企的强有力背景及资源支撑，区县城投往往仅能依托所在区县的资源，除了东部沿海省份部分经济发达区县，更多区县在经济发展、资源规模、人才体量上均存在短板，这就导致区县城投在自身发展上无法得到所在区域的强有力支撑，更多需要自身在现有资源基础上想办法。2018 年以来，湖南、山东、重庆、江西等地已经开始大规模推动平台公司整合重组和转型发展，并取得了实效，较好地提升了地方国有资产的运营效率。2020 年，陕西省发布《关于加快市县融资平台公司整合升级推动市场化投融资的意见》，将平台转型作为地方政府"一把手"工程。2021 年，甘肃省发布《关于推进市县政府融资平台公司整合升级加快市场化转型发展的指导意见》，确定市州、县市区政府对平台公司整合升级转型发展工作负主体责任，实行"一把手"工程，推动力度可见一斑。然而，在推进市场化转型的进程中，区县城投仍然面临四个共性问题，亟待在发展中予以解决：一是资源禀赋有限，且资产不实问题突出；二是公益性业务占比高，资金缺口大，造血能力不足；三是信用评级普遍较低，新增融资难；四是政企关系不清，企业管理机制和管理工具较为落后，人才资源匮乏。

2024 年，区县城投公司全面落实新一轮国企改革深化提升行动方案，其关键词是"产业化"和"市场化"，即城投公司不再承担地方政府融资功能，而是按照市场投资、运营、发展的规则，积极参与新型工业化、乡村振兴、新型城镇化等方面的业务，打造更加市场化的经济主体。在新型城镇化全面推进的背景下，区县城投作为县域基建的核心主体，转型发展的方向和深度都与政府重点工作息息相关，区县城投的转型升级将进一步深化。区县城投转型升级需要聚焦四个发力点。第一，加强债务风险防范。积极响应化债政策，加快压降平台数量和隐债规模，整合小而散的区县融资平台，提高融资能力，化解债务风险。第二，加快产业化转型。在保障公益性和准公益性业务的前提下，逐步拓展市场化业务，同时加快科技创新，推动传统产业升级和新兴产业培育，从而实现从传统的代建模式转向"投建管运维"一体化，寻找业务发展空间和增长点。第三，完善市场化经营机制。健全市场化选人用人机制，推进经理层任期制和契约化管理，通过市场化方式选拔优秀经营管理人才，实现管理人员能上能下、员工能进能出、收入能增能减，激活企业活力。第四，持续推进数字化转型。响应数字中国建设，持续加强多样化数字场景布局，逐步汇聚数据资源，推动数据资产入表及数据价值化。

B.16
乡村产业振兴路径探索

——以新疆岳普湖县为例

熊旺求*

摘　要：　乡村振兴战略是国之大计，乡村产业振兴是乡村振兴的要务。在建设社会主义现代化强国进程中，乡村产业振兴以各区县资源为帆，以地方单位在基础设施建设、资金扶持、规划技术支持以及创造就业机会等方面的合力为桨，共同助推乡村振兴远航。本文基于乡村振兴背景，梳理了乡村振兴相关政策、乡村振兴的重要意义、乡村振兴战略的实施要点，以新疆岳普湖县为例总结了乡村产业振兴的路径探索，分析了岳普湖县的产业现状，以及岳普湖县实施乡村产业振兴的策略，如统筹盘活县域资源、推进县域产业融合发展、充分发挥区域特色等，并就应对市场风险能力弱、创新原动力不足、人才短缺、营销和品牌建设不足等乡村产业振兴的常见问题提出相应的建议。

关键词：　乡村振兴　乡村产业振兴　产业规划　岳普湖县

一　乡村振兴背景

（一）乡村振兴相关政策

党的十九大报告正式提出乡村振兴战略，指出要坚定不移地优先发展农

＊　熊旺求，江苏现代资产投资管理顾问有限公司业务总监、现代研究院高级研究员，主要研究方向为平台公司产业转型、投融资机制创新等。

业农村，提出产业兴旺、生态宜居、乡村文明、治理有效、生活富裕等总体目标。实现这一目标，需建立完善的城乡融合发展体制机制和政策体系，同时持续提升农村经济综合实力和竞争力，以加快农业农村现代化进程，让广大农民群众共享改革发展成果。在推进乡村振兴战略实施的过程中，面对县域资源整体不足的实际情况，各区域更应担当起重任，持续探索有效实施路径，助推乡村产业走上振兴之路。

党的十九大后，各地区为推进乡村振兴战略实施，从实际出发，先后起草了相关政策文件，从乡村振兴产业布局、实施路径等方面给予了政策性指导。如青海省结合区域实情，在产业规划方面做出多项部署；河南省、陕西省、新疆维吾尔自治区先后发布政策，对区域内乡村振兴工作实施统筹计划等。

（二）乡村振兴的重要意义

乡村，这一融合了自然风貌、社会结构、经济活力的地域综合体系，不仅承载着农业生产重任，更是民众生活、生态保育与文化传承的多元化舞台，与城镇共绘国家发展的繁荣图景。在我国，乡村层级尤为显著地展现了人民日益增长的美好生活需要和不平衡不充分的发展之间的矛盾。我国正处于社会主义初级阶段，这一阶段的特征在乡村中得到了较为深刻的体现。因此，社会主义现代化强国的全面建设工作的重任和发展重心置于农村，成为一项既繁重又艰巨的任务。

（三）乡村振兴战略的实施要点

党的十九大报告明确了乡村产业振兴既是当前农村发展的首要任务，也是保障乡村振兴战略实施的重要基础。只有做强做优做大乡村产业，真正实现产业融合，才能避免规模性返贫事件出现，保持乡村经济发展的旺盛活力，为乡村振兴提供不竭动力。

二 乡村产业振兴实施路径探索

（一）重实际，盘点资源家底

当下，全国各县域乡村产业振兴探索工作正如火如荼地开展，乡村产业以县域资源为依托，在规划乡村产业振兴实施路径前，首先应对本地的自然资源、产业布局、发展现状、人才资源等的实际情况做出全面盘点，以便做出精准的政策引导与产业布局。

在实际工作开展中，重庆市万州区溪口乡地处长江南岸，海拔在175~1200米，盘点资源后发现本地在枇杷、柑橘、蓝莓等水果种植方面具有天然优势，以"公司+农户"模式，积极发展枇杷、柑橘、蓝莓等水果种植业，并通过完善配套产业链设施、改善乡村环境等举措，实现了良好的经济与生态效益。贵州省黔东南苗族侗族自治州丹寨县依托生态优势大力发展山区生态茶种植，健全茶叶种植、采摘、加工、销售等绿色产业链，茶叶种植面积达12万亩，全县约3.8万人通过茶产业实现增收。①

（二）推执行，搭建政策支持列车

明确区域优势后，制定乡村振兴支持政策，确定政策导向和扶持重点并加以实施，提高群众对助推乡村振兴工作的热情。在实际行动中，可加大高标准农田建设投入力度，对示范项目实行分类分档补助，提高农业生产能力；对农机购置、水产健康养殖等给予一定补助。

以福建省为例，福建省采取财政创新投入与奖补结合的策略，精心策划并建设108个乡村产业振兴示范村。具体而言，首先以每村200万元的标准为示范村提供财政补助，这一举措旨在利用财政资金的杠杆效应，吸引并促进社会资本流向乡村产业及项目建设。同时，倡导示范村发挥示范引领作

---

① 《贵州丹寨：生态茶产业助力乡村振兴》，新华网，2024年4月11日，http：//gz. news. cn/20240411/ef340c61c0c54c7b8134623c598cd194/c. html。

用，携手"弱村"共同前进。为此，示范村每成功带动一个"弱村"实现发展，将获得 30 万元额外奖励。这笔奖励资金将作为项目合作的重要资金来源，确保双方能够在合作中共享发展成果。

（三）深布局，对区域内产业规划深度布局

对区域产业进行深度规划布局，强化县域统筹，因地制宜地推进园区、镇域产业聚集，构建县乡联动、以镇带村、镇村一体化格局。具体应贴合实际发展多样化特色种养，推长板、补短板，在本区域主导产业中积极发展手工业、农产品加工业等乡土产业，如鼓励主产区县域集中发展农产品加工业，倡导在符合条件的地方，围绕乡（镇）核心区域构建产业集群，推动农产品加工与流通企业深入基层，聚焦具备条件的乡（镇）和物流枢纽，强化城市、乡村联结效应，形成以乡镇为加工重心、以村庄为生产基地、农户直接受益的增收模式。

（四）助融合，推进产业融合发展

现代农业产业体系既包括第一产业的农业，也包括第二、第三产业农业相关领域，农村可借助产业间联动积聚效应、技术创新与体制机制改革，推进农村三产融合发展，实现资本、技术等关键要素的跨界集约和优化配置。这一过程会使农业生产、农产品加工、农业生产性服务与生活性服务等各个环节紧密衔接、有机融合，形成农村三次产业紧密融合与协同共进态势。此举不仅有助于农业产业链的延伸与产业覆盖面的拓宽，对农民收入的稳步增长也有促进作用。陕西省农业农村厅曾于 2022 年 12 月向社会发布了 17 条冬季休闲农业和乡村游精品线路，这些线路以"冬农趣 体验别样乡村"为主题，将各地田园景观、农事体验、民俗风情等独特资源串点成线，为广大城乡居民提供信息服务和线路指引。这些精品线路一经发布深受社会好评，也进一步拓展了农业多种功能、发掘了乡村多元价值、优化了乡村休闲旅游产品供给，不断推动农村三次产业深度融合，助力农民拓宽增收渠道。

（五）强品牌，打造区位名片

振兴乡村产业要依托各个地区的特色资源，把乡村资源优势、生态优势、文化优势转化为产业优势，强龙头、补链条、兴业态、树品牌，不断增强市场竞争力和可持续发展能力，打造独特的区位名片。

三　岳普湖县乡村产业振兴探索之路

对于地处边疆偏远地区的岳普湖县来说，受区域资源、地理位置、人文环境、政治环境等多重因素影响，推进乡村振兴迫在眉睫。为使本地百姓拓宽收入渠道，早日实现高品质生活，岳普湖县探索出了一条适合偏远县域走向乡村振兴的道路。

（一）岳普湖县产业现状分析

岳普湖县地处新疆维吾尔自治区喀什地区，下辖4镇5乡。《岳普湖县2023年国民经济和社会发展统计公报》数据显示，该县三次产业结构为3：2：5，农业依然贡献了较多的产业增加值。经实情摸底和资源盘点，岳普湖县将核心优势产业定位于种植、林果、畜牧、良种、农产品加工、旅游，布局孜然、长绒棉及纺织、蔬果干及果汁加工、啤酒精酿、达瓦昆沙漠旅游等多个产业。

（二）统筹盘活县域资源

纵览岳普湖县产业现状，优势资源匮乏，水资源尚不充裕，县城现有国企资源分散，且存在资源闲置状况，如果不开展整体规划，仅依靠已有国企及本地龙头民企自身资源的缓慢积累和发展，难以为整个区域经济的发展质效提升提供强大支撑。而通过政府统筹布局，予以政策支持及引导，可以在较短时间内实现生产集中和规模化经营。同时，可集合优势资产、不良资产，提升企业的整体融资、运营、管理能力，以此为突破口带动区域经济的快速发展。

基于此，岳普湖县委、县政府精心研究制定《岳普湖县国有企业改革方案》和《岳普湖县深化国有企业改革推动高质量发展三年行动方案》，结合产业定位，通过对本地国有企业优化重组的方式，统一调配资源形成合力，计划优先造就一批本地国有龙头企业，以带动区域产业集群的发展，其中就包括盘点全县所有企业与可利用资源，注销僵化企业，重新整合组建岳普湖县农业水利投资发展集团有限公司（以下简称"农水投公司"），规划产业园区，推进国企民企合作混改，进行产业布局等多项举措，切实推进岳普湖县乡村产业振兴进程。

以农水投公司为例，县政府统一调度划转超 20 亿元经营性资产，同时将 80 万亩国有农用地经营权流转至公司，预计每年可收取土地承包费 4.25 亿元。农水投公司依托优良的信用等级顺利申请当地农商行融资贷款，通过急需紧缺人才招聘，引进 11 名专业人才，整合现有的人、财、物优势资源，统筹推进岳普湖县乡村产业振兴工作。

（三）推进县域产业融合发展

岳普湖县整体产业较为单一，为拓宽营收渠道，需加速三次产业融合发展。具体举措包括与新疆远大绿色农业发展有限公司合作混改，共同投资建设孜然产业园，以推动孜然良种培育、种植、农机收割、加工、销售等全产业链强链工作；与新疆金丰源种业有限公司合作混改，共同投入资金建设种子加工厂，为全县农业产业发展提供种质资源保障；与山东工大智能装备有限公司合作混改，共同投资建设果汁、精酿啤酒加工厂，推进农产品加工；与新疆启丰良品食品科技有限公司合作混改，共同投资建设林果加工厂，提高县域林果产品就地精深加工能力和水平；与新疆果果家果品连锁有限公司合作混改，共同投资建设林果种植基地，依托企业林果管理技术、市场销售渠道解决果蔬销售问题；扶持本地纺织园区企业发展，促进长绒棉农产品加工业的产业融合等。

此外，岳普湖县围绕鹏岳农业生态园，采取"旅游+"模式打造"城市

中的农业公园"，建成集科技示范、旅游观光、果蔬采摘、文化展示等于一体的开放式旅游综合体，以农业示范和生态观光为核心，不断推进产业融合发展。

（四）充分发挥区域特色

振兴乡村产业的核心在于提升竞争力，而提升竞争力的核心在于打造区域不可替代的"特色"。岳普湖独特的沙漠异域风情已然具备区域特色优势，但岳普湖尚未打造区位名片。对此，岳普湖县政府通过各项举措打造区域特色形象，包括积极委托中国检验认证集团开展岳普湖县孜然地方标准和国家地理标志农产品及地理标志保护商标注册；整合现有农业产业资源，基于市场需求，通过供给侧端不断改革提升产品品质，促进商誉增值；统一全县农产品品牌、包装、销售渠道，打响岳普湖县农产品品牌；围绕畜牧产业，依托活畜交易市场，搭建线上交易平台，推动活畜交易市场运行规范化、市场化、区域品牌化；成立达瓦昆旅游集团公司，通过达瓦昆沙漠风光的旅游媒介，助力讲好岳普湖特色故事；等等。

（五）积极探索与创新

岳普湖县以 4 个条件较为成熟的村级股份经济合作社为试点，探索"国有企业+合作社+农户"模式，将村级资产折股量化至集团子公司，由国有企业为平台提供技术、资金及订单，助推乡村产业振兴，激发新型经营主体发展潜力。

此外，在科技创新方面，岳普湖县投入大量人力、物力、财力，如与新疆农业科学院开展岳普湖县孜然标准体系研发；建立 570 亩孜然示范田，采取"孜然+"模式，开展良种培育等技术研发；研发孜然收获机；与中国农科院、地区科技局、喀什大学现代农学院合作，建立 1100 亩棉花及牧草高产试验站；建设孜然研究院实验室、科技创新成果展示大厅及办公大楼；聘请石河子大学教授为专项专家，合作开发农业大数据平台，将全县水利、林业、草原、高标准农田、耕地等信息接入系统，实现全县农业数据信息一张图；等等。

四 乡村产业振兴的常见问题及建议

（一）应对市场风险能力弱

县域产业结构往往较为单一，对于岳普湖县来说，产业增收依赖传统农业或资源型产业，而农业产业链过短，缺乏多样化和高附加值的产业，农户分散且与消费者、市场的链接能力偏弱，因此岳普湖乡村经济容易受到市场波动的影响，应对外部风险和挑战的能力较弱。

一方面可以通过多元化发展的路径，由县域整体规划，推动各产业融合，向主产业链前后延伸，形成新产业，既可以通过整合县域资源实现降本增效，又可以拓宽营收渠道。另一方面，可以在乡镇地区统筹规划交易市场，让买卖市场形成闭环，帮助农户降低交易成本，增强溢出效应。

（二）创新原动力不足

县域乡村由于资源受限，普遍缺乏高新技术与高科技产业，给乡村产业升级和转型带来不小的压力。

因此，需要注重加强区域优势技术共享，加强农村地区科技创新和技术转移。首先，可以利用政府政策优势，吸引市场中优质企业和创业团队助力乡村振兴，通过优质企业提供帮扶或寻求合作，引入新设备和新理念，从而打开销售渠道。其次，可以通过多种途径帮助农民提升运用现代化信息技术的能力，协助有条件的农民掌握线上开展销售和宣传的数字技术，帮助他们运用现代化信息技术实现增收。最后，充分利用国家给予的优惠政策和资金扶持，增强自主创新的内生动力，为乡村产业振兴提供强劲的后援保障。

（三）人才短缺

县域经济发展相对滞后，产业配套不完善，导致专业化、技术型人才外流，而本地人才储备不足一定程度上影响县域发展潜力，形成恶性循环。

县域要更加注重引进合适的外部人才和加大内部人才培养力度，设置合理的人才成长和晋升通道，完善各项激励机制，在管理和服务方面给予人才更多的容错空间，让优质创新人才在乡村振兴工作中脱颖而出，更好地吸引和留住人才。

（四）营销和品牌建设不足

当下许多县域产业虽然生产能力较强，但在营销和品牌建设方面缺乏有效的策略，造成好酒埋于深巷、优品缺失市场的窘境。

在宣传方面，县域可以利用自媒体优势，跟进各项市场营销活动，加强区位名片打造和推广；在产品质量方面，可以加强产品质量认证和生产体系管理，引导企业树立品牌形象，打造良好的商业信誉；在渠道方面，引导乡村充分利用线上线下的营销、宣传方式，将品牌建设与现代化信息技术紧密结合，依靠网络媒体力量大力推广自主品牌；在推介方面，积极组织或参加推介会、交流会，引导本地企业与大企业建立战略合作伙伴关系，进一步增强自主品牌的市场影响力和竞争力。

（五）融资难

县域产业由于规模和资源限制，普遍面临融资难的问题，这直接限制了产业发展的速度和规模。

第一，可以考虑拓宽融资渠道，如区县政府、金融机构和社会资本共同参与乡村产业的融资。第二，可以采用国企改革、国企民企混改等方式增强企业对优质资产的经营管理实力，提升企业信用评级及融资能力。第三，可以通过政策引导创建信用体系，构建良好的融资环境，提升居民信用意识，以帮助区域居民或企业解决融资难题。

（六）供应链和物流不畅

县域产业尤其是像新疆这样的偏远地区的产业，由于交通物流成本较高，往往供应链不畅，影响本地产品的流通和市场扩大，很大程度上限制了乡村产业发展。此外，乡村冷链运输相关配套设施不完善，导致农户交易成本偏高，效益偏低。

为节约成本，县域可以尝试在乡镇地区试点物流基地，如加强乡镇交易市场统筹规划，实现交易、运输、冷链一体化发展。此外，还可以考虑拓展飞地合作模式，提高物流转运效率和交易效率，促进乡村产业的发展和对外贸易的扩大。

B.17
六大转型战略引领　打造"经营性城投"

——以义乌城投集团为例

吴中强[*]

摘　要： 城投平台作为我国现行经济和政治体制下的国有资本市场化运作平台，在推动城市建设、弥补财政缺口、提供就业等方面发挥了不可替代的作用。义乌城投作为义乌市地方政府国企平台，是城投平台的代表。随着中国经济结构重塑和城镇化速度放缓，城投平台面临债务负担重、资金缺口大、造血能力差等问题，承担着巨大的转型压力。本文通过对义乌城投的改革成效进行介绍，在总结其改革发展经验基础上，提出了当前国企改革转型的思路与举措。

关键词： 十大板块　经营性城投　义乌城投

一　集团概况

义乌市城市投资建设集团有限公司（以下简称"义乌城投"或"集团"）成立于 2014 年 2 月，注册资本 5.21 亿元，是义乌市重要的城市基础设施建设主体，在城市基础设施建设、应对突发事件、促进地方经济发展等方面发挥了举足轻重的作用。

截至 2023 年 12 月 31 日，义乌城投总资产为 408.59 亿元，主体信用等级为 AA+级。目前集团内设 7 个职能部门，下属义乌市城市建设发展有限

---

* 吴中强，义乌市城市投资建设集团有限公司党委书记、董事长。

公司、义乌市社会事业工程管理有限公司、义乌市中福置业有限公司、义乌市城市投资旅游开发有限公司、义乌市市政园林养护有限公司、义乌市供应链管理有限公司、义乌市植物园运营管理有限公司、浙江汉宇设计有限公司等9家全资子公司，15家下属参股公司。

根据义乌市委、市政府赋予的城市建设主力军和智慧城市运营商的定位，义乌城投主要负责市政道路、桥梁隧道、园林等基础设施建设和民教文卫体等公共设施项目建设，以及城市资源经营管理、文旅研学服务、市政园林养护、城市养老服务、基础能源保障、国有资产管理、政策性房产开发、供应链体系服务等业务。

义乌城投秉持"实干为先"的理念，肩负"让城市更美好"的初心使命，立足城市建设主力军和智慧城市运营商的职能定位，充分弘扬"四心"企业精神，坚定实施"大建设、大管家、大品牌"的战略，助力城市繁荣发展。成立以来，先后实施新建、续建项目870多个，布点义乌市14个镇街，陆续建成一批社会认可、百姓满意的精品工程。

在投身城市发展的进程中，义乌城投以"服务市委、市政府中心工作，坚持走市场化道路"为原则，以"两个效益最大化"为目标，以"项目+改革"为主线，以六大转型战略为引领，加快自身转型升级，不断增强企业综合实力，向实现高质量高水平发展的"经营性城投"目标迈进。

二　业务发展

2024年是义乌城投成立十周年，十年弹指一挥间，集团搭着新时代的高速列车，历经非凡十年，取得耀眼成就，为义乌高质量高水平建成世界小商品之都做出突出贡献。

尤其自实施国企改革三年行动以来，义乌城投遵循平台型国企自身发展规律，以浙江"三个一号工程"为引领，紧紧围绕城市建设主力军和智慧城市运营商两大定位，努力实现经济效益和社会效益两个最大化的目标，推动"13610"企业发展战略实施，坚持紧盯"再造一个经营性

城投"发展目标，强化"党建强心、文化铸魂、安全为底"三大保障基石，谋划六大转型战略方向，着力做强十大板块，推动义乌城投高质量发展，努力实现集团现代化，全面增强核心竞争力、社会影响力，从全维度发力、多角度推动，打造"建设性城投"典范，再造"经营性城投"辉煌。

（一）建筑板块

在为城为民托底基建保障的同时，义乌城投建筑板块抓好人才队伍建设，输出"精品工程""放心工程"代建品牌，拓展代建业务，并从"政府代建"向"市场代建"转型。主动摒弃传统"工程承包商"思维，在综合管廊运维、商混贸易等业务不断丰富的同时，坚持运用市场思维，依托多项甲级资质、行业领先优势，以项目投资、建设、运营全生命周期理念，拓展项目策划与可研、规划与工程设计、监理、项目管理与运维以及项目全过程咨询管理等服务，逐步构建完整建筑产业链体系。

（二）出行板块

拥抱数字化，创新智慧停车管理模式，建设投用智慧停车平台，以"全市停车一盘棋"思路归集全市停车泊位数据，努力形成数智赋能和精准高效的经营模式，增加停车泊位和充电桩供给。通过打造"义城通"一体化平台，整合智慧停车、全域旅游、能源支付等业务模块，实现数实融合，推动群众生活、业务转型共同提档升级。推出"信用+停车场"及教师、军人等停车优惠服务，助推信用城市建设，实现义乌信用停车场景全覆盖，实现年均停车优惠 22 万次、惠民金额达 17 万元。此外，义乌城投还积极推进公共自行车改革，按照"拆改结合、服务转型"的运营思路，优化市域公共自行车站点资源，淘汰一批利用率低的站点，利用现有站点区位优势改造一批便民服务站等，实现功能提档升级，助力自行车升级，谋划步入网约车领域，逐步形成功能完善、布局合理、运行高效的经营格局。

（三）能源板块

积极构建并完成"1+18+X"液化气产供销一体化新格局，实现标准化站点全市覆盖，标准化建设成果已向全国推广。以完善各级液化气站点联动管理机制为着力点，持续优化智慧燃气平台，构建标准规范、严查严管的经营管理体系，推动标准化管理示范标杆向省一流转变。其他能源业务也在逐步扩大，除了运营义乌首座大型新能源综合服务供能站，还以宗泽路加油站为点，推行"加油+充电"综合功能模式，与集团"义城通"平台衔接联动，打造"智慧加油"模块；与镇街对接铺开加油站点布局，积极推进成品油批发业务。目前义乌城投还在拓展光伏、植物废弃物资源化利用等新能源业务，以进一步提高充电桩等现有业务市场占有率。

（四）广告板块

围绕"城市大管家"的角色定位，以"巩固+拓展"为出发点，围绕"广告整改、设施升级、分布优化"三大工作核心扎实推动户外广告设施提档升级，不断促进城市环境品质提升。在出色完成公益广告发布任务的同时，积极与各镇街对接，梳理挖掘潜在资源，拓展活动策划和物料制作等广告资源，并不断丰富广告传播和投放载体。同时，不断开启广告经营新模式，加快培育广告公司，研究制定科学的具有行业特点的经营战略，探索建立广告自主经营和相关报价体系，依托现有资源支撑，积极参与市场竞争，持续提升品牌影响力。

（五）文旅体板块

坚持"项目为王、实干为先"理念，统筹市域旅游资源，与镇街签署战略合作协议，推动旅游资源和产品数字化建设。以市级文体一盘棋的思路，投建运营镇街文体中心，助推文体产业更上一层楼，并建设运营镇街养老服务中心，填补本地养老服务空白。统筹市域研学教育，进一步完善研学体系，以"小研学"撬动"大旅游"，2023年开展研学活动52场，师生体

验超 2 万人次。做优景区运营，如承接十岁成长礼、七夕游园市集、"11.11"百人相亲会、书画展等大型活动，参与人数超 6000 人次。此外，先后引入浙江稠州男女篮 CBA/WCBA 联赛主场比赛、"莱恩格瑞之夜·义乌群星演唱会"、"与你相遇"群星演唱会等大型文体活动，极大地丰富义乌市文化娱乐生活，提升市民幸福感、获得感，后续利用梅湖体育中心与植物园等优质场地，根据季节特点和市场需求不定期举办大型群体性文体娱活动。

（六）商业板块

围绕中福广场 CBD 写字楼、"心潮里"地下商业街等自营项目招引，对准提升文旅商融合发展质量，线上线下相结合，做强做优做大"城投兔兔"等销售业务，引入故宫文创等一大批优质企业落户义乌。充分发挥植物园区位优势，以"人文生态相结合、科普观光为一体"为经营理念，进行运营提升策划与业态布局规划，重新明确功能定位，培植优质运营项目，实现业态升级，如打造了义乌市占地最大、设施最完备、业态最丰富的城市营地——森活露营基地，把握重大节日节点，成功举办义乌首个大型文旅市集、首届宋韵水上婚礼、首个巨型稻草人王国艺术节、首个大型户外草坪音乐节、首届丝路文化节、植物园首届樱花节，栽培种植的向日葵带领义乌植物园首次入选"浙江农业之最"，并创下 3 项新纪录。

（七）养护板块

一方面，聚焦养护主责主业，持续深耕地方市场，加强既有项目履约保障和养护品质管理，做好"一体化养护"精品示范，以"一项目一方案"拓展物业式养护，全面推广"多位一体"管养模式，全力推进城市设施养护精细化、标准化、智慧化，擦亮"城投养护"金字招牌。另一方面，积极探索市外业务拓展，主动参与周边市区县养护项目投标，上下游延展施工板块、苗圃基地、地下空间管养等产业集群，在市场化转型道路上迈出新步伐。此外，结合数字养护平台打造，建立数字评价指标体系，保障养护工作的全面性和及时性，助推企业提质升级。2023年，义乌市市政园林养护有限公司全年新增养护面积326万平方米，承接市政园林养护业务2618万平方米，实现营业收入12176万元，创下历史新高，同比增长29%，核心经营指标连续四年保持稳定增长。

（八）房产板块

为拓宽市场化业务领域，延伸建筑、基建等业务产业链，坚持"高举高打"，持续打造义乌市高端住宅品牌，从建筑规划到户型设计，全面贯彻打造地标的理念和品质内核，先后打造了"城投·亭上城品""城投·紫金城品"等多个"城品系"高端作品。在做好房地产项目施工建设基础工作的同时，积极拓展房地产营销思路，激活房地产开发潜力。一方面，优化营销策略，借助"义城通"平台开通全民经纪人荐客渠道，用好优惠政策、全民营销及开通渠道房地产销售，有效提升去化率；另一方面，以优质的营商环境为基础，招引餐饮企业打造网红热点，让每一平方米都有收益，助推金融商务区繁荣发展。

（九）供应板块

义乌市供应链管理有限公司联动集团相关业务板块，打造全覆盖建材供应平台，在商混、钢材、铜材、成品油、电缆等品类基础上不断拓展更多品类，2023年实现营收13亿元，利润过千万元。同时，通过公开招选、优中选优，建立健全供应商库，完善多品类购销平台，打造供应链一站式采购平台，争取品类全覆盖。此外，通过经营加油站、建筑垃圾资源化利用等，推进重点产业供应贸易链条体系建设，打造上下游有效串接的联动网络。

（十）资产板块

遵循每一平方米都产生效益的经营理念，多措并举盘活集团闲置资产，

并将数字化经营理念始终贯彻到资产管理领域，充分重视通过数字引擎盘活资产，不断完善集团数字资产管理系统，将自持资产信息数字化、可视化，实现资产清核、台账数据、财务数据与实物管理的数据共享，在提供出租、维护、保养等物业服务的同时，进一步盘活存量资产，充分挖掘部分资产运营潜力，合理配置和高效利用国有资产，实现国有资产的价值重塑和保值增值。

三　经验借鉴

（一）推动业务转型，从"建设型城投"向"经营性城投"转型

义乌城投以城市基建类业务为基础，结合政策导向，积极推动业务市场化、产业化转型。通过学习全国先进城投经验，结合集团自身资源禀赋，围绕产业链延伸，主动转变经营模式，打造高效专业商管团队，布局多元化赛道，推进自有资产开发管理，逐步向外拓展商业运营业务，丰富业务条线，优化产业布局，推动产业化转型，并加强业务联系，形成内循环，提升效益，实现"投资建设"和"业务经营"双轮驱动，推动再造一个"经营性城投"。

（二）引导重心转移，从"做强集团"向"做强子公司"转移

为破解企业发展融资难题，义乌城投重新布局子公司发展战略，为子公司注入优质资产，强健各子公司连续盈利的能力，推进子公司集团化发展。谋划以产业特点、功能定位、盈利能力等发展指标为基础，优化集团组织架构，打造适应市场、机制灵活的"1+X+Y"架构，即"1家母公司+X家把握核心产业的二级公司+Y家业务精准突出的三级公司"，积极向上争取政策支持，加快推动子公司上市步伐，将多家子公司做实做大做强，改变原产业规模小、业务分工散、经济效益弱的结构布局。同时借助子公司平台，拓宽融资渠道，进一步实现投融资良性循环。

（三）探索模式转变，从做"政府代建"向做"自营项目"转变

长期以来，义乌城投大力参与义乌市开发建设，承揽大量建设任务，建成大批优质工程。为转变发展方式，改变原有的政府性项目承接模式，积极谋划布局新赛道，逐步将原代建项目转化为通过市场化方式自主拿地、融资建设、管理运营的经营性项目，通过加强项目的包装策划，由过去的"建+管"转变为"投+建+运+管+养"模式，做自己的项目，切实做到有投资、有资产、有营收。通过科学谋划，有效分散投资风险，增加营收回报，实现项目自平衡、自造血、自生长的可持续模式。

（四）谋划目标转档，从"经营义乌"向"走出义乌"转档

为进一步拓宽义乌城投业务发展布局，提高市场竞争力，集团多个业务板块主动参加周边县市项目投标，向外拓展业务，依托深耕细作项目建设、信用停车、智慧燃气、城市养护等业务经验，在周边县市打响义乌城投品牌知名度和美誉度，加快提高"走出去"实效和质量，助力集团实现高质量实体化市场化转型发展。如与浦江城投合作谱写义浦同城新篇章，推动业务优势互补，实现"走出去"战略在浦江落地。整合规划设计、代建施工等优势主业，布局上海汉宇、杭州汉宇等工作站点，构建跨区域一体化运管机制，打造互利共赢的跨区域产业链共同体。

（五）把稳方式转向，从"传统经营"向"数字化经营"方式转向

当今世界，数字经济已经进入加速创新、引领发展的新阶段，为把握新一轮发展的主动权，义乌城投大力发展数字化创新，整合集团范围内的数字化建设内容，完善"一号发展工程"实施方案，为企业的智能化转型提供明确有效的路线图。如打造"义城通"区域一体化生活综合服务平台，在满足公共服务需要的同时，为自身业务经营拓展新可能；推动智能经济新业态发展，深入推广数字化应用，建设义乌城投数字化管理中心，加速新型城市运营数字化项目的开发建设，实现国家高新技术企业认定。

（六）做实管理转轨，从"常规常态"向"机制创新"转轨

为激活企业内生动力，打破原有人力资源管理模式，义乌城投以机构改革为牵引，依托"城投学苑"系统谋划年度培训，积极推进人才培育标准体系建设，引导干部担当作为、干事创业，并积极探索薪酬激励、超额利润分享、干部退出等机制改革，实现干部能上能下，推进干部队伍新陈代谢，充分发挥激励约束作用。同时，开展员工"双合同"管理，实现人岗匹配。推进"双通道、岗位任职资格、职级晋升评审"体系建设试点，打破职业晋升单一通道，以此来吸引和盘活专业人才队伍。

在高质量发展阶段，城投公司发展机遇与挑战并存。放缓的城市进程、弱化的政府背书、趋严的政策管控使城投公司转型日益迫切。但与此同时，国家发展战略定位、"双循环"新发展格局、国资国企改革的持续深化让城投公司站在时代新的转折点，迎接未来巨大的发展机遇。

城投公司作为地方政府投融资平台具有特殊性，改革面临诸多问题，转型不可能一蹴而就，需要企业自上而下形成合力，统筹推进，持续用力，紧盯目标，精准发力，打造区域一流的城市综合运营服务商。总的来说，城投公司自身要通过梳理存量资产减轻负债压力，拓展新兴业务，优化产业布局，围绕主责主业逐步实践，加快提升业务运营与服务能力，进一步增强竞争力、创新力、控制力、影响力和抗风险能力。同时，城投公司的改革转型也离不开地方政府支持、引导、促进，应通过双向发力，构建地方政企合作的"命运共同体"。

附录一
2023年度城投行业政策汇编

序号	日期	标题	文号	内容简介
1	2022年12月6日	《国家发展改革委 住房和城乡建设部关于加快补齐县级地区生活垃圾焚烧处理设施短板弱项的实施方案的通知》	发改环资〔2022〕1863号	根据垃圾焚烧设施的规模、周边用热条件合理确定生活垃圾焚烧余热利用方式，具备发电上网条件的优先发电上网，不具备发电上网条件的，加强与已布局的工业园区供热、市政供暖、农业用热等衔接联动，丰富余热利用途径，降低设施运营成本
2	2023年1月28日	《国家发展改革委印发指导意见 推动大型易地扶贫搬迁安置区融入新型城镇化实现高质量发展》	—	分类引导大型安置区融入新型城镇化，推动安置区与所在城镇一体化建设发展，推进产业园区安置区产城融合发展，促进农村安置区城乡融合发展。要强化资金保障，按照"钱随人走"的原则，通过农业转移人口市民化奖励机制，对吸纳搬迁人口落户多的地区给予财政支持
3	2023年2月6日	《国家乡村振兴局关于落实党中央国务院2023年全面推进乡村振兴重点工作部署的实施意见》	国乡振发〔2023〕1号	加大中央财政衔接资金支持产业发展力度，逐步提高用于产业发展的比重，2023年以省为单位力争达到60%，重点支持产业基础设施建设和全产业链开发。指导脱贫地区强化规划引领，坚持一张好的蓝图绘到底，依托农业农村特色资源，做好"土特产"文章，因地制宜培育特色优势主导产业

续表

序号	日期	标题	文号	内容简介
4	2023年2月9日	《关于做好2023年中央企业投资管理进一步扩大有效投资有关事项》	—	要求企业进一步聚焦主责主业、发展实体经济,提高有效投资质量,提振全社会经济发展信心,推动一季度实现开门红。聚焦国家重大项目、基础设施建设、产业链强链补链等重点领域,推动企业在培育壮大战略性新兴产业、推进传统产业改造升级、强化能源资源安全保障,形成"科技—产业—金融"良性循环等方面加大投资力度,布局实施一批补短板、强功能、利长远、惠民生的重大项目
5	2023年2月10日	《关于开展租赁住房贷款支持计划试点有关事宜的通知》	—	引导金融机构在自主决策、自担风险的前提下,向重庆、济南、郑州、长春、成都、福州、青岛、天津8个试点城市的专业化住房租赁经营主体发放长期限租赁住房购房贷款,以支持收购存量住房用作保障性租赁住房
6	2023年2月14日	《中国银保监会办公厅关于印发银行业保险业贯彻落实〈国务院关于支持山东深化新旧动能转换推动绿色低碳高质量发展的意见〉实施意见的通知》	银保监办发〔2023〕11号	指导银行机构完善大型企业债务融资监测预警机制,提前制定接续融资和债务重组预案,积极配合地方推进重点企业风险化解及遗留问题解决,确保重点企业风险和担保圈风险一体化处置。坚持"房住不炒"定位,落实"金融十六条"措施,"因城施策"实施差别化信贷政策,推动房地产业向新发展模式平稳过渡。积极配合化解地方政府债务风险
7	2023年2月17日	《中国银保监会办公厅关于进一步做好联合授信试点工作的通知》	银保监办发〔2023〕12号	充分发挥联合授信机制优化金融资源配置、提高资金使用效率的重要作用,切实处理好服务实体经济与防控金融风险的关系,中国银行业协会和各地方银行业协会若发现企业恶意逃废金融债务行为,应当及时启动风险预警机制,将有关信息通报成员单位,通知成员单位及时采取措施保全资产
8	2023年2月17日	《非上市公众公司重大资产重组管理办法》	证监会令〔第213号〕	全国股转系统应当对公众公司涉及重大资产重组的股票暂停与恢复转让、防范内幕交易等做出制度安排;加强对公众公司重大资产重组期间股票转让的实时监管,建立相应的市场核查机制,并在后续阶段对股票转让情况进行持续监管

序号	日期	标题	文号	内容简介
9	2023年2月21日	《水利部办公厅关于印发2023年水利乡村振兴工作要点的通知》	办振兴〔2023〕40号	将符合条件的水利工程建设项目纳入地方政府专项债券支持范围，通过金融信贷、水利基础设施和社会资本合作（PPP）模式、水利基础设施投资信托资金（REITs）试点等方式，多渠道筹措工程建设资金
10	2023年2月25日	《关于做好2023年中央企业内部控制体系建设与监督工作有关事项的通知》	国资厅监督〔2023〕8号	结合国资监管信息化建设要求，以司库体系建设为契机，加大内控信息化建设力度，及时将内控要求嵌入各类业务信息系统，提高系统自动识别并终止超越权限、逾越程序等违规行为的能力。积极探索利用人工智能、大数据等信息技术手段，实现经营管理决策和执行全程控制、自动预警、跟踪评价等在线监管功能，推动内控体系由"人防人控"向"技防技控"转变
11	2023年2月27日	《中共中央 国务院印发〈数字中国建设整体布局规划〉》	—	数字中国建设按照"2522"的整体框架进行布局，即夯实数字基础设施和数据资源体系"两大基础"，推进数字技术与经济、政治、文化、社会、生态文明建设"五位一体"深度融合，强化数字技术创新体系和数字安全屏障"两大能力"，优化数字化发展国内国际"两个环境"
12	2023年2月28日	《关于印发创建世界一流示范企业和专精特新示范企业名单的通知》	国资厅发改革〔2023〕4号	聚焦促进企业提高核心竞争力和增强核心功能，努力打造一批产品卓越、品牌卓著、创新领先、治理现代的世界一流企业和专业突出、创新驱动、管理精益、特色明显的世界一流专精特新企业
13	2023年3月24日	《国家发展改革委关于规范高效做好基础设施领域不动产投资信托基金（REITs）项目申报推荐工作的通知》	发改投资〔2023〕236号	基础设施REITs净回收资金（指扣除用于偿还相关债务、缴纳税费、按规则参与战略配售等资金后的回收资金）应主要用于在建项目、前期工作成熟的新项目（含新建项目、改扩建项目），其中，不超过30%的净回收资金可用于盘活存量资产项目，不超过10%的净回收资金可用于已上市基础设施项目的小股东退出或补充发起人（原始权益人）流动资金等

续表

序号	日期	标题	文号	内容简介
14	2023 年 4 月 6 日	《中国银保监会办公厅关于银行业保险业做好 2023 年全面推进乡村振兴重点工作的通知》	银保监办发〔2023〕35 号	深入推动涉农信用信息平台标准化规范化建设，加强农村金融与乡村治理深度融合，提高涉农信用信息的授信转化率。推动完善农村产权流转市场体系。更好发挥政府性融资担保在信息、渠道和增信方面的优势作用。推动有条件的地方政府建立健全涉农金融风险补偿机制
15	2023 年 4 月 13 日	《中央网信办等五部门印发〈2023 年数字乡村发展工作要点〉》	—	研究制定金融支持数字乡村发展相关政策，加大金融服务对乡村数字基础设施、智慧农业、乡村新业态等领域和新型农业经营主体的信贷、融资保障。继续稳慎推进农村宅基地制度改革试点，指导试点地区加快完成宅基地基础信息调查工作
16	2023 年 4 月 17 日	《关于做好 2023 年中央企业违规经营投资责任追究工作的通知》	国资厅发监责〔2023〕10 号	对照国企改革三年行动有关责任追究工作的任务目标和考核要求，结合国企改革深化提升行动，从组织体系、制度体系和工作机制等方面进行全面自查，补齐短板、强化弱项，持续夯实工作体系建设成果。对新设立的中央企业或新投资并购的子企业，要同步明确责任追究职责主体，建立工作制度机制，确保工作体系有效覆盖
17	2023 年 4 月 26 日	《关于印发〈中央企业债券发行管理办法〉的通知》	国资发产权规〔2023〕34 号	严格执行国家金融监管政策，按照融资协议约定的用途使用资金，突出主业、聚焦实业，严禁过度融资形成资金无效淤积，严禁资金空转、脱实向虚，严禁挪用资金、违规套利
18	2023 年 4 月 27 日	《关于开展对标世界一流企业价值创造行动的通知》	国资发改革〔2022〕79 号	质量第一、效益优先是企业价值创造的本质要求。要以利润总额、净利润、资产负债率、净资产收益率、全员劳动生产率、经济增加值率、研发经费投入强度、营业现金比率等核心指标为基础，结合行业企业实际，打造科学全面的高质量发展指标体系，并深入分析影响指标水平的驱动因素，采取有力有效措施，确保核心指标持续优化

续表

序号	日期	标题	文号	内容简介
19	2023年6月23日	《国有企业参股管理暂行办法》	国资发改革规〔2023〕41号	除战略性持有或培育期的参股股权，国有企业应当退出5年以上未分红、长期亏损、非持续经营的低效无效参股股权，退出与国有企业职责定位严重不符且不具备竞争优势、风险较大、经营情况难以掌握的参股投资
20	2023年7月5日	《住房城乡建设部关于扎实有序推进城市更新工作的通知》	建科〔2023〕30号	加强存量资源统筹利用，鼓励土地用途兼容、建筑功能混合，探索"主导功能、混合用地、大类为主、负面清单"更为灵活的存量用地利用方式和支持政策，建立房屋全生命周期安全管理长效机制。鼓励企业依法合规盘活闲置低效存量资产，支持社会力量参与，探索运营前置和全流程一体化推进
21	2023年7月10日	《中国人民银行 国家金融监督管理总局关于延长金融支持房地产市场平稳健康发展有关政策期限的通知》	—	在保证债权安全的前提下，鼓励金融机构与房地产企业基于商业性原则自主协商，积极通过存量贷款展期、调整还款安排等方式予以支持，促进项目完工交付。2024年12月31日前到期的，可以允许超出原规定多展期1年，可不调整贷款分类，报送征信系统的贷款分类与之保持一致。
22	2023年7月14日	《关于积极稳步推进超大特大城市"平急两用"公共基础设施建设的指导意见》	国办发〔2023〕24号	2023年7月14日，国务院常务会议审议通过《关于积极稳步推进超大特大城市"平急两用"公共基础设施建设的指导意见》。坚持问题导向和目标导向，解决好"建多少、在哪建、怎么建、用什么地、如何配套、如何管理"等问题。要注重统筹新建增量与盘活存量，积极盘活城市低效和闲置资源，依法依规、因地制宜、按需新建相关设施
23	2023年7月17日	《关于进一步做好乡村振兴票据有关工作的通知》	中市协发〔2023〕124号	鼓励主承销商等金融机构加大对国家乡村振兴重点帮扶县支持力度，促进金融资源适度向国家乡村振兴重点帮扶县倾斜，做好扶贫票据等产品合理接续，确保支持政策不断档。持续提高专业服务和尽职调查水平，提升乡村振兴票据信息披露质量，确保募集资金所投项目具备商业可持续性，严禁新增政府隐性债务

续表

序号	日期	标题	文号	内容简介
24	2023年7月18日	《住房城乡建设部等部门印发〈关于扎实推进2023年城镇老旧小区改造工作的通知〉》	建办城〔2023〕26号	各省级住房和城乡建设部门要会同发展改革、财政等有关部门指导市、县通过划分水电气热信等管线设施改造中政府与管线单位出资责任、吸引社会力量出资参与、争取信贷支持、加快地方政府专项债券发行使用、动员居民出资等渠道,强化城镇老旧小区改造资金保障
25	2023年7月20日	《住房城乡建设部办公厅等关于印发完整社区建设试点名单的通知》	建办科〔2023〕28号	摸清设施配套、环境建设、服务治理等问题短板,分清轻重缓急,制定完整社区建设项目清单,补齐养老、托育、健身、停车、充电、便利店、早餐店、菜市场、"小修小补"点等设施短板,推进社区适老化、适儿化改造,推动家政进社区,完善社区嵌入式服务,提高社区治理数字化、智能化水平
26	2023年7月21日	《关于在超大特大城市积极稳步推进城中村改造的指导意见》	—	2023年7月21日,国务院常务会议审议通过《关于在超大特大城市积极稳步推进城中村改造的指导意见》,进一步细化了具体工作要求。要从实际出发,采取拆除新建、整治提升、拆整结合等不同方式分类改造。实行改造资金和规划指标全市统筹、土地资源区域统筹,促进资金综合平衡、动态平衡。必须实行净地出让
27	2023年7月29日	《农业农村部 国家标准化管理委员会 住房和城乡建设部关于印发〈乡村振兴标准化行动方案〉的通知》	农质发〔2023〕5号	强化促进农产品减损增效、转化利用的技术、产品、检测和服务标准研制,构建与农产品加工和上下游产业相适应的标准体系。围绕三次产业融合发展,开展休闲农业及乡村旅游服务管理类指南和标准研制
28	2023年8月1日	《关于印发〈企业数据资源相关会计处理暂行规定〉的通知》	财会〔2023〕11号	企业通过外购方式取得确认为无形资产的数据资源,其成本包括购买价款、相关税费,直接归属于使该项无形资产达到预定用途所发生的数据脱敏、清洗、标注、整合、分析、可视化等加工过程所发生的有关支出,以及数据权属鉴证、质量评估、登记结算、安全管理等费用

序号	日期	标题	文号	内容简介
29	2023年8月25日	《关于规划建设保障性住房的指导意见》	国发〔2023〕14号	2023年8月25日,国务院常务会议审议通过《关于规划建设保障性住房的指导意见》。坚持规划先行、谋定后动,扎实做好前期工作、严格项目管理和成本控制,综合考虑市场形势,合理把握建设节奏。要建立公平公正的配售机制,加强监督审计,重点针对住房有困难且收入不高的工薪收入群体及政府引进人才,按保本微利原则配售。保障性住房要实施严格封闭管理,不得上市交易
30	2023年9月5日	《自然资源部关于开展低效用地再开发试点工作的通知》	自然资发〔2023〕171号	优化保障性住房用地规划选址,增加保障性住房用地供应,探索城中村改造地块除安置房外的住宅用地及其建筑规模按一定比例建设保障性住房,探索利用集体建设用地建设保障性租赁住房。鼓励利用存量房产等空间资源发展国家支持产业和行业,允许以5年为限,享受不改变用地主体和规划条件的过渡期支持政策
31	2023年9月9日	《交通运输部关于推进公路数字化转型加快智慧公路建设发展的意见》	交公路发〔2023〕131号	鼓励重大公路项目建设单位加强项目全过程数字化应用论证策划,以计量支付为核心功能,构建可实现设计、施工、项目管理数据传递的一套全生命期模型。鼓励采用设计施工总承包方式促进数据流通
32	2023年10月24日	《住房城乡建设部办公厅关于开展工程建设项目全生命周期数字化管理改革试点工作的通知》	建办厅函〔2023〕291号	按照全国住房和城乡建设工作会议关于"数字住建"工作部署要求,加快推进工程建设项目全生命周期数字化管理,决定在天津等27个地区开展工程建设项目全生命周期数字化管理改革试点工作。试点自2023年11月开始,为期1年
33	2023年11月3日	《国务院办公厅转发国家发展改革委、财政部〈关于规范实施政府和社会资本合作新机制的指导意见〉的通知》	国办函〔2023〕115号	聚焦使用者付费项目,项目经营收入能够覆盖建设投资和运营成本、具备一定投资回报,不因采用政府和社会资本合作模式额外新增地方财政未来支出责任。政府和社会资本合作应全部采取特许经营模式实施。优先选择民营企业参与,市场化程度较高、公共属性较弱的项目,宜由民营企业独资或控股;关系国计民生、公共属性较强的项目,民营企业股权占比原则上不低于35%

续表

序号	日期	标题	文号	内容简介
34	2023年11月19日	《国务院办公厅关于转发国家发展改革委〈城市社区嵌入式服务设施建设工程实施方案〉的通知》	国办函〔2023〕121号	政府建设的社区嵌入式服务设施作为非营利性公共服务设施,允许5年内不变更原有土地用途。鼓励未充分利用的用地更新复合利用,允许同一街区内地块拆分合并、优化土地流转。经县级以上地方人民政府批准,对利用存量建筑改造建设社区嵌入式服务设施的,可享受5年内不改变用地主体和规划条件的支持政策
35	2023年11月25日	《国家发展改革委等部门关于深入实施"东数西算"工程加快构建全国一体化算力网的实施意见》	发改数据〔2023〕1779号	支持产权清晰、运营状况良好的绿色数据中心集群、传输网络、城市算力网、算电协同等项目探索发行基础设施领域不动产投资信托基金(REITs)。鼓励面向中小企业发放算力券、运力券,补贴降低企业综合算力使用成本
36	2023年11月28日	《国家发展改革委办公厅关于印发首批碳达峰试点名单的通知》	发改办环资〔2023〕942号	确定张家口市等25个城市、长治高新技术产业开发区等10个园区为首批碳达峰试点城市和园区,把碳达峰试点建设作为促进本地区经济社会发展全面绿色转型的关键抓手,统筹谋划重点任务、研究推出改革举措、扎实推进重大项目

附录二
2023年度影响中国城投行业
发展十大事件

第一件：数字中国顶层设计文件发布，数据入表助力国企平台公司转型发展

2月27日，中共中央、国务院印发《数字中国建设整体布局规划》，数字中国建设按照"2522"的整体框架进行布局。8月21日，财政部发布《企业数据资源相关会计处理暂行规定》，并自2024年1月1日开始施行。这是贯彻落实中共中央、国务院关于发展数字经济的决策部署的具体举措，也是以专门规定规范企业数据资源相关会计处理、发挥会计基础作用的重要一步。

第二件：国家机构改革，组建国家金融监督管理总局、国家数据局

3月16日，中共中央、国务院印发《党和国家机构改革方案》。其中，组建国家金融监督管理总局，统一负责证券业之外的金融业监管，强化机构监管、行为监管、功能监管、穿透式监管、持续监管，统筹负责金融消费者权益保护，加强风险管理和防范处置，依法查处违法违规行为，作为国务院直属机构；组建国家数据局，负责协调推进数据基础制度建设，统筹数据资源整合共享和开发利用，统筹推进数字中国、数字经济、数字社会规划和建设等，由国家发展和改革委员会管理。

第三件：中央做出规划建设新时代建设领域"三大工程"的重要决策

4月28日，中央政治局会议提出，在超大特大城市积极稳步推进城中村改造和"平急两用"公共基础设施建设，规划建设保障性住房。7月14

日，国务院常务会议审议通过《关于积极稳步推进超大特大城市"平急两用"公共基础设施建设的指导意见》。7月21日，国务院常务会议审议通过《关于在超大特大城市积极稳步推进城中村改造的指导意见》。8月25日，国务院常务会议审议通过《关于规划建设保障性住房的指导意见》。

第四件：深入实施国有企业改革深化提升行动

7月18日，全国国有企业改革深化提升行动动员部署电视电话会议召开，指出要扎实推进国企改革深化提升行动，坚定不移做强做优做大国有企业，切实发挥国有经济主导作用。国务院国资委党委在《深入实施国有企业改革深化提升行动》一文中提出，要实现"三个明显成效"，着力打造发展方式新、公司治理新、经营机制新、布局结构新的现代新国企。

第五件：一揽子化债方案制定实施，防范化解地方债务风险长效机制提上日程

7月24日，中共中央政治局会议指出，要有效防范化解地方债务风险，制定实施一揽子化债方案。10月30日至31日，中央金融工作会议召开，提出建立防范化解地方债务风险长效机制，建立同高质量发展相适应的政府债务管理机制，优化中央和地方政府债务结构。11月6日，财政部发布《关于地方政府隐性债务问责典型案例的通报》，公布2022年以来查处的8起隐性债务问责典型案例，进一步严肃财经纪律，坚决遏制新增隐性债务。

第六件：连续第10次对外发布全国城投公司总资产等三大榜单

9月28日，中国城市发展研究会城市建设投融资研究专业委员会、江苏现代资产投资管理顾问有限公司、城市投资网等三家单位对"2023全国城投公司总资产情况、2023全国城投公司负债率情况及2023全国城投公司主体信用评级情况"等三个榜单进行了联合发布，这是自2014年以来连续第10次对外发布。在纳入统计样本的270家城投公司中，超过千亿级的城投公司共有90家，比上一年度增加了8家。

第七件：分类处理，政府和社会资本模式开启新机制

11月8日，国务院办公厅转发国家发展改革委、财政部《关于规范实施政府和社会资本合作新机制的指导意见》的通知。随后，财政部发布

《财政部关于废止政府和社会资本合作（PPP）有关文件的通知》。国家发展改革委对《基础设施和公用事业特许经营管理办法（修订征求意见稿）》公开征求意见。中央经济工作会议提出，完善投融资机制，实施政府和社会资本合作新机制，支持社会资本参与新型基础设施等领域建设。

第八件：中国城市产业协同创新联合体揭牌

中国城市产业协同创新联合体，是在 2018 年成立的全国城投产业合作组织基础上，经过申请后，由中国产学研合作促进会发函同意进行筹建。12 月 7 日，在陕西咸阳召开的第 16 届城市建设投融资论坛暨 2023 城投产业合作组织年会上，中国城市产业协同创新联合体正式揭牌。这标志着中国城市产业协同创新联合体今后将在中国产学研合作促进会的直接指导下，投入更加规范和更高质量的运行。

第九件：城投协会年会召开，杭州城投当选第八届理事长单位

12 月 23 日至 25 日，中国城市发展研究会城市建设投融资研究专业委员会暨全国城投公司协作联络会（以下简称"城投协会"）2023 年会及专题会在哈尔滨举行。城投协会第七届理事会第二次理事长会议形成决议，明确第八届理事长单位为杭州城投。此外，同意福州城市建设投资集团有限公司加入协会，成为副理事长单位；同意深圳市特区建设发展集团有限公司等 8 家城投企业加入协会成为理事单位。

第十件：国有企业改革成果纳入《公司法》修订，设"国家出资公司的特别规定"专章

12 月 29 日，十四届全国人大常委会第七次会议审议通过新修订的《公司法》，该法于 2024 年 7 月 1 日起施行。深入总结国有企业改革成果，在现行公司法关于国有独资公司专节的基础上，设"国家出资公司的特别规定"专章。

附录三
2023年全国城投公司总资产情况

单位：亿元

序号	省份	单位名称	总资产
1	天津	天津城市基础设施建设投资集团有限公司*	9370.98
2	北京	北京市基础设施投资有限公司	8747.33
3	上海	上海城投(集团)有限公司*	7983.46
4	安徽	合肥市建设投资控股(集团)有限公司*	6625.80
5	山东	青岛城市建设投资(集团)有限责任公司*	4287.15
6	河南	郑州发展投资集团有限公司	4089.10
7	湖北	武汉市城市建设投资开发集团有限公司*	3961.91
8	广东	广州市城市建设投资集团有限公司*	3852.83
9	山东	济南城市建设集团有限公司	3684.57
10	江苏	淮安市城市发展投资控股集团有限公司	3399.35
11	吉林	长春市城市发展投资控股(集团)有限公司*	3248.95
12	浙江	宁波通商控股集团有限公司	3127.70
13	江西	上饶投资控股集团有限公司	3031.76
14	浙江	杭州市城市建设投资集团有限公司*	2975.18
15	黑龙江	哈尔滨市城市建设投资集团有限公司*	2766.10
16	河北	石家庄国控城市发展投资集团有限责任公司	2750.18
17	福建	厦门市政集团有限公司	2711.06
18	湖南	长沙城市发展集团有限公司	2622.18
19	江西	九江市国有投资控股集团有限公司	2480.22
20	福建	福州城市建设投资集团有限公司*	2375.32
21	山东	济南城市投资集团有限公司*	2349.81
22	湖北	汉江国有资本投资集团有限公司*	2289.29
23	甘肃	兰州投资(控股)集团有限公司	2288.49
24	江苏	扬州市城建国有资产控股(集团)有限责任公司*	2273.54

序号	省份	单位名称	总资产
25	新疆	乌鲁木齐城市建设投资(集团)有限公司*	2213.14
26	山东	淄博市城市资产运营集团有限公司	2207.29
27	河南	洛阳国晟投资控股集团有限公司*	2087.02
28	广西	广西柳州市投资控股集团有限公司	2053.52
29	贵州	贵阳市城市建设投资集团有限公司*	2041.23
30	陕西	西安城市基础设施建设投资集团有限公司*	1897.96
31	浙江	温州市城市建设发展集团有限公司*	1875.44
32	重庆	重庆市城市建设投资(集团)有限公司*	1848.89
33	湖南	长沙市城市建设投资开发集团有限公司*	1799.73
34	福建	泉州城建集团有限公司*	1797.49
35	四川	成都城建投资管理集团有限责任公司*	1793.65
36	江苏	镇江城市建设产业集团有限公司*	1740.75
37	浙江	浙江嘉兴国有资本投资运营有限公司	1709.78
38	吉林	长春城投建设投资(集团)有限公司*	1667.82
39	湖北	黄石市城市发展投资集团有限公司	1625.11
40	江西	宜春发展投资集团有限公司	1624.09
41	江西	南昌市政公用集团有限公司	1620.07
42	湖南	岳阳市城市建设投资集团有限公司*	1618.39
43	江西	九江市城市发展集团有限公司*	1586.17
44	江西	赣州城市投资控股集团有限责任公司	1584.11
45	安徽	淮北市建投控股集团有限公司*	1561.28
46	江苏	无锡城建发展集团有限公司	1558.44
47	江苏	常州市城市建设(集团)有限公司*	1543.61
48	安徽	阜阳投资发展集团有限公司	1538.61
49	安徽	江东控股集团有限责任公司*	1530.52
50	安徽	同安控股有限责任公司*	1500.92
51	广东	珠海大横琴集团有限公司	1499.93
52	安徽	建安投资控股集团有限公司	1498.25
53	山东	泰安市泰山财金投资集团有限公司	1489.30
54	湖南	衡阳市城市建设投资有限公司	1479.73
55	江苏	淮安市国有联合投资发展集团有限公司*	1478.23
56	浙江	湖州市城市投资发展集团有限公司*	1443.10
57	河南	商丘市发展投资集团有限公司	1427.34
58	广西	广西柳州市东城投资开发集团有限公司*	1415.38

续表

序号	省份	单位名称	总资产
59	湖南	常德市城市建设投资集团有限公司	1412.40
60	湖南	株洲市城市建设发展集团有限公司*	1411.77
61	湖北	宜昌城市发展投资集团有限公司*	1406.81
62	甘肃	兰州建设投资(控股)集团有限公司*	1383.64
63	江苏	盐城市城市资产投资集团有限公司	1381.31
64	江苏	南京市城市建设投资控股(集团)有限责任公司*	1372.43
65	广西	南宁城市建设投资集团有限责任公司*	1370.28
66	山东	潍坊市城市建设发展投资集团有限公司*	1359.26
67	江西	南昌市建设投资集团有限公司*	1357.05
68	四川	达州市投资有限公司	1345.82
69	江西	赣州城市开发投资集团有限责任公司*	1331.75
70	江苏	苏州城市建设投资发展(集团)有限公司*	1306.99
71	江苏	南通城市建设集团有限公司*	1302.58
72	江西	抚州市市属国有资产投资控股集团有限公司*	1300.13
73	江西	上饶市城市建设投资开发集团有限公司*	1268.97
74	河南	周口市投资集团有限公司*	1263.24
75	安徽	滁州市城市投资控股集团有限公司*	1262.70
76	四川	乐山国有资产投资运营(集团)有限公司	1252.68
77	四川	凉山州发展(控股)集团有限责任公司	1243.85
78	安徽	阜阳市建设投资控股集团有限公司*	1208.24
79	江西	吉安城投控股集团有限公司	1201.59
80	广西	广西柳州市城市建设投资发展集团有限公司*	1195.75
81	内蒙古	赤峰市城市建设投资(集团)有限公司*	1178.41
82	湖北	湖北潩川国有资本投资运营集团有限公司	1175.29
83	山西	太原市龙城发展投资集团有限公司*	1164.91
84	广东	深圳市特区建设发展集团有限公司*	1162.53
85	海南	海口市城市建设投资集团有限公司*	1151.09
86	江苏	连云港市城建控股集团有限公司*	1138.50
87	辽宁	鞍山市城市建设发展投资运营集团有限公司*	1130.77
88	四川	巴中发展控股集团有限公司	1104.13
89	江苏	徐州市新盛投资控股集团有限公司*	1087.70
90	四川	遂宁兴业投资集团有限公司	1077.77
91	江苏	泰州市城市建设投资集团有限公司	1073.35
92	浙江	宁波城建投资集团有限公司*	1063.28

序号	省份	单位名称	总资产
93	河北	沧州市建设投资集团有限公司 *	1055.54
94	四川	资阳发展投资集团有限公司	1054.90
95	安徽	淮南建设发展控股(集团)有限公司 *	1026.07
96	四川	泸州市兴泸投资集团有限公司	1022.88
97	安徽	芜湖市建设投资有限公司 *	1019.58
98	湖南	邵阳市城市建设投资经营集团有限公司	1017.47
99	河南	许昌市投资集团有限公司	1012.86
100	河南	三门峡市投资集团有限公司	980.59
101	西藏	拉萨市城市建设投资经营有限公司 *	980.48
102	湖北	黄石市城市建设投资开发有限责任公司 *	967.13
103	山东	临沂城市建设投资集团有限公司	947.11
104	河南	平顶山发展投资控股集团有限公司 *	943.88
105	安徽	宿州市城市建设投资集团(控股)有限公司 *	943.63
106	内蒙古	呼伦贝尔城市建设投资(集团)有限责任公司 *	927.39
107	安徽	蚌埠市城市投资控股有限公司 *	913.68
108	湖北	荆州市城市发展控股集团有限公司 *	912.55
109	江苏	盐城市城市建设投资集团有限公司 *	900.19
110	湖南	湘潭城乡建设发展集团有限公司	877.12
111	陕西	渭南市国有资本控股(集团)有限责任公司	872.48
112	河南	濮阳市国有资本运营集团有限公司	864.65
113	山东	济宁城投控股集团有限公司 *	863.43
114	湖北	荆门市城市建设投资控股集团有限公司 *	859.79
115	湖北	十堰市城市发展控股集团有限公司	852.03
116	河南	开封市发展投资集团有限公司	849.83
117	安徽	六安城市建设投资有限公司	831.95
118	四川	眉山天府新区投资集团有限公司	815.56
119	青海	西宁城市投资管理有限公司 *	813.74
120	新疆	昌吉州国有资产投资经营集团有限公司	812.12
121	贵州	毕节市信泰投资有限公司	797.56
122	陕西	咸阳市城市发展集团有限公司	791.54
123	贵州	遵义市投资(集团)有限责任公司	771.71
124	陕西	延安城市建设投资(集团)有限责任公司 *	771.37
125	江西	景德镇市城市建设投资集团有限责任公司 *	753.23
126	浙江	丽水市城市建设投资集团有限公司 *	748.40

续表

序号	省份	单位名称	总资产
127	安徽	合肥市滨湖新区建设投资有限公司*	734.86
128	广东	佛山市投资控股集团有限公司	733.89
129	云南	昆明市城建投资开发有限责任公司*	733.44
130	浙江	绍兴市城市建设投资集团有限公司*	729.08
131	陕西	渭南市城市投资集团有限公司*	728.84
132	海南	三亚城市投资建设集团有限公司*	722.40
133	山东	临沂城市发展集团有限公司*	719.90
134	安徽	铜陵市建设投资控股有限责任公司	717.60
135	河南	漯河投资控股集团有限公司	711.34
136	河南	驻马店市城乡建设投资集团有限公司	707.04
137	黑龙江	大庆市城市建设投资开发有限公司*	705.21
138	安徽	宣城市国有资本投资运营控股集团有限公司*	686.41
139	湖南	永州市城市发展集团有限责任公司*	683.05
140	陕西	榆林市城市投资经营集团有限公司*	676.37
141	陕西	咸阳市城市建设投资控股集团有限公司*	672.82
142	山东	菏泽投资发展集团有限公司	671.42
143	黑龙江	黑龙江省鹤城建设投资发展集团有限公司*	662.96
144	河南	南阳投资集团有限公司	656.48
145	新疆	伊犁哈萨克自治州财通国有资产经营有限责任公司	652.55
146	山东	德州德达投资控股集团有限公司	643.42
147	浙江	金华市城市建设投资集团有限公司*	637.73
148	广东	江门市城市发展投资集团有限公司*	631.87
149	山西	大同市经济建设投资集团有限责任公司*	628.40
150	新疆	克拉玛依市城市建设投资发展有限责任公司*	625.64
151	浙江	舟山海城建设投资集团有限公司*	622.42
152	江西	萍乡市城市建设投资集团有限公司	621.42
153	四川	广元市投资发展集团有限公司	620.85
154	四川	自贡市国有资本投资运营集团有限公司	612.11
155	安徽	亳州城建发展控股集团有限公司*	611.32
156	陕西	宝鸡市投资(集团)有限公司*	584.90
157	新疆	新疆维吾尔自治区哈密市国有资产投资经营有限公司	580.62
158	湖南	郴州市发展投资集团有限公司*	567.11
159	河南	新乡投资集团有限公司*	554.49
160	湖南	张家界市经济发展投资集团有限公司	543.04

续表

序号	省份	单位名称	总资产
161	河南	信阳建投投资集团有限责任公司	531.42
162	河南	漯河市城市投资控股集团有限公司*	528.07
163	江西	宜春市城市建设投资开发有限公司*	527.62
164	江西	新余市城市建设投资开发有限公司	516.12
165	河南	郑州市建设投资集团有限公司*	512.11
166	山东	滨州市财金投资集团有限公司	511.78
167	广西	钦州市开发投资集团有限公司	511.44
168	浙江	嘉兴市城市投资发展集团有限公司*	506.04
169	黑龙江	牡丹江市国有资产投资控股有限公司	505.27
170	福建	龙岩城市发展集团有限公司	504.33
171	四川	内江投资控股集团有限公司	502.03
172	河南	许昌市建设投资有限责任公司*	500.19
173	四川	雅安发展投资有限责任公司	499.03
174	宁夏	银川通联资本投资运营集团有限公司	497.21
175	河北	张家口通泰控股集团有限公司	492.92
176	广东	肇庆市国联投资控股有限公司	486.75
177	湖北	黄冈市城市建设投资有限公司*	485.94
178	贵州	黔西南州兴安开发投资股份有限公司	485.25
179	新疆	博尔塔拉蒙古自治州国有资产投资经营有限责任公司	479.98
180	贵州	黔东南州开发投资(集团)有限责任公司	478.17
181	浙江	台州市城市建设投资发展集团有限公司*	477.03
182	河北	邯郸城市发展投资集团有限公司*	471.60
183	江苏	宿迁市城市建设投资(集团)有限公司	468.24
184	河南	焦作市投资集团有限公司*	454.88
185	辽宁	本溪市城市建设投资发展有限公司*	450.98
186	湖南	娄底市城市发展集团有限公司*	449.06
187	广东	汕头市投资控股集团有限公司*	442.28
188	湖南	怀化市城市建设投资有限公司	433.16
189	辽宁	大连市城市建设投资集团有限公司*	429.80
190	内蒙古	通辽市城市投资集团有限公司*	427.85
191	河南	鹤壁投资集团有限公司*	424.61
192	湖北	鄂州市城市建设投资有限公司*	420.76
193	河北	河北顺德投资集团有限公司	417.24
194	福建	三明市城市建设投资集团有限公司	416.79

续表

序号	省份	单位名称	总资产
195	山西	晋中市公用基础设施投资控股(集团)有限公司	415.81
196	贵州	安顺市城市建设投资有限责任公司*	412.92
197	湖北	咸宁城市发展(集团)有限责任公司*	407.63
198	广东	中山投资控股集团有限公司	407.55
199	山西	临汾市投资集团有限公司*	407.24
200	山东	东营市城市建设发展集团有限公司*	404.94
201	黑龙江	佳木斯市新时代城市基础设施建设投资(集团)有限公司*	403.43
202	河南	信阳华信投资集团有限责任公司*	398.09
203	山东	威海城市投资集团有限公司	394.64
204	内蒙古	鄂尔多斯市城市建设投资集团有限公司*	387.18
205	山西	忻州资产经营集团有限公司	387.15
206	辽宁	抚顺市城建投资有限公司*	382.15
207	广西	广西崇左市城市建设投资发展集团有限公司	381.50
208	河南	安阳投资集团有限公司*	364.35
209	广东	东莞实业投资控股集团有限公司*	347.80
210	新疆	阿勒泰地区国有资产投资经营有限公司	346.88
211	安徽	池州建设投资集团有限公司	345.71
212	安徽	黄山城投集团有限公司	344.40
213	湖北	随州市城市投资集团有限公司	339.81
214	山西	运城市城市建设投资开发集团有限公司*	334.09
215	浙江	衢州市城市投资发展集团有限公司*	330.88
216	湖北	恩施城市建设投资有限公司	323.98
217	湖南	益阳市城市建设投资运营集团有限责任公司*	323.83
218	河北	承德市国控资集团有限责任公司	323.62
219	辽宁	营口市城市建设投资发展有限公司*	305.29
220	广东	湛江市基础设施建设投资集团有限公司*	305.02
221	甘肃	平凉市城乡发展建设投资集团有限公司	304.79
222	辽宁	盘锦建设投资有限责任公司*	292.99
223	山东	日照市城市建设投资集团有限公司*	271.83
224	宁夏	银川城市建设发展投资集团有限公司*	268.27
225	新疆	巴州国信建设发展投融资有限公司	266.25
226	山东	德州市城市建设投资发展集团有限公司*	263.07
227	山东	菏泽市城市开发投资有限公司*	255.54
228	河南	焦作市建设投资(控股)有限公司*	254.33

续表

序号	省份	单位名称	总资产
229	广东	清远市德晟投资集团有限公司	245.46
230	安徽	宣城市城市建设集团有限公司*	245.11
231	广西	广西贵港市城市投资发展集团有限公司	243.63
232	广西	玉林市城市建设投资集团有限公司	228.26
233	湖南	永州市经济建设投资发展集团有限责任公司*	201.28
234	四川	攀枝花城建交通(集团)有限公司*	196.57
235	四川	广安发展建设集团有限公司	177.86
236	广东	阳江市城市投资集团有限公司	174.16
237	广东	韶关市城市投资发展集团有限公司*	166.37
238	河北	秦皇岛城市发展投资控股集团有限公司*	144.41
239	吉林	通化市丰源投资开发有限公司	130.87
240	山西	朔州市投资建设开发有限公司	118.99
241	江苏	徐州市国有资产投资经营集团有限公司*	116.66
242	湖南	湘西自治州吉凤投资开发有限责任公司	115.18
243	甘肃	定西国有投资(控股)集团有限公司	106.79
244	甘肃	天水市城市建设投资(集团)有限公司*	101.20
245	广东	汕尾市投资控股有限公司	99.74
246	辽宁	葫芦岛市城建交通集团有限公司*	50.46
247	内蒙古	锡林郭勒盟城乡投资集团有限公司*	14.20

资料来源：根据各公司年度审计报告等公开资料及中国城发会城投专委会会员单位（名称带＊）报送数据。

附录四

2023年全国城投公司营业收入情况

单位：亿元

序号	省份	单位名称	营业收入
1	浙江	杭州市城市建设投资集团有限公司*	836.44
2	浙江	宁波通商控股集团有限公司	714.11
3	福建	福州城市建设投资集团有限公司*	636.19
4	江西	南昌市政公用集团有限公司	612.40
5	山东	青岛城市建设投资(集团)有限责任公司*	442.02
6	湖南	长沙城市发展集团有限公司	434.20
7	安徽	合肥市建设投资控股(集团)有限公司*	416.50
8	广东	佛山市投资控股集团有限公司	379.95
9	山东	济南城市建设集团有限公司	360.36
10	上海	上海城投(集团)有限公司*	349.67
11	广东	广州市城市建设投资集团有限公司*	341.99
12	山东	淄博市城市资产运营集团有限公司	302.21
13	湖北	武汉市城市建设投资开发集团有限公司*	301.70
14	江苏	扬州市城建国有资产控股(集团)有限责任公司*	285.84
15	四川	成都城建投资管理集团有限责任公司*	264.54
16	江西	九江市国有投资控股集团有限公司	259.34
17	安徽	淮北市建投控股集团有限公司*	258.78
18	天津	天津城市基础设施建设投资集团有限公司*	228.31
19	北京	北京市基础设施投资有限公司	218.03
20	陕西	西安城市基础设施建设投资集团有限公司*	189.91
21	广东	珠海大横琴集团有限公司	182.46
22	江苏	淮安市城市发展投资控股集团有限公司	178.34
23	浙江	浙江嘉兴国有资本投资运营有限公司	174.64
24	浙江	湖州市城市投资发展集团有限公司*	173.80

续表

序号	省份	单位名称	营业收入
25	湖北	荆州市城市发展控股集团有限公司*	171.26
26	四川	资阳发展投资集团有限公司	166.92
27	江苏	南京市城市建设投资控股(集团)有限责任公司*	161.41
28	山东	潍坊市城市建设发展投资集团有限公司*	161.03
29	山东	济南城市投资集团有限公司*	156.34
30	湖北	宜昌城市发展投资集团有限公司*	152.15
31	山东	德州德达投资控股集团有限公司	152.02
32	江西	九江市城市发展集团有限公司*	148.72
33	福建	厦门市政集团有限公司	146.18
34	河南	洛阳国晟投资控股集团有限公司*	142.60
35	湖南	长沙市城市建设投资开发集团有限公司*	140.42
36	浙江	宁波城建投资集团有限公司*	136.35
37	江西	上饶投资控股集团有限公司	134.14
38	江苏	徐州市新盛投资控股集团有限公司*	133.92
39	山东	济宁城投控股集团有限公司*	133.65
40	河南	三门峡市投资集团有限公司	130.52
41	湖北	汉江国有资本投资集团有限公司*	129.38
42	浙江	温州市城市建设发展集团有限公司*	127.81
43	新疆	克拉玛依市城市建设投资发展有限责任公司*	123.56
44	福建	龙岩城市发展集团有限公司	123.30
45	陕西	榆林市城市投资经营集团有限公司*	117.16
46	福建	泉州城建集团有限公司*	116.79
47	江西	抚州市市属国有资产投资控股集团有限公司*	113.46
48	浙江	绍兴市城市建设投资集团有限公司*	111.72
49	河南	郑州发展投资集团有限公司	109.64
50	河北	石家庄国控城市发展投资集团有限责任公司	106.13
51	四川	眉山天府新区投资集团有限公司	106.03
52	吉林	长春市城市发展投资控股(集团)有限公司*	105.63
53	江苏	镇江城市建设产业集团有限公司*	102.61
54	山东	临沂城市建设投资集团有限公司	102.33
55	江苏	苏州城市建设投资发展(集团)有限公司*	99.43
56	山东	泰安市泰山财金投资集团有限公司	98.81
57	江苏	泰州市城市建设投资集团有限公司	94.27
58	四川	自贡市国有资本投资运营集团有限公司	91.25

续表

序号	省份	单位名称	营业收入
59	湖北	湖北澴川国有资本投资运营集团有限公司	90.18
60	广东	深圳市特区建设发展集团有限公司*	89.88
61	安徽	建安投资控股集团有限公司	89.03
62	安徽	同安控股有限责任公司*	88.87
63	湖北	黄石市城市发展投资集团有限公司	87.32
64	河南	商丘市发展投资集团有限公司	85.42
65	山东	菏泽投资发展集团有限公司	84.04
66	江苏	无锡城建发展集团有限公司	83.04
67	安徽	滁州市城市投资控股集团有限公司*	82.69
68	贵州	贵阳市城市建设投资集团有限公司*	82.26
69	吉林	长春城投建设投资(集团)有限公司*	80.42
70	江西	宜春发展投资集团有限公司	78.87
71	山东	滨州市财金投资集团有限公司	78.47
72	浙江	嘉兴市城市投资发展集团有限公司*	76.82
73	新疆	昌吉州国有资产投资经营集团有限公司	75.25
74	江苏	盐城市城市资产投资集团有限公司	73.48
75	甘肃	兰州投资(控股)集团有限公司	72.12
76	四川	泸州市兴泸投资集团有限公司	71.47
77	安徽	江东控股集团有限责任公司*	70.46
78	山东	临沂城市发展集团有限公司*	70.25
79	西藏	拉萨市城市建设投资经营有限公司*	67.27
80	湖南	岳阳市城市建设投资集团有限公司*	67.18
81	四川	凉山州发展(控股)集团有限责任公司	65.53
82	广东	东莞实业投资控股集团有限公司*	65.23
83	四川	遂宁兴业投资集团有限公司	64.86
84	湖南	株洲市城市建设发展集团有限公司*	64.67
85	江苏	南通城市建设集团有限公司*	62.98
86	江苏	连云港市城建控股集团有限公司*	62.90
87	安徽	芜湖市建设投资有限公司*	62.70
88	湖南	郴州市发展投资集团有限公司*	61.72
89	四川	广元市投资发展集团有限公司	60.34
90	江苏	盐城市城市建设投资集团有限公司*	60.20
91	山西	太原市龙城发展投资集团有限公司*	58.46
92	四川	乐山国有资产投资运营(集团)有限公司	57.94

序号	省份	单位名称	营业收入
93	浙江	金华市城市建设投资集团有限公司 *	57.51
94	江西	吉安城投控股集团有限公司	57.07
95	新疆	乌鲁木齐城市建设投资(集团)有限公司 *	56.74
96	河南	南阳投资集团有限公司	56.49
97	江西	上饶市城市建设投资开发集团有限公司 *	56.38
98	重庆	重庆市城市建设投资(集团)有限公司 *	55.38
99	河北	承德市国控投资集团有限责任公司	54.97
100	广西	广西柳州市投资控股集团有限公司	54.47
101	安徽	淮南建设发展控股(集团)有限公司 *	53.95
102	广东	中山投资控股集团有限公司	53.28
103	江苏	淮安市国有联合投资发展集团有限公司 *	50.92
104	江西	萍乡市城市建设投资集团有限公司	50.32
105	安徽	阜阳投资发展集团有限公司	50.28
106	浙江	台州市城市建设投资发展集团有限公司 *	50.19
107	四川	达州市投资有限公司	50.04
108	安徽	宣城市国有资本投资运营控股集团有限公司 *	48.96
109	河南	许昌市投资集团有限公司	47.95
110	甘肃	兰州建设投资(控股)集团有限公司 *	47.10
111	江苏	常州市城市建设(集团)有限公司 *	46.52
112	山西	忻州资产经营集团有限公司	45.84
113	浙江	丽水市城市建设投资集团有限公司 *	45.36
114	内蒙古	赤峰市城市建设投资(集团)有限公司 *	45.24
115	湖北	荆门市城市建设投资控股集团有限公司 *	45.12
116	江西	赣州城市投资控股集团有限责任公司	45.02
117	四川	巴中发展控股集团有限公司	44.94
118	河南	平顶山发展投资控股集团有限公司 *	43.75
119	安徽	亳州城建发展控股集团有限公司 *	43.71
120	安徽	宿州市城市建设投资集团(控股)有限公司 *	42.79
121	河南	濮阳市国有资本运营集团有限公司	42.34
122	新疆	伊犁哈萨克自治州财通国有资产经营有限责任公司	41.95
123	广东	肇庆市国联投资控股有限公司	41.76
124	湖南	常德市城市建设投资集团有限公司	41.17
125	河北	沧州市建设投资集团有限公司 *	40.96
126	湖南	邵阳市城市建设投资经营集团有限公司	40.29

续表

序号	省份	单位名称	营业收入
127	四川	内江投资控股集团有限公司	40.24
128	陕西	咸阳市城市发展集团有限公司	39.27
129	安徽	六安城市建设投资有限公司	38.65
130	江西	景德镇市城市建设投资集团有限责任公司 *	37.63
131	河南	郑州市建设投资集团有限公司 *	37.57
132	河南	开封市发展投资集团有限公司	37.01
133	广东	江门市城市发展投资集团有限公司	36.77
134	河南	鹤壁投资集团有限公司 *	36.58
135	江西	南昌市建设投资集团有限公司 *	35.90
136	河南	周口市投资集团有限公司 *	35.70
137	黑龙江	哈尔滨市城市建设投资集团有限公司 *	35.07
138	贵州	黔东南州开发投资(集团)有限责任公司	35.06
139	新疆	博尔塔拉蒙古自治州国有资产投资经营有限责任公司	34.91
140	新疆	新疆维吾尔自治区哈密市国有资产投资经营有限公司	34.77
141	辽宁	大连市城市建设投资集团有限公司 *	34.24
142	海南	海口市城市建设投资集团有限公司 *	34.18
143	广西	广西柳州市东城投资开发集团有限公司 *	34.12
144	陕西	宝鸡市投资(集团)有限公司 *	33.95
145	浙江	衢州市城市投资发展集团有限公司 *	33.84
146	四川	雅安发展投资有限责任公司	33.70
147	陕西	渭南市国有资本控股(集团)有限责任公司	33.35
148	湖北	咸宁城市发展(集团)有限责任公司 *	32.98
149	贵州	毕节市信泰投资有限公司	32.70
150	河南	漯河投资控股集团有限公司	32.39
151	安徽	铜陵市建设投资控股有限责任公司	32.39
152	湖北	黄石市城市建设投资开发有限责任公司 *	32.20
153	河北	河北顺德投资集团有限公司	32.14
154	河南	焦作市投资集团有限公司 *	32.03
155	河北	张家口通泰控股集团有限公司	31.56
156	湖北	鄂州市城市建设投资有限公司 *	31.17
157	山西	运城市城市建设投资开发集团有限公司 *	30.22
158	山东	威海城市投资集团有限公司	29.48
159	云南	昆明市城建投资开发有限责任公司 *	28.91
160	山东	日照市城市建设投资集团有限公司 *	28.79

续表

序号	省份	单位名称	营业收入
161	四川	攀枝花城建交通(集团)有限公司*	28.74
162	河南	漯河市城市投资控股集团有限公司*	28.45
163	湖北	十堰市城市发展控股集团有限公司	28.15
164	贵州	遵义市投资(集团)有限责任公司	27.64
165	福建	三明市城市建设投资集团有限公司	27.08
166	湖南	娄底市城市发展集团有限公司*	25.54
167	内蒙古	鄂尔多斯市城市建设投资集团有限公司*	25.39
168	山西	晋中市公用基础设施投资控股(集团)有限公司	24.76
169	陕西	咸阳市城市建设投资控股集团有限公司*	24.13
170	黑龙江	大庆市城市建设投资开发有限公司*	24.08
171	广东	阳江市城市投资集团有限公司	23.92
172	陕西	渭南市城市投资集团有限公司*	23.81
173	广东	韶关市城市投资发展集团有限公司*	23.73
174	湖南	衡阳市城市建设投资有限公司	22.49
175	广东	汕头市投资控股集团有限公司*	22.34
176	陕西	延安城市建设投资(集团)有限责任公司*	22.23
177	黑龙江	牡丹江市国有资产投资控股有限公司	21.72
178	河南	新乡投资集团有限公司*	21.68
179	浙江	舟山海城建设投资集团有限公司*	21.08
180	河南	焦作市建设投资(控股)有限公司*	21.05
181	河南	驻马店市城乡建设投资集团有限公司	20.58
182	江西	宜春市城市建设投资开发有限公司*	20.52
183	江苏	宿迁市城市建设投资(集团)有限公司	20.35
184	湖南	怀化市城市建设投资有限公司	20.24
185	河南	许昌市建设投资有限责任公司*	20.18
186	湖南	张家界市经济发展投资集团有限公司	19.78
187	安徽	黄山城投集团有限公司	19.19
188	广西	南宁城市建设投资集团有限责任公司*	19.08
189	湖南	湘潭城乡建设发展集团有限公司	18.97
190	江西	赣州城市开发投资集团有限责任公司*	18.59
191	山东	德州市城市建设投资发展集团有限公司*	18.39
192	广西	钦州市开发投资集团有限公司	17.97
193	广东	清远市德晟投资集团有限公司	17.64
194	河南	安阳投资集团有限公司*	17.45

续表

序号	省份	单位名称	营业收入
195	河南	信阳建投投资集团有限责任公司	17.10
196	辽宁	本溪市城市建设投资发展有限公司*	17.03
197	广西	广西柳州市城市建设投资发展集团有限公司*	16.79
198	江西	新余市城市建设投资开发有限公司	16.71
199	青海	西宁城市投资管理有限公司*	16.63
200	山东	东营市城市建设发展集团有限公司*	16.37
201	山东	菏泽市城市开发投资有限公司*	15.70
202	甘肃	定西国有投资(控股)集团有限公司	15.36
203	新疆	巴州国信建设发展投融资有限公司	15.33
204	宁夏	银川通联资本投资运营集团有限公司	14.78
205	湖北	恩施城市建设投资有限公司	14.63
206	广西	广西贵港市城市投资发展集团有限公司	14.60
207	河北	邯郸城市发展投资集团有限公司*	14.53
208	湖南	永州市城市发展集团有限责任公司*	14.35
209	湖北	黄冈市城市建设投资有限公司*	14.29
210	安徽	池州建设投资集团有限公司	13.87
211	广东	汕尾市投资控股有限公司	13.57
212	广西	广西崇左市城市建设投资发展集团有限公司*	13.31
213	安徽	阜阳市建设投资控股集团有限公司*	12.24
214	河北	秦皇岛城市发展投资控股集团有限公司*	12.22
215	安徽	蚌埠市城市投资控股有限公司*	12.00
216	江苏	徐州市国有资产投资经营集团有限公司*	11.65
217	安徽	宣城市城市建设集团有限公司*	10.49
218	湖北	随州市城市投资集团有限公司	10.28
219	四川	广安发展建设集团有限公司	10.21
220	山西	临汾市投资集团有限公司*	10.21
221	湖南	益阳市城市建设投资运营集团有限责任公司*	10.15
222	新疆	阿勒泰地区国有资产投资经营有限公司	10.10
223	河南	信阳华信投资集团有限责任公司*	9.96
224	湖南	永州市经济建设投资发展集团有限责任公司*	9.44
225	黑龙江	黑龙江省鹤城建设投资发展集团有限公司*	9.33
226	广东	湛江市基础设施建设投资集团有限公司*	8.56
227	广西	玉林市城市建设投资集团有限公司*	8.18
228	海南	三亚城市投资建设集团有限公司*	8.08

序号	省份	单位名称	营业收入
229	辽宁	鞍山市城市建设发展投资运营集团有限公司*	7.81
230	宁夏	银川城市建设发展投资集团有限公司*	7.74
231	甘肃	天水市城市建设投资(集团)有限公司*	7.59
232	辽宁	营口市城市建设投资发展有限公司*	7.03
233	湖南	湘西自治州吉凤投资开发有限责任公司	6.79
234	贵州	黔西南州兴安开发投资股份有限公司	6.03
235	甘肃	平凉市城乡发展建设投资集团有限公司	5.96
236	山西	大同市经济建设投资集团有限责任公司*	5.57
237	内蒙古	呼伦贝尔城市建设投资(集团)有限责任公司*	4.57
238	辽宁	葫芦岛市城建交通集团有限公司*	3.66
239	辽宁	盘锦建设投资有限责任公司*	3.56
240	山西	朔州市投资建设开发有限公司	2.45
241	贵州	安顺市城市建设投资有限责任公司*	2.41
242	吉林	通化市丰源投资开发有限公司	2.37
243	安徽	合肥市滨湖新区建设投资有限公司*	2.02
244	内蒙古	通辽市城市投资集团有限公司*	1.95
245	黑龙江	佳木斯市新时代城市基础设施建设投资(集团)有限公司*	1.33
246	内蒙古	锡林郭勒盟城乡投资集团有限公司*	0.42
247	辽宁	抚顺市城建投资有限公司*	0.16

资料来源：根据各公司年度审计报告等公开资料及中国城发会城投专委会会员单位（名称带＊）报送数据。

附录五
2023年全国城投公司负债率情况

单位：%

负债率区间	省份	单位名称	负债率
30%以下 2家	新疆	阿勒泰地区国有资产投资经营有限公司	18.99
	山西	朔州市投资建设开发有限公司	24.35
30%~39.99% 7家	内蒙古	鄂尔多斯市城市建设投资集团有限公司*	30.82
	新疆	巴州国信建设发展投融资有限公司	33.67
	辽宁	抚顺市城建投资有限公司*	33.90
	辽宁	营口市城市建设投资发展有限公司*	34.14
	河南	周口市投资集团有限公司*	34.27
	重庆	重庆市城市建设投资(集团)有限公司*	35.03
	广西	南宁城市建设投资集团有限责任公司*	35.61
40%~49.99% 28家	吉林	通化市丰源投资开发有限公司	40.45
	黑龙江	哈尔滨市城市建设投资集团有限公司*	42.00
	安徽	六安城市建设投资有限公司	42.58
	广东	中山投资控股集团有限公司	43.69
	山东	东营市城市建设发展集团有限公司*	43.73
	内蒙古	呼伦贝尔城市建设投资(集团)有限责任公司*	44.03
	河南	许昌市投资集团有限公司	44.40
	安徽	滁州市城市投资控股集团有限公司*	44.65
	湖南	郴州市发展投资集团有限公司*	45.17
	湖北	黄冈市城市建设投资有限公司*	45.23
	山东	潍坊市城市建设发展集团有限公司*	45.32
	四川	攀枝花城建交通(集团)有限公司*	45.52
	湖北	随州市城市投资集团有限公司	45.70
	宁夏	银川城市建设发展投资集团有限公司*	46.41
	黑龙江	大庆市城市建设投资开发有限公司*	46.54

续表

负债率区间	省份	单位名称	负债率
40%~49.99% 28家	黑龙江	牡丹江市国有资产投资控股有限公司	46.99
	辽宁	大连市城市建设投资集团有限公司*	47.42
	山西	忻州资产经营集团有限公司	47.94
	四川	泸州市兴泸投资集团有限公司	48.04
	内蒙古	赤峰市城市建设投资(集团)有限公司*	48.20
	江苏	苏州市城市建设投资发展(集团)有限公司*	48.25
	黑龙江	佳木斯市新时代城市基础设施建设投资(集团)有限公司*	48.28
	广东	汕头市投资控股集团有限公司*	48.69
	湖南	常德市城市建设投资集团有限公司	48.91
	河北	邯郸城市发展投资集团有限公司*	49.25
	山东	菏泽投资发展集团有限公司	49.33
	内蒙古	锡林郭勒盟城乡投资集团有限公司*	49.65
	湖南	娄底市城市发展集团有限公司*	49.85
50%~59.99% 87家	吉林	长春市城市发展投资控股(集团)有限公司*	50.08
	湖北	十堰市城市发展控股集团有限公司	50.66
	新疆	新疆维吾尔自治区哈密市国有资产投资经营有限公司	50.69
	四川	遂宁兴业投资集团有限公司	50.87
	江苏	淮安市国有联合投资发展集团有限公司*	50.91
	湖南	益阳市城市建设投资运营集团有限责任公司*	50.91
	辽宁	盘锦建设投资有限责任公司*	50.98
	江西	九江市国有投资控股集团有限公司	51.42
	吉林	长春城投建设投资(集团)有限公司*	51.94
	安徽	江东控股集团有限责任公司*	51.95
	四川	凉山州发展(控股)集团有限责任公司	52.06
	湖南	永州市城市发展集团有限责任公司*	52.07
	湖南	长沙市城市建设投资开发集团有限公司*	52.41
	山西	晋中市公用基础设施投资控股(集团)有限公司*	52.46
	广西	玉林市城市建设投资集团有限公司	52.47
	上海	上海城投(集团)有限公司*	52.58
	新疆	克拉玛依市城市建设投资发展有限责任公司*	52.69
	湖南	永州市经济建设投资发展集团有限公司*	52.80
	四川	雅安发展投资有限责任公司	52.86
	内蒙古	通辽市城市投资集团有限公司*	53.44
	江西	萍乡市城市建设投资集团有限公司	53.51

续表

负债率区间	省份	单位名称	负债率
	福建	龙岩城市发展集团有限公司	53.68
	江西	九江市城市发展集团有限公司*	53.71
	安徽	铜陵市建设投资控股有限责任公司	53.74
	宁夏	银川通联资本投资运营集团有限公司	53.90
	陕西	榆林市城市投资经营集团有限公司*	54.04
	山东	威海城市投资集团有限公司	54.11
	河南	焦作市建设投资(控股)有限公司*	54.14
	河南	信阳华信投资集团有限责任公司*	54.19
	河南	濮阳市国有资本运营集团有限公司	54.21
	广东	江门市城市发展投资集团有限公司	54.43
	贵州	安顺市城市建设投资有限责任公司*	54.47
	江苏	徐州市国有资产投资经营集团有限公司*	54.53
	浙江	衢州市城市投资发展集团有限公司*	54.54
	甘肃	天水市城市建设投资(集团)有限公司*	54.58
	江苏	淮安市城市发展投资控股集团有限公司	54.60
	湖南	湘西自治州吉凤投资开发有限责任公司	54.93
50%~59.99%
87家	浙江	杭州市城市建设投资集团有限公司*	54.96
	贵州	毕节市信泰投资有限公司	55.09
	山东	德州市城市建设投资发展集团有限公司*	55.09
	安徽	同安控股有限责任公司*	55.19
	河南	平顶山发展投资控股集团有限公司*	55.26
	福建	泉州城建集团有限公司*	55.30
	黑龙江	黑龙江省鹤城建设投资发展集团有限公司*	55.38
	河北	秦皇岛市城市发展投资控股集团有限公司*	55.55
	广西	广西崇左市城市建设投资发展集团有限公司	55.79
	湖南	长沙城市发展集团有限公司	56.20
	安徽	池州建设投资集团有限公司	56.36
	河南	三门峡市投资集团有限公司	56.37
	四川	巴中发展控股集团有限公司	56.45
	广东	广州市城市建设投资集团有限公司*	56.51
	广西	钦州市开发投资集团有限公司	56.63
	湖南	邵阳市城市建设投资经营集团有限公司	56.63
	四川	资阳发展投资集团有限公司	56.63
	安徽	芜湖市建设投资有限公司*	56.94

续表

负债率区间	省份	单位名称	负债率
50%~59.99% 87家	江西	抚州市市属国有资产投资控股集团有限公司*	57.13
	海南	三亚城市投资建设集团有限公司*	57.26
	江西	吉安城投控股集团有限公司	57.29
	贵州	贵阳市城市建设投资集团有限公司*	57.35
	新疆	乌鲁木齐城市建设投资(集团)有限公司*	57.36
	浙江	金华市城市建设投资集团有限公司*	57.49
	四川	自贡市国有资本投资运营集团有限公司	57.69
	广东	东莞实业投资控股集团有限公司*	57.75
	贵州	黔东南州开发投资(集团)有限责任公司	57.96
	安徽	淮南建设发展控股(集团)有限公司*	58.03
	浙江	宁波城建投资集团有限公司*	58.06
	湖南	怀化市城市建设投资有限公司	58.07
	福建	厦门市政集团有限公司	58.20
	安徽	黄山城投集团有限公司	58.28
	河北	沧州市建设投资集团有限公司*	58.37
	浙江	丽水市城市建设投资集团有限公司*	58.40
	福建	福州城市建设投资集团有限公司*	58.42
	湖北	黄石市城市发展投资集团有限公司	58.45
	山东	德州德达投资控股集团有限公司	58.55
	广东	阳江市城市投资集团有限公司	58.60
	浙江	宁波通商控股集团有限公司	58.71
	云南	昆明市城建投资开发有限责任公司*	58.84
	甘肃	定西国有投资(控股)集团有限公司	58.98
	湖北	咸宁城市发展(集团)有限责任公司*	59.07
	湖北	湖北澴川国有资本投资运营集团有限公司	59.19
	江西	上饶投资控股集团有限公司	59.35
	安徽	宿州市城市建设投资集团(控股)有限公司*	59.49
	江苏	南京市城市建设投资控股(集团)有限责任公司*	59.54
	四川	内江投资控股集团有限公司	59.63
	广东	湛江市基础设施建设投资集团有限公司*	59.74
	广东	汕尾市投资控股有限公司	59.90
	陕西	西安城市基础设施建设投资集团有限公司*	59.98

续表

负债率区间	省份	单位名称	负债率
	湖北	恩施城市建设投资有限公司	60.39
	广东	深圳市特区建设发展集团有限公司*	60.73
	江苏	镇江城市建设产业集团有限公司*	60.81
	江西	景德镇市城市建设投资集团有限责任公司*	60.86
	广东	韶关市城市投资发展集团有限公司*	60.86
	新疆	伊犁哈萨克自治州财通国有资产经营有限责任公司	61.17
	河南	安阳投资集团有限公司*	61.30
	江西	赣州城市投资控股集团有限责任公司	61.35
	河南	鹤壁投资集团有限公司*	61.39
	湖南	岳阳市城市建设投资集团有限公司*	61.51
	山东	滨州市财金投资集团有限公司	61.54
	湖南	张家界市经济发展投资集团有限公司	61.56
	海南	海口市城市建设投资集团有限公司*	61.57
	四川	广安发展建设集团有限公司	61.60
	广西	广西柳州市城市建设投资发展集团有限公司*	61.63
	安徽	淮北市建投控股集团有限公司*	61.67
60%~69.99%	山东	菏泽市城市开发投资有限公司*	61.83
104家	安徽	合肥市滨湖新区建设投资有限公司*	61.92
	河南	信阳建投投资集团有限责任公司	61.96
	河南	洛阳国晟投资控股集团有限公司*	62.05
	山东	淄博市城市资产运营集团有限公司	62.06
	山东	临沂城市建设投资集团有限公司	62.07
	河南	新乡投资集团有限公司*	62.18
	安徽	宣城市国有资本投资运营控股集团有限公司*	62.47
	湖南	衡阳市城市建设投资有限公司	62.50
	安徽	蚌埠市城市投资控股有限公司*	62.56
	河南	商丘市发展投资集团有限公司	62.57
	四川	眉山天府新区投资集团有限公司	62.63
	河南	开封市发展投资集团有限公司	62.94
	安徽	宣城市城市建设集团有限公司*	62.97
	贵州	遵义市投资(集团)有限责任公司	63.12
	湖北	黄石市城市建设投资开发有限责任公司*	63.32
	浙江	浙江嘉兴国有资本投资运营有限公司	63.38
	河南	漯河投资控股集团有限公司	63.45

续表

负债率区间	省份	单位名称	负债率
60%～69.99% 104家	安徽	阜阳市建设投资控股集团有限公司*	63.49
	江苏	宿迁市城市建设投资(集团)有限公司	63.59
	江苏	无锡城建发展集团有限公司	63.65
	河南	焦作市投资集团有限公司*	63.71
	江西	宜春发展投资集团有限公司	63.84
	浙江	舟山海城建设投资集团有限公司*	63.85
	江西	上饶市城市建设投资开发集团有限公司*	63.89
	湖北	汉江国有资本投资集团有限公司*	64.04
	浙江	绍兴市城市建设投资集团有限公司*	64.11
	山西	运城市城市建设投资开发集团有限公司*	64.11
	湖南	湘潭城乡建设发展集团有限公司	64.13
	陕西	渭南市国有资本控股(集团)有限责任公司	64.23
	广西	广西贵港市城市投资发展集团有限公司	64.28
	河南	郑州市建设投资集团有限公司*	64.30
	江西	赣州城市开发投资集团有限责任公司*	64.45
	四川	达州市投资有限公司	64.53
	江苏	南通城市建设集团有限公司*	64.57
	江西	新余市城市建设投资开发有限公司	64.78
	山东	临沂城市发展集团有限公司*	64.86
	陕西	咸阳市城市建设投资控股集团有限公司*	64.95
	山西	临汾市投资集团有限公司*	65.00
	陕西	咸阳市城市发展集团有限公司	65.49
	福建	三明市城市建设投资集团有限公司	65.60
	北京	北京市基础设施投资有限公司	65.64
	浙江	台州市城市建设投资发展集团有限公司*	65.71
	安徽	合肥市建设投资控股(集团)有限公司*	65.85
	四川	广元市投资发展集团有限公司	65.99
	新疆	博尔塔拉蒙古自治州国有资产投资经营有限责任公司	66.07
	安徽	建安投资控股集团有限公司	66.09
	辽宁	本溪市城市建设投资发展有限公司*	66.10
	浙江	湖州市城市投资发展集团有限公司*	66.13
	安徽	阜阳投资发展集团有限公司	66.26
	江苏	泰州市城市建设投资集团有限公司	66.40
	新疆	昌吉州国有资产投资经营集团有限公司	66.45

续表

负债率区间	省份	单位名称	负债率
60%~69.99% 104家	山东	泰安市泰山财金投资集团有限公司	66.73
	山东	青岛城市建设投资(集团)有限责任公司*	66.76
	湖北	鄂州市城市建设投资有限公司*	66.90
	湖南	株洲市城市建设发展集团有限公司*	66.93
	天津	天津城市基础设施建设投资集团有限公司*	66.98
	江苏	常州市城市建设(集团)有限公司*	67.01
	陕西	渭南市城市投资集团有限公司*	67.07
	青海	西宁城市投资管理有限公司*	67.18
	湖北	荆门市城市建设投资控股集团有限公司*	67.19
	浙江	嘉兴市城市投资发展集团有限公司*	67.33
	河南	许昌市建设投资有限责任公司*	67.35
	山西	太原市龙城发展投资集团有限公司*	67.49
	河南	驻马店市城乡建设投资集团有限公司	67.55
	安徽	亳州城建发展控股集团有限公司*	68.05
	甘肃	平凉市城乡发展建设投资集团有限公司	68.15
	河北	张家口通泰控股集团有限公司	68.15
	广西	广西柳州市投资控股集团有限公司	68.30
	广西	广西柳州市东城投资开发集团有限公司*	68.31
	江苏	徐州市新盛投资控股集团有限公司*	68.35
	江苏	扬州市城建国有资产控股(集团)有限责任公司*	68.37
	江苏	盐城市城市建设投资集团有限公司*	68.49
	广东	佛山市投资控股集团有限公司	68.52
	广东	清远市德晟投资集团有限公司	68.79
	河南	南阳投资集团有限公司	68.81
	湖北	武汉市城市建设投资开发集团有限公司*	68.83
	河北	河北顺德投资集团有限公司	68.87
	湖北	宜昌城市发展投资集团有限公司*	68.87
	江苏	盐城市城市资产投资集团有限公司	68.88
	江苏	连云港市城建控股集团有限公司*	69.29
	江西	宜春市城市建设投资开发有限公司*	69.63
	西藏	拉萨市城市建设投资经营有限公司*	69.80
	湖北	荆州市城市发展控股集团有限公司*	69.86
	江西	南昌市政公用集团有限公司	69.93
	四川	成都城建投资管理集团有限责任公司*	69.94
	浙江	温州市城市建设发展集团有限公司*	69.95
	广东	肇庆市国联投资控股有限公司	69.95

续表

负债率区间	省份	单位名称	负债率
70%及以上 19家	四川	乐山国有资产投资运营(集团)有限公司	70.27
	河北	石家庄国控城市发展投资集团有限责任公司	70.31
	甘肃	兰州建设投资(控股)集团有限公司*	70.36
	河北	承德市国控投资集团有限责任公司	70.53
	江西	南昌市建设投资集团有限公司*	70.62
	辽宁	鞍山市城市建设发展投资运营集团有限公司*	70.67
	河南	漯河市城市投资控股集团有限公司*	70.68
	山东	济宁城投控股集团有限公司*	70.87
	甘肃	兰州投资(控股)集团有限公司	70.89
	贵州	黔西南州兴安开发投资股份有限公司	71.80
	河南	郑州发展投资集团有限公司	72.02
	广东	珠海大横琴集团有限公司	72.37
	山东	济南城市投资集团有限公司*	72.46
	山西	大同市经济建设投资集团有限责任公司*	72.58
	山东	济南城市建设集团有限公司	72.81
	辽宁	葫芦岛市城建交通集团有限公司*	75.51
	陕西	延安城市建设投资(集团)有限责任公司*	75.99
	陕西	宝鸡市投资(集团)有限公司*	76.68
	山东	日照市城市建设投资集团有限公司*	79.16

资料来源：根据各公司年度审计报告等公开资料及中国城发会城投专委会会员单位（名称带＊）报送数据。

附录六
2023年全国城投公司主体信用评级情况

数目	省份	单位名称	等级	评级单位
	北京	北京市基础设施投资有限公司	AAA	中诚信国际
	江苏	常州市城市建设(集团)有限公司 *	AAA	中诚信国际
	吉林	长春城投建设投资(集团)有限公司 *	AAA	联合资信
	吉林	长春市城市发展投资控股(集团)有限公司 *	AAA	中诚信国际
	湖南	长沙城市发展集团有限公司	AAA	中诚信国际
	湖南	长沙市城市建设投资开发集团有限公司 *	AAA	中诚信国际
	四川	成都城建投资管理集团有限责任公司 *	AAA	东方金诚
	广东	佛山市投资控股集团有限公司	AAA	联合资信
	福建	福州城市建设投资集团有限公司 *	AAA	联合资信
	江西	赣城城市投资控股集团有限责任公司	AAA	远东资信
	广东	广州市城市建设投资集团有限公司 *	AAA	联合资信
	贵州	贵阳市城市建设投资集团有限公司 *	AAA	东方金诚
AAA 61家	海南	海口市城市建设投资集团有限公司 *	AAA	大公国际
	湖北	汉江国有资本投资集团有限公司 *	AAA	中诚信国际
	浙江	杭州市城市建设投资集团有限公司 *	AAA	联合资信
	安徽	合肥市建设投资控股(集团)有限公司 *	AAA	中诚信国际
	浙江	湖州市城市投资发展集团有限公司 *	AAA	中诚信国际
	江苏	淮安市城市发展投资控股集团有限公司	AAA	中证鹏元
	江苏	淮安市国有联合投资发展集团有限公司 *	AAA	大公国际
	山东	济南城市建设集团有限公司	AAA	联合资信
	山东	济南城市投资集团有限公司 *	AAA	联合资信
	浙江	嘉兴市城市投资发展集团有限公司 *	AAA	远东资信
	江西	九江市城市发展集团有限公司 *	AAA	东方金诚
	江西	九江市国有投资控股集团有限公司	AAA	远东资信
	山东	临沂城市建设投资集团有限公司	AAA	东方金诚

续表

数目	省份	单位名称	等级	评级单位
	河南	洛阳国晟投资控股集团有限公司*	AAA	联合资信
	江西	南昌市建设投资集团有限公司*	AAA	东方金诚
	江西	南昌市政公用集团有限公司	AAA	东方金诚
	江苏	南京市城市建设投资控股(集团)有限责任公司*	AAA	中诚信国际
	广西	南宁城市建设投资集团有限责任公司*	AAA	联合资信
	江苏	南通城市建设集团有限公司*	AAA	中证鹏元
	浙江	宁波城建投资集团有限公司*	AAA	中诚信国际
	浙江	宁波通商控股集团有限公司	AAA	中诚信国际
	山东	青岛城市建设投资(集团)有限责任公司*	AAA	中证鹏元
	福建	泉州城建集团有限公司*	AAA	中诚信国际
	福建	厦门市政集团有限公司	AAA	联合资信
	上海	上海城投(集团)有限公司*	AAA	新世纪评级
	江西	上饶投资控股集团有限公司	AAA	东方金诚
	浙江	绍兴市城市建设投资集团有限公司*	AAA	联合资信
	广东	深圳市特区建设发展集团有限公司*	AAA	新世纪评级
	河北	石家庄国控城市发展投资集团有限责任公司	AAA	大公国际
	江苏	苏州城市建设投资发展(集团)有限公司*	AAA	中诚信国际
AAA 61家	山西	太原市龙城发展投资集团有限公司*	AAA	联合资信
	天津	天津城市基础设施建设投资集团有限公司*	AAA	联合资信
	山东	潍坊市城市建设发展投资集团有限公司*	AAA	大公国际
	浙江	温州市城市建设发展集团有限公司*	AAA	中诚信国际
	新疆	乌鲁木齐城市建设投资(集团)有限公司*	AAA	新世纪评级
	江苏	无锡城建发展集团有限公司	AAA	大公国际
	安徽	芜湖市建设投资有限公司*	AAA	中诚信国际
	湖北	武汉市城市建设投资开发集团有限公司*	AAA	新世纪评级
	陕西	西安城市基础设施建设投资集团有限公司*	AAA	中诚信国际
	江苏	徐州市新盛投资控股集团有限公司*	AAA	联合资信
	江苏	盐城市城市资产投资集团有限公司*	AAA	大公国际
	江苏	扬州市城建国有资产控股(集团)有限责任公司*	AAA	东方金诚
	陕西	榆林市城市投资经营集团有限公司*	AAA	中证鹏元
	浙江	浙江嘉兴国有资本投资运营有限公司*	AAA	联合资信
	河南	郑州发展投资集团有限公司*	AAA	中诚信国际
	广东	中山投资控股集团有限公司	AAA	中证鹏元
	重庆	重庆市城市建设投资(集团)有限公司*	AAA	新世纪评级
	广东	珠海大横琴集团有限公司*	AAA	新世纪评级
	山东	淄博市城市资产运营集团有限公司*	AAA	大公国际

续表

数目	省份	单位名称	等级	评级单位
	辽宁	鞍山市城市建设发展投资运营集团有限公司*	AA+	中诚信国际
	四川	巴中发展控股集团有限公司	AA+	安融评级
	新疆	巴州国信建设发展投融资有限公司	AA+	中诚信国际
	安徽	蚌埠市城市投资控股有限公司*	AA+	中证鹏元
	山东	滨州市财金投资集团有限公司	AA+	联合资信
	河北	沧州市建设投资集团有限公司*	AA+	大公国际
	新疆	昌吉州国有资产投资经营集团有限公司	AA+	中诚信国际
	湖南	常德市城市建设投资集团有限公司	AA+	大公国际
	湖南	郴州市发展投资集团有限公司*	AA+	联合资信
	河北	承德市国控投资集团有限责任公司	AA+	大公国际
	内蒙古	赤峰市城市建设投资(集团)有限公司*	AA+	东方金诚
	安徽	滁州市城市投资控股集团有限公司*	AA+	大公国际
	四川	达州市投资有限公司	AA+	中证鹏元
	辽宁	大连市城市建设投资集团有限公司*	AA+	联合资信
	黑龙江	大庆市城市建设投资开发有限公司*	AA+	中诚信国际
	山东	德州德达投资控股集团有限公司	AA+	联合资信
AA+ 112家	山东	德州市城市建设投资发展集团有限公司*	AA+	中诚信国际
	广东	东莞实业投资控股集团有限公司*	AA+	中诚信国际
	山东	东营市城市建设发展集团有限公司*	AA+	联合资信
	江西	抚州市市属国有资产投资控股集团有限公司*	AA+	东方金诚
	安徽	阜阳市建设投资控股集团有限公司*	AA+	联合资信
	安徽	阜阳投资发展集团有限公司	AA+	联合资信
	江西	赣州城市开发投资集团有限责任公司*	AA+	中诚信国际
	广西	广西柳州市城市建设投资发展集团有限公司*	AA+	联合资信
	广西	广西柳州市东城投资开发集团有限公司*	AA+	中诚信国际
	广西	广西柳州市投资控股集团有限公司	AA+	东方金诚
	黑龙江	哈尔滨市城市建设投资集团有限公司*	AA+	大公国际
	河北	邯郸城市发展投资集团有限公司*	AA+	联合资信
	安徽	合肥市滨湖新区建设投资有限公司*	AA+	大公国际
	河北	河北顺德投资集团有限公司	AA+	大公国际
	山东	菏泽投资发展集团有限公司	AA+	大公国际
	湖南	衡阳市城市建设投资有限公司	AA+	联合资信
	湖北	湖北澴川国有资本投资运营集团有限公司	AA+	中证鹏元
	安徽	淮北市建投控股集团有限公司*	AA+	大公国际

续表

数目	省份	单位名称	等级	评级单位
	安徽	淮南建设发展控股(集团)有限公司*	AA+	大公国际
	湖北	黄冈市城市建设投资有限公司*	AA+	中证鹏元
	湖北	黄石市城市发展投资集团有限公司	AA+	联合资信
	江西	吉安城投控股集团有限公司	AA+	中证鹏元
	山东	济宁城投控股集团有限公司*	AA+	大公国际
	安徽	建安投资控股集团有限公司	AA+	中诚信国际
	安徽	江东控股集团有限责任公司*	AA+	大公国际
	广东	江门市城市发展投资集团有限公司	AA+	新世纪评级
	河南	焦作市投资集团有限公司*	AA+	大公国际
	浙江	金华市城市建设投资集团有限公司*	AA+	新世纪评级
	山西	晋中市公用基础设施投资控股(集团)有限公司*	AA+	大公国际
	湖北	荆门市城市建设投资控股集团有限公司*	AA+	中证鹏元
	湖北	荆州市城市发展控股集团有限公司*	AA+	大公国际
	河南	开封市发展投资集团有限公司	AA+	联合资信
	新疆	克拉玛依市城市建设投资发展有限责任公司*	AA+	联合资信
	云南	昆明市城建投资开发有限责任公司*	AA+	联合资信
AA+ 112家	西藏	拉萨市城市建设投资经营有限公司*	AA+	中诚信国际
	甘肃	兰州建设投资(控股)集团有限公司*	AA+	新世纪评级
	甘肃	兰州投资(控股)集团有限公司	AA+	中证鹏元
	四川	乐山国有资产投资运营(集团)有限公司	AA+	大公国际
	浙江	丽水市城市建设投资集团有限公司*	AA+	中诚信国际
	江苏	连云港市城建控股集团有限公司*	AA+	新世纪评级
	四川	凉山州发展(控股)集团有限责任公司	AA+	联合资信
	山西	临汾市投资集团有限公司*	AA+	大公国际
	山东	临沂城市发展集团有限公司*	AA+	中证鹏元
	安徽	六安城市建设投资有限公司	AA+	大公国际
	福建	龙岩城市发展集团有限公司	AA+	联合资信
	四川	泸州市兴泸投资集团有限公司	AA+	联合资信
	河南	漯河投资控股集团有限公司	AA+	中证鹏元
	四川	眉山天府新区投资集团有限公司	AA+	东方金诚
	河南	南阳投资集团有限公司	AA+	联合资信
	四川	内江投资控股集团有限公司	AA+	安融评级
	河南	平顶山发展投资控股集团有限公司*	AA+	大公国际
	河南	濮阳市国有资本运营集团有限公司	AA+	联合资信

续表

数目	省份	单位名称	等级	评级单位
	浙江	衢州市城市投资发展集团有限公司*	AA+	新世纪评级
	河南	三门峡市投资集团有限公司	AA+	中诚信国际
	海南	三亚城市投资建设集团有限公司*	AA+	中诚信国际
	广东	汕头市投资控股集团有限公司*	AA+	中证鹏元
	河南	商丘市发展投资集团有限公司	AA+	中诚信国际
	江西	上饶市城市建设投资开发集团有限公司*	AA+	中诚信国际
	湖南	邵阳市城市建设投资经营集团有限公司	AA+	大公国际
	湖北	十堰市城市发展控股集团有限公司	AA+	中证鹏元
	江苏	宿迁市城市建设投资(集团)有限公司	AA+	大公国际
	安徽	宿州市城市建设投资集团(控股)有限公司*	AA+	联合资信
	浙江	台州市城市建设投资发展集团有限公司*	AA+	东方金诚
	山东	泰安市泰山财金投资集团有限公司	AA+	中诚信国际
	江苏	泰州市城市建设投资集团有限公司	AA+	联合资信
	安徽	同安控股有限责任公司*	AA+	中诚信国际
	山东	威海城市投资集团有限公司	AA+	中诚信国际
	陕西	渭南市国有资本控股(集团)有限责任公司	AA+	中证鹏元
AA+ 112家	青海	西宁城市投资管理有限公司*	AA+	大公国际
	湖北	咸宁城市发展(集团)有限责任公司*	AA+	中证鹏元
	陕西	咸阳市城市发展集团有限公司	AA+	中诚信国际
	湖南	湘潭城乡建设发展集团有限公司	AA+	联合资信
	山西	忻州资产经营集团有限公司	AA+	中证鹏元
	河南	新乡投资集团有限公司*	AA+	联合资信
	河南	信阳建设投资集团有限责任公司	AA+	联合资信
	江苏	徐州市国有资产投资经营集团有限公司*	AA+	东方金诚
	河南	许昌市投资集团有限公司	AA+	大公国际
	安徽	宣城市国有资本投资运营控股集团有限公司*	AA+	联合资信
	陕西	延安城市建设投资(集团)有限责任公司*	AA+	东方金诚
	江苏	盐城市城市建设投资集团有限公司*	AA+	新世纪评级
	新疆	伊犁哈萨克自治州财通国有资产经营有限责任公司	AA+	联合资信
	湖北	宜昌城市发展投资集团有限公司*	AA+	大公国际
	江西	宜春发展投资集团有限公司	AA+	中诚信国际
	宁夏	银川城市建设发展投资集团有限公司*	AA+	中诚信国际
	宁夏	银川通联资本投资运营集团有限公司	AA+	中诚信国际
	湖南	永州市城市发展集团有限责任公司*	AA+	大公国际

续表

数目	省份	单位名称	等级	评级单位
AA+ 112家	湖南	岳阳市城市建设投资集团有限公司*	AA+	联合资信
	山西	运城市城市建设投资开发集团有限公司*	AA+	东方金诚
	广东	肇庆市国联投资控股有限公司	AA+	新世纪评级
	江苏	镇江城市建设产业集团有限公司*	AA+	新世纪评级
	河南	郑州市建设投资集团有限公司*	AA+	中诚信国际
	河南	周口市投资集团有限公司*	AA+	东方金诚
	浙江	舟山海城建设投资集团有限公司*	AA+	中诚信国际
	湖南	株洲市城市建设发展集团有限公司*	AA+	中诚信国际
	河南	驻马店市城乡建设投资集团有限公司	AA+	大公国际
	贵州	遵义市投资（集团）有限责任公司	AA+	东方金诚
AA 67家	新疆	阿勒泰地区国有资产投资经营有限公司	AA	联合资信
	贵州	安顺市城市建设投资有限责任公司*	AA	联合资信
	河南	安阳投资集团有限公司*	AA	东方金诚
	陕西	宝鸡市投资（集团）有限公司*	AA	联合资信
	辽宁	本溪市城市建设投资发展有限公司*	AA	中诚信国际
	贵州	毕节市信泰投资有限公司	AA	东方金诚
	安徽	亳州城建发展控股集团有限公司*	AA	中诚信国际
	新疆	博尔塔拉蒙古自治州国有资产投资经营有限责任公司	AA	新世纪评级
	安徽	池州建设投资集团有限公司	AA	中证鹏元
	山西	大同市经济建设投资集团有限责任公司*	AA	大公国际
	甘肃	定西国有投资（控股）集团有限公司	AA	中诚信国际
	湖北	鄂州市城市建设投资有限公司*	AA	大公国际
	湖北	恩施城市建设投资有限公司	AA	中证鹏元
	四川	广安发展建设集团有限公司	AA	联合资信
	广西	广西崇左市城市建设投资发展集团有限公司	AA	东方金诚
	广西	广西贵港市城市投资发展集团有限公司	AA	东方金诚
	四川	广元市投资发展集团有限公司	AA	中诚信国际
	山东	菏泽市城市开发投资有限公司*	AA	大公国际
	河南	鹤壁投资集团有限公司*	AA	中证鹏元
	黑龙江	黑龙江省鹤城建设投资发展集团有限公司*	AA	大公国际
	湖南	怀化市城市建设投资有限公司*	AA	联合资信
	安徽	黄山城投集团有限公司	AA	中诚信国际
	湖北	黄石市城市建设投资开发有限责任公司*	AA	联合资信

续表

数目	省份	单位名称	等级	评级单位
	黑龙江	佳木斯市新时代城市基础设施建设投资（集团）有限公司 *	AA	大公国际
	河南	焦作市建设投资（控股）有限公司 *	AA	联合资信
	江西	景德镇市城市建设投资集团有限责任公司 *	AA	中证鹏元
	湖南	娄底市城市发展集团有限公司 *	AA	联合资信
	河南	漯河市城市投资控股集团有限公司 *	AA	中证鹏元
	黑龙江	牡丹江市国有资产投资控股有限公司	AA	中诚信国际
	四川	攀枝花城建交通（集团）有限公司 *	AA	中诚信国际
	甘肃	平凉市城乡发展建设投资集团有限公司	AA	中证鹏元
	江西	萍乡市城市建设投资集团有限公司	AA	大公国际
	贵州	黔东南州开发投资（集团）有限责任公司	AA	东方金诚
	贵州	黔西南州兴安开发投资股份有限公司	AA	中证鹏元
	广西	钦州市开发投资集团有限公司	AA	中证鹏元
	河北	秦皇岛市城市发展投资控股集团有限公司 *	AA	中诚信国际
	广东	清远市德晟投资集团有限公司	AA	东方金诚
	山东	日照市城市建设投资集团有限公司 *	AA	联合资信
AA 67家	福建	三明市城市建设投资集团有限公司	AA	中诚信国际
	广东	汕尾市投资控股有限公司	AA	联合资信
	广东	韶关市城市投资发展集团有限公司 *	AA	中证鹏元
	山西	朔州市投资建设开发有限公司	AA	中证鹏元
	湖北	随州市城市投资集团有限公司	AA	中诚信国际
	四川	遂宁兴业投资集团有限公司	AA	联合资信
	甘肃	天水市城市建设投资（集团）有限公司 *	AA	联合资信
	吉林	通化市丰源投资开发有限公司	AA	东方金诚
	安徽	铜陵市建设投资控股有限责任公司	AA	大公国际
	陕西	渭南市城市投资集团有限公司 *	AA	大公国际
	陕西	咸阳市城市建设投资控股集团有限公司 *	AA	中证鹏元
	湖南	湘西自治州吉凤投资开发有限责任公司	AA	东方金诚
	新疆	新疆维吾尔自治区哈密市国有资产投资经营有限公司	AA	中诚信国际
	江西	新余市城市建设投资开发有限公司	AA	中诚信国际
	河南	信阳华信投资集团有限责任公司 *	AA	大公国际
	河南	许昌市建设投资有限责任公司 *	AA	联合资信
	安徽	宣城市城市建设集团有限公司 *	AA	联合资信

续表

数目	省份	单位名称	等级	评级单位
AA 67家	四川	雅安发展投资有限责任公司	AA	联合资信
	广东	阳江市城市投资集团有限公司	AA	联合资信
	江西	宜春市城市建设投资开发有限公司 *	AA	中证鹏元
	湖南	益阳市城市建设投资运营集团有限责任公司 *	AA	联合资信
	辽宁	营口市城市建设投资发展有限公司 *	AA	中证鹏元
	湖南	永州市经济建设投资发展集团有限责任公司 *	AA	联合资信
	广西	玉林市城市建设投资集团有限公司	AA	中诚信国际
	广东	湛江市基础设施建设投资集团有限公司 *	AA	中诚信国际
	湖南	张家界市经济发展投资集团有限公司	AA	联合资信
	河北	张家口通泰控股集团有限公司	AA	东方金诚
	四川	资阳发展投资集团有限公司	AA	联合资信
	四川	自贡市国有资本投资运营集团有限公司	AA	中诚信国际

资料来源：根据各公司年度审计报告等公开资料及中国城发会城投专委会会员单位（名称带＊）报送数据。

附录七
2023年全国区县级城投公司总资产情况

单位：亿元

序号	单位名称	省份	总资产
1	闽西兴杭国有资产投资经营有限公司	福建	3571.25
2	杭州萧山国有资产经营集团有限公司	浙江	3400.17
3	绍兴市柯桥区国有资产投资经营集团有限公司	浙江	3127.75
4	诸暨市国有资产经营有限公司	浙江	2910.79
5	义乌市国有资本运营有限公司	浙江	2528.57
6	杭州市拱墅区城市建设发展控股集团有限公司	浙江	2354.12
7	青岛西海岸新区融合控股集团有限公司	山东	2349.09
8	成都市成华发展集团有限责任公司	四川	2082.05
9	余姚市舜财投资控股有限公司	浙江	2076.78
10	绍兴市上虞区国有资本投资运营有限公司	浙江	1948.98
11	嵊州市投资控股有限公司	浙江	1941.78
12	南京大江北国资投资集团有限公司	江苏	1822.77
13	慈溪市国有资产投资控股有限公司	浙江	1802.61
14	浙江省新昌县投资发展集团有限公司	浙江	1793.73
15	杭州上城区国有资本运营集团有限公司	浙江	1781.76
16	桐乡市国有资本投资运营有限公司	浙江	1766.95
17	成都香城投资集团有限公司	四川	1730.87
18	青岛上合控股发展集团有限公司	山东	1702.09
19	成都市武侯国有资本投资运营集团有限责任公司	四川	1691.83
20	杭州市临安区国有股权控股有限公司	浙江	1684.18
21	曹妃甸国控投资集团有限公司	河北	1635.88
22	苏州苏高新集团有限公司	江苏	1581.44
23	成都陆港枢纽投资发展集团有限公司	四川	1562.48
24	浙江安吉两山国有控股集团有限公司	浙江	1499.40

续表

序号	单位名称	省份	总资产
25	杭州临平城市建设集团有限公司	浙江	1427.74
26	海宁市资产经营公司	浙江	1411.62
27	成都空港兴城投资集团有限公司	四川	1407.10
28	成都市锦江投资发展集团有限责任公司	四川	1389.05
29	成都天府大港集团有限公司	四川	1387.24
30	成都经开产业投资集团有限公司	四川	1386.59
31	福建省晋江市建设投资控股集团有限公司	福建	1384.40
32	杭州西湖投资集团有限公司	浙江	1381.77
33	杭州余杭城市发展投资集团有限公司	浙江	1378.06
34	杭州富阳城市建设投资集团有限公司	浙江	1373.65
35	江苏武进经济发展集团有限公司	江苏	1337.40
36	江阴国有资本控股(集团)有限公司	江苏	1335.96
37	嘉兴市嘉秀发展投资控股集团有限公司	浙江	1315.29
38	苏州市相城国有资本投资有限公司	江苏	1281.61
39	浙江瓯海城市建设投资集团有限公司	浙江	1262.82
40	如东县东泰社会发展投资有限责任公司	江苏	1236.04
41	温岭市国有资产投资集团有限公司	浙江	1204.13
42	成都湔江投资集团有限公司	四川	1182.20
43	太仓市国有资本投资控股有限公司	江苏	1140.82
44	大连金普新区产业控股集团有限公司	辽宁	1137.88
45	成都都江堰投资发展集团有限公司	四川	1120.39
46	东阳市国有资产投资有限公司	浙江	1119.27
47	常高新集团有限公司	江苏	1094.41
48	浙江兴上合城市开发集团有限公司	浙江	1066.78
49	台州市黄岩国有资本投资运营集团有限公司	浙江	1059.31
50	平湖市国有资产控股集团有限公司	浙江	1058.01
51	昆山国创投资集团有限公司	江苏	1052.13
52	成都西盛投资集团有限公司	四川	1051.48
53	乐清市国有投资有限公司	浙江	1036.00
54	湖州吴兴城市投资发展集团有限公司	浙江	1035.10
55	海盐县国有资产经营有限公司	浙江	1028.92
56	苏州市吴江城市投资发展集团有限公司	江苏	1028.41
57	临海市国有资产投资控股集团有限公司	浙江	1025.13
58	成都温江兴蓉西城市运营集团有限公司	四川	1012.03

续表

序号	单位名称	省份	总资产
59	江苏金坛建设发展有限公司	江苏	1002.63
60	南京溧水城市建设集团有限公司	江苏	995.75
61	泰州市兴化国有资产投资控股有限公司	江苏	988.16
62	浏阳市城乡发展集团有限责任公司	湖南	980.64
63	张家港市国有资本投资集团有限公司	江苏	968.97
64	丰城发展投资控股集团有限公司	江西	933.80
65	平阳县国诚控股有限公司	浙江	933.18
66	济宁市城运集团有限公司	山东	927.54
67	宁乡市城发投资控股集团有限公司	湖南	911.57
68	南京江宁国有资产经营集团有限公司	江苏	901.71
69	嘉善县国有资产投资集团有限公司	浙江	900.63
70	长兴交通投资集团有限公司	浙江	891.31
71	南京高淳国有资产经营控股集团有限公司	江苏	890.57
72	平潭综合实验区城市发展集团有限公司	福建	876.89
73	杭州高新国有控股集团有限公司	浙江	873.75
74	潍坊三农创新发展集团有限公司	山东	868.98
75	新沂市城市投资发展集团有限公司	江苏	851.52
76	台州市路桥公共资产投资管理集团有限公司	浙江	848.81
77	溧阳市城市建设发展集团有限公司	江苏	844.59
78	桐庐县国有资本投资运营控股集团有限公司	浙江	844.52
79	江苏润城城市投资控股集团有限公司	江苏	843.01
80	四川简州空港城市发展投资集团有限公司	四川	841.38
81	盐城市大丰区城市建设集团有限公司	江苏	839.74
82	武汉临空港投资集团有限公司	湖北	825.46
83	南京市六合区国有资产经营（控股）有限公司	江苏	820.56
84	贵溪市发展投资集团有限公司	江西	800.70
85	舟山市普陀区国有资产投资经营有限公司	浙江	799.54
86	宁波市奉化区投资集团有限公司	浙江	785.73
87	成都新津城市产业发展集团有限公司	四川	783.96
88	南京栖霞国资投资集团有限公司	江苏	778.35
89	湖北光谷东国有资本投资运营集团有限公司	湖北	775.75
90	建德市国有资产经营有限公司	浙江	774.87
91	常州新运城市发展集团有限公司	江苏	772.11
92	启东城投集团有限公司	江苏	768.14

序号	单位名称	省份	总资产
93	丹阳投资集团有限公司	江苏	766.57
94	肥西县产城投资控股(集团)有限公司	安徽	756.83
95	扬州市邗江城市建设发展有限公司	江苏	748.70
96	德清县建设发展集团有限公司	浙江	746.14
97	扬州龙川控股集团有限责任公司	江苏	739.85
98	宜宾市翠屏区国有资产经营管理有限责任公司	四川	732.83
99	泰兴市城市投资发展集团有限公司	江苏	732.81
100	无锡市新发集团有限公司	江苏	728.94
101	神木市国有资本投资运营集团有限公司	陕西	726.09
102	仁寿发展投资集团有限公司	四川	723.11
103	青岛融汇财富投资控股集团有限公司	山东	722.58
104	江苏句容福地生态科技有限公司	江苏	713.33
105	嘉兴市南湖投资开发建设集团有限公司	浙江	711.29
106	青岛昌阳集团有限公司	山东	693.13
107	舟山市定海区国有资产经营有限公司	浙江	684.98
108	泰州市金东城市建设投资集团有限公司	江苏	684.88
109	济南章丘控股集团有限公司	山东	677.53
110	台州市椒江区国有资本运营集团有限公司	浙江	675.47
111	醴陵市渌江投资控股集团有限公司	湖南	669.36
112	沛县城市建设投资发展集团有限公司	江苏	668.00
113	永康市国有资本投资控股集团有限公司	浙江	665.99
114	宜兴市城市发展投资有限公司	江苏	663.13
115	济南市中财金投资集团有限公司	山东	661.56
116	武汉市江夏国有投资控股集团有限公司	湖北	658.14
117	玉环市国有资产投资经营集团有限公司	浙江	657.31
118	宁波象港开发控股集团有限公司	浙江	655.46
119	淮安市清江浦城投控股集团有限公司	江苏	655.01
120	中牟投资集团有限公司	河南	653.90
121	江山市国有资产经营有限公司	浙江	653.73
122	平度市国有资产经营管理有限公司	山东	649.49
123	成都市金牛城市建设投资经营集团有限公司	四川	642.84
124	高密华荣实业发展有限公司	山东	640.11
125	济南历下控股集团有限公司	山东	639.72
126	江苏创鸿资产管理有限公司	江苏	639.21

续表

序号	单位名称	省份	总资产
127	江苏海州发展集团有限公司	江苏	635.70
128	福清市国有资产营运投资集团有限公司	福建	634.80
129	桃源县城市建设投资开发有限公司	湖南	622.76
130	青岛市即墨区城市开发投资有限公司	山东	622.62
131	泰州海陵城市发展集团有限公司	江苏	621.23
132	江苏海润城市发展集团有限公司	江苏	611.64
133	东台市城市建设投资发展集团有限公司	江苏	601.67
134	贵州宏财投资集团有限责任公司	贵州	598.38
135	海安市城建开发投资集团有限公司	江苏	597.91
136	杭州钱塘新区建设投资集团有限公司	浙江	595.05
137	郑州中原发展投资(集团)有限公司	河南	594.45
138	江苏苏海投资集团有限公司	江苏	593.68
139	长沙县星城控股集团有限公司	湖南	588.58
140	睢宁县润企投资有限公司	江苏	581.19
141	济宁市兖州区惠民城建投资有限公司	山东	578.96
142	青岛融海国有资本投资运营有限公司	山东	574.13
143	青岛市城阳区阳光城阳控股集团有限公司	山东	573.49
144	眉山市东坡发展投资集团有限公司	四川	571.84
145	齐河城投建设集团有限公司	山东	571.64
146	常州天宁建设发展集团有限公司	江苏	571.04
147	新疆天富集团有限责任公司	新疆	570.27
148	威海市环通产业投资集团有限公司	山东	569.50
149	南通市通州区惠通投资有限责任公司	江苏	568.14
150	淮安市宏信国有资产投资管理有限公司	江苏	567.68
151	仙居县产业投资发展集团有限公司	浙江	564.31
152	仪征市城市发展投资控股集团有限公司	江苏	557.51
153	衢州市衢江控股集团有限公司	浙江	556.30
154	迁安市兴源水务产业投资有限公司	河北	551.04
155	西安世园投资(集团)有限公司	陕西	548.86
156	济南历城控股集团有限公司	山东	548.20
157	富皋万泰集团有限公司	江苏	543.96
158	苏州市吴中城市建设投资集团有限公司	江苏	542.71
159	绍兴市越城区城市发展建设集团有限公司	浙江	540.15
160	江苏宿城国有资产经营管理有限公司	江苏	531.85

序号	单位名称	省份	总资产
161	威海市文登区蓝海投资开发有限公司	山东	531.42
162	广州市增城区城市建设投资集团有限公司	广东	529.29
163	龙港市国有资本运营集团有限公司	浙江	528.96
164	宁海县城投集团有限公司	浙江	527.85
165	武义县国有资本控股集团有限公司	浙江	526.30
166	合肥北城建设投资(集团)有限公司	安徽	524.95
167	南通市崇川高新产业园区发展(集团)有限公司	江苏	524.81
168	邹城市城资控股集团有限公司	山东	520.67
169	宜都市国通投资开发有限责任公司	湖北	520.20
170	南充临江东方投资集团有限公司	四川	520.14
171	南京建邺国有资产经营集团有限公司	江苏	518.51
172	长沙开福城投集团有限责任公司	湖南	516.85
173	新郑市投资集团有限公司	河南	514.53
174	永嘉投资集团有限公司	浙江	514.49
175	广东南海控股集团有限公司	广东	514.46
176	高安市发展投资集团有限公司	江西	512.04
177	建湖县城市建设投资集团有限公司	江苏	503.89
178	宁波市海曙开发建设投资集团有限公司	浙江	503.36
179	寿光市惠农新农村建设投资开发有限公司	山东	500.97
180	丰县城市建设投资集团有限公司	江苏	499.35
181	长沙市望城区城市发展集团有限公司	湖南	496.28
182	淮安市淮阴区城市资产经营有限公司	江苏	485.15
183	上饶市广信投资集团有限公司	江西	484.71
184	合肥东部新城建设投资有限公司	安徽	478.62
185	淄博市临淄区九合财金控股有限公司	山东	478.15
186	贵阳南明投资(集团)有限责任公司	贵州	477.71
187	无锡市惠山国有投资控股集团有限公司	江苏	467.76
188	仙桃市城市建设投资开发有限公司	湖北	466.63
189	江苏海州湾发展集团有限公司	江苏	460.83
190	江苏华靖资产经营有限公司	江苏	460.03
191	巢湖市城镇建设投资有限公司	安徽	458.30
192	宁国市国有资本控股集团有限公司	安徽	457.88
193	成都市兴城建实业发展有限责任公司	四川	457.74
194	广东顺德控股集团有限公司	广东	453.54

续表

序号	单位名称	省份	总资产
195	古蔺县国有资产经营有限责任公司	四川	451.42
196	舟山群岛新区蓬莱国有资产投资集团有限公司	浙江	451.20
197	西安未央城市建设控股有限公司	陕西	450.99
198	江苏安东控股集团有限公司	江苏	443.16
199	禹州市投资总公司	河南	437.38
200	肇庆新区投资发展集团有限公司	广东	432.83
201	天长市城镇发展（集团）有限公司	安徽	430.03
202	盐城城北开发建设投资有限公司	江苏	426.38
203	武汉市汉阳控股集团有限公司	湖北	424.30
204	高邮市城市建设投资集团有限公司	江苏	424.13
205	潜江市城市建设投资开发有限公司	湖北	423.42
206	仁怀市城市开发建设投资经营有限责任公司	贵州	422.97
207	安徽乐行城市建设集团有限公司	安徽	420.92
208	扬州市运和城市建设投资集团有限公司	江苏	420.63
209	荣成市经济开发投资有限公司	山东	420.48
210	六盘水市钟山区城市建设投资有限公司	贵州	419.32
211	瑞安市国有资产投资集团有限公司	浙江	419.15
212	青田县国有资产控股集团有限公司	浙江	417.46
213	响水县灌江控股集团有限公司	江苏	416.30
214	郴州市百福投资集团有限公司	湖南	416.09
215	无锡市广益建发控股集团有限公司	江苏	407.34
216	福建石狮国有资本运营集团有限责任公司	福建	407.16
217	德兴市投资控股集团有限公司	江西	406.10
218	明光跃龙投资控股集团有限公司	安徽	405.79
219	无锡市滨湖国有资产运营（集团）有限公司	江苏	404.68
220	扬中市城市建设投资发展集团有限公司	江苏	403.50
221	江西省弋投建设（集团）有限公司	江西	400.92
222	温州市鹿城区城市发展集团有限公司	浙江	400.38
223	进贤创新发展控股集团有限公司	江西	400.00
224	兰溪市城市投资集团有限公司	浙江	399.08
225	龙游县国有资产经营有限公司	浙江	397.84
226	芜湖市镜湖建设投资有限公司	安徽	397.22
227	烟台市福山区国有控股集团有限公司	山东	397.21
228	烟台芝罘财金控股集团有限公司	山东	397.08

序号	单位名称	省份	总资产
229	遵义市红花岗城市建设投资经营有限公司	贵州	396.54
230	宜春市袁州区国投集团有限公司	江西	392.15
231	伊宁市国有资产投资经营(集团)有限责任公司	新疆	390.95
232	太和县国有资产投资控股集团有限公司	安徽	390.43
233	遂宁市天泰实业有限责任公司	四川	389.87
234	赣州市南康区城市建设发展集团有限公司	江西	388.24
235	长沙天心城市发展集团有限公司	湖南	387.56
236	安徽金安投资控股集团有限公司	安徽	386.49
237	长沙市雨花城市建设投资集团有限公司	湖南	385.32
238	滕州信华投资集团有限公司	山东	384.49
239	缙云县国有资产投资经营集团有限公司	浙江	384.09
240	聊城市安泰城乡投资开发有限责任公司	山东	381.75
241	浙江省天台县国有资产经营有限公司	浙江	378.27
242	巩义市新型城镇建设有限公司	河南	377.63
243	龙口市城乡建设投资发展有限公司	山东	376.88
244	日照兴岚控股集团有限公司	山东	376.78
245	射洪市国有资产经营管理集团有限公司	四川	376.20
246	盐城盛州集团有限公司	江苏	375.23
247	瑞金市国控建设投资有限公司	江西	374.89
248	淄博市张店区国有资产运营有限公司	山东	374.64
249	峨眉山发展(控股)有限责任公司	四川	373.57
250	青岛崂山科技创新发展集团有限公司	山东	372.61
251	上饶市广丰区发展集团有限公司	江西	372.55
252	山东济莱控股集团有限公司	山东	372.55
253	天门市城市建设投资有限公司	湖北	371.78
254	宁波市鄞城集团有限责任公司	浙江	371.70
255	贵阳云岩贵中土地开发基本建设投资管理集团有限公司	贵州	371.38
256	镇江市丹徒区建设投资有限公司	江苏	370.96
257	萍乡市昌兴投资有限公司	江西	369.80
258	南昌市红谷滩城市投资集团有限公司	江西	367.73
259	长沙市芙蓉城市建设投资集团有限公司	湖南	367.62
260	浦江县国有资本投资集团有限公司	浙江	366.65
261	金华市婺城区城乡建设投资集团有限公司	浙江	364.50
262	怀远县新型城镇化建设有限公司	安徽	364.46

续表

序号	单位名称	省份	总资产
263	泉州市泉港区国有资本投资运营有限公司	福建	364.22
264	泗洪县宏源公有资产经营有限公司	江苏	363.70
265	衢州市柯城区国有资产经营有限责任公司	浙江	360.84
266	赣州市章贡区建设投资集团有限公司	江西	360.64
267	遵义市汇川区城市建设投资经营有限公司	贵州	360.60
268	蒙城县城市发展投资控股集团有限公司	安徽	358.65
269	济源投资集团有限公司	河南	357.32
270	安徽金寨国有投资控股集团有限公司	安徽	356.92
271	宁波市江北区城市建设投资发展有限公司	浙江	356.87
272	湖北夷陵经济发展集团有限公司	湖北	355.59
273	于都县城市资本投资管理有限公司	江西	355.01
274	西安莲湖投资控股有限责任公司	陕西	354.24
275	贵阳白云城市建设投资集团有限公司	贵州	353.40
276	定远县城乡发展投资集团有限公司	安徽	352.22
277	成都西岭城市投资建设集团有限公司	四川	351.30
278	荥阳城市发展投资集团有限公司	河南	349.91
279	盱眙县天源控股集团有限公司	江苏	349.67
280	江苏金灌投资发展集团有限公司	江苏	349.16
281	厦门海沧投资集团有限公司	福建	348.46
282	闽侯县建设投资集团有限公司	福建	348.45
283	徐州兴铜城市建设投资控股集团有限公司	江苏	347.82
284	永州潇湘源城市发展集团有限公司	湖南	344.24
285	兴义市信恒城市建设投资有限公司	贵州	343.69
286	乳山市国有资本运营有限公司	山东	343.66
287	常熟市城市经营投资有限公司	江苏	343.47
288	宁波市镇开集团有限公司	浙江	342.64
289	临沂市兰山区城市开发建设投资集团有限公司	山东	342.31
290	宣汉发展投资集团有限公司	四川	341.60
291	郴州市新天投资有限公司	湖南	340.01
292	邛崃市建设投资集团有限公司	四川	339.09
293	山东晟鸿城市建设发展集团有限公司	山东	337.74
294	枝江市国有资产经营中心	湖北	337.42
295	湖南邵东生态产业园开发建设投资有限责任公司	湖南	335.48
296	泗县城市建设投资有限公司	安徽	335.36

序号	单位名称	省份	总资产
297	南京钟山资产经营管理集团有限公司	江苏	335.12
298	江油鸿飞投资(集团)有限公司	四川	334.77
299	湖南省楚之晟控股实业集团有限公司	湖南	334.70
300	广德市国有资产投资经营有限公司	安徽	333.41
301	武汉市硚口国资产经营有限公司	湖北	332.75
302	库尔勒城市建设(集团)有限责任公司	新疆	332.70
303	濮阳开州投资集团有限公司	河南	332.26
304	安宁发展投资集团有限公司	云南	331.19
305	南安市发展投资集团有限公司	福建	331.04
306	青州市城市建设投资开发有限公司	山东	330.46
307	成都兴蜀投资开发有限责任公司	四川	330.37
308	遵义市播州区城市建设投资经营(集团)有限公司	贵州	327.95
309	西昌海河文旅投资发展有限公司	四川	327.78
310	永兴银都投资发展集团有限公司	湖南	327.35
311	赣州市赣县区城市建设投资集团有限公司	江西	326.01
312	恩施城市建设投资有限公司	湖北	323.98
313	武汉洪山大学之城国资投资集团有限公司	湖北	323.95
314	濉溪建设投资控股集团有限公司	安徽	323.94
315	诸城市经开投资发展有限公司	山东	323.16
316	滨海县城镇建设发展有限公司	江苏	320.02
317	昌吉市国有资产投资经营有限责任公司	新疆	319.99
318	四川纳兴实业集团有限公司	四川	317.70
319	大连融强投资有限公司	辽宁	317.68
320	济阳国资投资控股集团有限公司	山东	316.34
321	宁波市北仑区现代服务业发展集团有限公司	浙江	312.12
322	宜宾市叙州区国有资产经营有限公司	四川	311.44
323	江门市新会银海集团有限公司	广东	310.89
324	郑州金水投资集团有限公司	河南	310.60
325	泉州市鲤城区国有资本投资集团有限公司	福建	310.47
326	株洲循环经济投资发展集团有限公司	湖南	310.39
327	滨州市滨城区经济开发投资有限公司	山东	310.29
328	曹县商都投资有限公司	山东	308.49
329	博乐市国有资产投资经营有限责任公司	新疆	307.92
330	枣阳市城市建设投资经营有限公司	湖北	307.62

续表

序号	单位名称	省份	总资产
331	上栗县赣湘城市投资有限公司	江西	306.28
332	长沙麓山投资控股集团有限公司	湖南	304.12
333	江门市滨江建设投资管理有限公司	广东	303.69
334	无锡锡山资产经营管理有限公司	江苏	302.66
335	芜湖新马投资有限公司	安徽	302.64
336	遂昌县国有资本投资运营集团有限责任公司	浙江	299.89
337	西安市雁塔区未来城市更新投资集团有限责任公司	陕西	298.94
338	新泰市统筹城乡发展集团有限公司	山东	297.36
339	南昌市新建区城市建设投资发展有限公司	江西	297.22
340	兰考县城市建设投资发展有限公司	河南	297.03
341	开化县国有资产经营有限责任公司	浙江	296.67
342	漳州市龙海区国有资产投资经营有限公司	福建	296.40
343	当阳市建设投资控股集团有限公司	湖北	295.67
344	湘乡市东山投资建设开发有限公司	湖南	291.43
345	宝应县城市建设投资发展有限公司	江苏	290.70
346	淳安县新安江生态开发集团有限公司	浙江	290.35
347	金华市金东城市建设投资集团有限公司	浙江	289.96
348	台山公控发展集团有限公司	广东	288.42
349	宿迁裕丰产业投资发展管理集团有限公司	江苏	286.56
350	清镇市建设投资(集团)股份有限公司	贵州	286.53
351	郑州二七国有资产经营有限公司	河南	285.86
352	青岛海诺投资发展有限公司	山东	285.44
353	珠海汇华控股集团有限公司	广东	282.55
354	海城市金财土地房屋投资有限公司	辽宁	281.51
355	息烽县城市建设投资有限公司	贵州	281.24
356	新东港控股集团有限公司	山东	280.08
357	玉山投资控股集团有限公司	江西	278.29
358	利辛县城乡发展建设投资集团有限公司	安徽	277.70
359	深圳市福田投资控股有限公司	广东	277.62
360	潜山市潜润投资控股集团有限公司	安徽	277.43
361	西安市长安城乡建设开发有限公司	陕西	276.82
362	徐州市贾汪城市建设投资有限公司	江苏	276.54
363	邹平市国有资产投资控股有限公司	山东	276.48
364	湖北松滋金松投资控股集团有限公司	湖北	273.99

序号	单位名称	省份	总资产
365	全椒全瑞投资控股集团有限公司	安徽	272.49
366	鹤山市公营资产经营有限公司	广东	272.44
367	万载县国有资产营运有限公司	江西	271.33
368	老河口城市建设投资集团有限公司	湖北	270.62
369	鄱阳投资发展集团有限公司	江西	269.63
370	麻城市城市发展投资集团有限公司	湖北	269.22
371	安顺市西秀区黔城产业股份有限公司	贵州	268.40
372	抚州市东乡区城市投资发展有限公司	江西	267.43
373	泸州阜阳投资集团有限公司	四川	267.06
374	金湖县国有资产经营投资有限责任公司	江苏	265.70
375	三门县国有资产投资控股有限公司	浙江	263.74
376	西安市碑林城市开发建设投资有限责任公司	陕西	263.61
377	湖南洞庭资源控股集团有限公司	湖南	263.26
378	彭泽县城市发展建设集团有限公司	江西	262.35
379	广州市番禺信息技术投资发展有限公司	广东	261.56
380	芜湖市鸠江建设投资有限公司	安徽	260.44
381	江西省萍乡市昌盛城市投资有限公司	江西	260.20
382	潍坊市城区西部投资发展集团有限公司	山东	258.83
383	贵阳泉丰城市建设投资有限公司	贵州	257.86
384	固镇县国有资本投资运营(集团)有限公司	安徽	257.31
385	庐江县城市建设投资有限公司	安徽	257.28
386	瑞昌市投资有限责任公司	江西	257.06
387	贵州金凤凰产业投资有限公司	贵州	256.59
388	安徽大别山国有资产投资(控股)集团有限公司	安徽	256.49
389	泸州兴阳投资集团有限公司	四川	255.71
390	江西省芦溪城市发展投资集团有限公司	江西	255.65
391	常德市鼎城江南新城建设投资开发有限公司	湖南	254.74
392	广汉市广鑫投资发展有限公司	四川	253.97
393	十堰市汉江星建设发展有限公司	湖北	251.90
394	兰陵县国有资产运营有限公司	山东	251.52
395	江苏福如东海发展集团有限公司	江苏	251.46
396	潍坊凤凰山国有资本投资运营管理有限公司	山东	250.54
397	阿克苏信诚资产投资经营有限责任公司	新疆	249.62
398	岳阳惠临投资发展有限公司	湖南	248.97

续表

序号	单位名称	省份	总资产
399	丽水市莲都区国有资产投资经营集团有限公司	浙江	248.70
400	四川聚兴建投实业有限公司	四川	246.41
401	阳城县国有资本投资运营有限公司	山西	245.51
402	南充市嘉陵发展投资有限公司	四川	245.20
403	滁州市南谯城市投资控股集团有限公司	安徽	245.14
404	泸州汇兴投资集团有限公司	四川	243.69
405	芜湖市湾沚建设投资有限公司	安徽	243.41
406	阳新县城镇建设投资开发有限公司	湖北	242.18
407	新密市财源投资集团有限公司	河南	239.09
408	安徽利民投资控股(集团)有限公司	安徽	237.92
409	安徽郎川控股集团有限公司	安徽	236.25
410	临沂振东建设投资有限公司	山东	234.01
411	松阳县国有资本投资运营集团有限公司	浙江	232.40
412	蒙自新型城镇化开发投资有限责任公司	云南	231.76
413	苍南县国有资产投资集团有限公司	浙江	230.12
414	登封市建设投资集团有限公司	河南	230.08
415	凤阳县经济发展投资有限公司	安徽	230.00
416	九江市濂溪区城投(集团)有限公司	江西	229.29
417	合肥滨湖国有资本运营控股集团有限公司	安徽	228.66
418	永安市国有资产投资经营有限责任公司	福建	228.38
419	黔南州国有资本营运有限责任公司	贵州	228.32
420	桓台县金海公有资产经营有限公司	山东	227.79
421	岳阳市君山区城市建设投资有限公司	湖南	227.17
422	伊川财源实业投资有限责任公司	河南	225.16
423	资中县兴资投资开发集团有限责任公司	四川	224.70
424	沈阳市和平区国有资产经营有限公司	辽宁	224.37
425	阜宁县城市发展投资集团有限公司	江苏	224.28
426	和县城市建设投资有限责任公司	安徽	221.84
427	嘉禾铸都发展集团有限公司	湖南	221.56
428	曲靖市麒麟区城乡建设投资(集团)有限公司	云南	221.33
429	株洲新芦淞产业发展集团有限公司	湖南	221.30
430	颍上县慎祥实业发展有限公司	安徽	221.27

续表

序号	单位名称	省份	总资产
431	福鼎市城市建设投资有限公司	福建	220.61
432	榆林市榆阳区国有资产运营有限公司	陕西	219.93
433	深圳市坪山区城市建设投资有限公司	广东	219.93
434	泸州市龙驰实业集团有限责任公司	四川	219.69
435	肇庆市高要建投投资开发集团有限公司	广东	218.96
436	温州市洞头城市发展有限公司	浙江	217.49
437	莒南县城市建设投资集团有限公司	山东	216.17
438	池州金桥投资集团有限公司	安徽	215.69
439	邓州市国有资产控股运营集团有限公司	河南	213.76
440	新安县发达建设投资集团有限公司	河南	213.55
441	江苏洪泽湖建设投资集团有限公司	江苏	212.80
442	射阳城市建设发展集团有限公司	江苏	212.43
443	来安县城市基础设施开发有限公司	安徽	211.99
444	乐亭投资集团有限公司	河北	211.23
445	桂阳县城市建设投资有限公司	湖南	211.05
446	毕节市七星关区新宇建设投资有限公司	贵州	210.87
447	南充市顺投发展集团有限公司	四川	210.60
448	长宁县国恒资本控股集团有限公司	四川	210.18
449	肥城市城投控股集团有限公司	山东	210.01
450	南陵县建设投资有限责任公司	安徽	209.61
451	成都蒲江建设投资集团有限公司	四川	208.90
452	株洲金城投资控股集团有限公司	湖南	207.85
453	临武县舜发城乡发展投资有限公司	湖南	206.86
454	禹城市众益城乡建设投资有限公司	山东	205.25
455	江西黄岗山投资股份有限公司	江西	204.67
456	深圳市龙华建设发展集团有限公司	广东	203.44
457	吉首华泰国有资产投资管理有限责任公司	湖南	203.21
458	潍坊恒建集团有限公司	山东	202.58
459	上饶市信州区投资控股集团有限公司	江西	202.40
460	临朐沂山实业有限公司	山东	202.01
461	常山县城市投资集团有限公司	浙江	201.57
462	宿州埇桥城投集团(控股)有限公司	安徽	201.46

续表

序号	单位名称	省份	总资产
463	黄河三角洲融鑫集团有限公司	山东	201.00
464	余干县发展控股集团有限公司	江西	200.86
465	济南槐荫城市建设投资集团有限公司	山东	200.23
466	林州市城市投资集团有限公司	河南	200.04

注："区县"指县级行政单位、已实现区政合一的功能区，暂不统计直辖市；每个区县选择本级管理的总资产最大的城投公司纳入榜单（总资产不低于 200 亿元），由上级政府（国资）控股但管理权仍在区县的城投公司也被纳入统计。

资料来源：根据各公司年度审计报告等公开资料统计。

附录八
2023年全国区县级城投公司负债率情况

单位：%

负债率区间	省份	单位名称	负债率
30%以下	陕西	榆林市榆阳区国有资产运营有限公司	21.55
	湖南	湘乡市东山投资建设开发有限公司	25.16
	广东	广州市增城区城市建设投资集团有限公司	26.79
	辽宁	大连融强投资有限公司	27.03
	江西	进贤创新发展控股集团有限公司	27.97
	湖南	湖南邵东生态产业园开发建设投资有限责任公司	28.64
	河南	禹州市投资总公司	28.85
	陕西	神木市国有资本投资运营集团有限公司	29.06
30%~39.99%	贵州	毕节市七星关区新宇建设投资有限公司	31.07
	贵州	黔南州国有资本营运有限责任公司	31.13
	山东	肥城市城投控股集团有限公司	31.30
	河南	登封市建设投资集团有限公司	31.59
	江西	鄱阳投资发展集团有限公司	32.35
	江西	赣州市赣县区城市建设投资集团有限公司	32.84
	河北	乐亭投资集团有限公司	34.06
	江苏	江苏句容福地生态科技有限公司	34.48
	江西	瑞昌市投资有限责任公司	34.53
	四川	泸州阜阳投资集团有限公司	34.60
	四川	长宁县国恒资本控股集团有限公司	36.63
	安徽	芜湖市湾沚建设投资有限公司	36.94
	湖南	桃源县城市建设投资开发有限公司	37.18
	陕西	西安未央城市建设控股有限公司	37.71
	湖南	嘉禾铸都发展集团有限公司	38.04
	湖南	桂阳县城市建设投资有限公司	38.28

续表

负债率区间	省份	单位名称	负债率
30%~39.99%	山东	平度市国有资产经营管理有限公司	38.29
	四川	泸州市龙驰实业集团有限责任公司	39.34
	湖南	郴州市新天投资有限公司	39.73
	山东	诸城市经开投资发展有限公司	39.77
40%~49.99%	贵州	六盘水市钟山区城市建设投资有限公司	40.17
	广东	珠海汇华控股集团有限公司	40.62
	湖南	永兴银都投资发展集团有限公司	40.65
	四川	成都天府大港集团有限公司	40.98
	山东	邹平市国有资产投资控股有限公司	42.06
	四川	成都西岭城市投资建设集团有限公司	42.18
	安徽	南陵县建设投资有限责任公司	42.72
	浙江	武义县国有资本控股集团有限公司	42.75
	山东	威海市文登区蓝海投资开发有限公司	42.77
	广东	深圳市福田投资控股有限公司	43.49
	辽宁	大连金普新区产业控股集团有限公司	44.46
	安徽	和县城市建设投资有限责任公司	44.65
	安徽	滁州市南谯城市投资控股集团有限公司	44.69
	山东	烟台市福山区国有控股集团有限公司	45.24
	云南	蒙自新型城镇化开发投资有限责任公司	45.31
	安徽	合肥滨湖国有资本运营控股集团有限公司	45.33
	四川	成都温江兴蓉西城市运营集团有限公司	45.44
	湖南	岳阳市君山区城市建设投资有限公司	45.59
	浙江	松阳县国有资本投资运营集团有限公司	45.63
	陕西	西安莲湖投资控股有限责任公司	45.84
	四川	射洪市国有资产经营管理集团有限公司	46.04
	山东	烟台芝罘财金控股集团有限公司	46.07
	河北	曹妃甸国控投资集团有限公司	46.25
	河南	邓州市国有资产控股运营集团有限公司	46.54
	安徽	天长市城镇发展(集团)有限公司	46.71
	广东	深圳市龙华建设发展集团有限公司	46.75
	湖南	湖南省楚之晟控股实业集团有限公司	47.02
	广东	鹤山市公营资产经营有限公司	47.08
	江西	江西省萍乡市昌盛城市投资有限公司	47.09
	湖北	阳新县城镇建设投资开发有限公司	47.21

续表

负债率区间	省份	单位名称	负债率
40%~49.99%	山东	济南槐荫城市建设投资集团有限公司	47.30
	贵州	贵州宏财投资集团有限责任公司	47.44
	四川	仁寿发展投资集团有限公司	47.70
	江苏	丹阳投资集团有限公司	47.71
	湖北	湖北光谷东国有资本投资运营集团有限公司	47.82
	浙江	杭州高新国有控股集团有限公司	47.88
	湖南	长沙麓山投资控股集团有限公司	47.93
	江苏	徐州兴铜城市建设投资控股集团有限公司	48.03
	四川	成都兴蜀投资开发有限责任公司	48.22
	山东	青州市城市建设投资开发有限公司	48.24
	浙江	仙居县产业投资发展集团有限公司	48.35
	江西	丰城发展投资控股集团有限公司	48.37
	四川	西昌海河文旅投资发展有限公司	48.46
	四川	宣汉发展投资集团有限公司	48.49
	湖北	十堰市汉江星建设发展有限公司	48.52
	湖南	常德市鼎城江南新城建设投资开发有限公司	48.90
	安徽	明光跃龙投资控股集团有限公司	48.91
	湖南	浏阳市城乡发展集团有限责任公司	48.93
	江西	高安市发展投资集团有限公司	49.06
	江西	贵溪市发展投资集团有限公司	49.08
	四川	遂宁市天泰实业有限责任公司	49.19
	浙江	临海市国有资产投资控股集团有限公司	49.43
	江西	江西省弋投建设(集团)有限公司	49.48
	湖南	长沙市望城区城市发展集团有限公司	49.49
	广东	江门市滨江建设投资管理有限公司	49.55
	江西	上饶市广丰区发展集团有限公司	49.72
	浙江	缙云县国有资产投资经营集团有限公司	49.89
	山东	青岛昌阳集团有限公司	49.96
	湖南	郴州市百福投资集团有限公司	49.96

续表

负债率区间	省份	单位名称	负债率
50%~59.99%	四川	成都新津城市产业发展集团有限公司	50.07
	四川	邛崃市建设投资集团有限公司	50.14
	安徽	肥西县产城投资控股(集团)有限公司	50.23
	山东	临沂市兰山区城市开发建设投资集团有限公司	50.26
	江苏	金湖县国有资产经营投资有限责任公司	50.37
	贵州	遵义市汇川区城市建设投资经营有限公司	50.50
	山东	济宁市城运集团有限公司	50.51
	湖北	当阳市建设投资控股集团有限公司	50.51
	江苏	丰县城市建设投资集团有限公司	50.60
	陕西	西安市碑林城市开发建设投资有限责任公司	50.65
	安徽	潜山市潜润投资控股集团有限公司	50.87
	湖北	武汉市江夏国有投资控股集团有限公司	50.94
	贵州	贵阳云岩贵中土地开发基本建设投资管理集团有限公司	50.95
	江苏	盐城城北开发建设投资有限公司	51.04
	河南	巩义市新型城镇建设有限公司	51.09
	浙江	舟山群岛新区蓬莱国有资产投资集团有限公司	51.18
	河北	迁安市兴源水务产业投资有限公司	51.20
	江西	彭泽县城市发展建设集团有限公司	51.31
	四川	峨眉山发展(控股)有限责任公司	51.37
	江西	上栗县赣湘城市投资有限公司	51.45
	江苏	江苏金灌投资发展集团有限公司	51.46
	山东	齐河城投建设集团有限公司	51.50
	辽宁	海城市金财土地房屋投资有限公司	51.58
	江苏	盱眙县天源控股集团有限公司	51.62
	安徽	池州金桥投资集团有限公司	51.83
	湖北	宜都市国通投资开发有限责任公司	51.86
	湖北	麻城市城市发展投资集团有限公司	51.87
	陕西	西安市雁塔区未来城市更新投资集团有限责任公司	51.89
	安徽	全椒全瑞投资控股集团有限公司	51.97
	安徽	安徽金寨国有投资控股集团有限公司	52.02
	山东	威海市环通产业投资集团有限公司	52.04
	江苏	扬中市城市建设投资发展集团有限公司	52.14
	河南	伊川财源实业投资有限责任公司	52.19
	四川	四川聚兴建投实业有限公司	52.22

续表

负债率区间	省份	单位名称	负债率
	江西	玉山投资控股集团有限公司	52.27
	安徽	安徽金安投资控股集团有限公司	52.39
	四川	资中县兴资投资开发集团有限责任公司	52.40
	新疆	阿克苏信诚资产投资经营有限责任公司	52.43
	贵州	兴义市信恒城市建设投资有限公司	52.50
	浙江	宁波市镇开集团有限公司	52.64
	浙江	丽水市莲都区国有资产投资经营集团有限公司	52.66
	贵州	遵义市播州区城市建设投资经营(集团)有限公司	52.74
	江西	德兴市投资控股集团有限公司	52.84
	江苏	盐城盛州集团有限公司	52.88
	浙江	三门县国有资产投资控股有限公司	52.89
	山东	禹城市众益城乡建设投资有限公司	52.92
	福建	泉州市泉港区国有资本投资运营有限公司	52.99
	河南	濮阳开州投资集团有限公司	53.12
	四川	成都空港兴城投资集团有限公司	53.13
	安徽	芜湖新马投资有限公司	53.15
	安徽	巢湖市城镇建设投资有限公司	53.24
50%~59.99%	江苏	无锡市滨湖国有资产运营(集团)有限公司	53.29
	江西	萍乡市昌兴投资有限公司	53.39
	山东	日照兴岚控股集团有限公司	53.41
	广东	台山公控发展集团有限公司	53.50
	四川	四川纳兴实业集团有限公司	53.58
	浙江	海宁市资产经营公司	53.73
	湖北	枝江市国有资产经营中心	54.07
	江苏	泗洪县宏源公有资产经营有限公司	54.24
	湖北	老河口城市建设投资集团有限公司	54.29
	湖北	湖北夷陵经济发展集团有限公司	54.37
	安徽	庐江县城市建设投资有限公司	54.47
	江西	万载县国有资产营运有限公司	54.75
	四川	成都蒲江建设投资集团有限公司	54.75
	广东	肇庆新区投资发展集团有限公司	54.77
	湖南	长沙市芙蓉城市建设投资集团有限公司	54.90
	安徽	怀远县新型城镇化建设有限公司	54.92
	安徽	广德市国有资产投资经营有限公司	54.95

续表

负债率区间	省份	单位名称	负债率
50%~59.99%	山东	济阳国资投资控股集团有限公司	55.13
	山东	黄河三角洲融鑫集团有限公司	55.22
	浙江	青田县国有资产控股集团有限公司	55.29
	福建	永安市国有资产投资经营有限责任公司	55.62
	安徽	安徽利民投资控股(集团)有限公司	55.66
	浙江	衢州市柯城区国有资产经营有限责任公司	55.72
	四川	成都湔江投资集团有限公司	55.78
	江西	宜春市袁州区国投集团有限公司	55.78
	安徽	合肥东部新城建设投资有限公司	55.81
	湖南	宁乡市城发投资控股集团有限公司	55.92
	湖北	枣阳市城市建设投资经营有限公司	56.15
	浙江	杭州上城区国有资本运营集团有限公司	56.31
	江西	抚州市东乡区城市投资发展有限公司	56.32
	安徽	蒙城县城市发展投资控股集团有限公司	56.33
	山东	桓台县金海公有资产经营有限公司	56.35
	湖南	长沙县星城控股集团有限公司	56.37
	山东	淄博市张店区国有资产运营有限公司	56.37
	江苏	如东县东泰社会发展投资有限责任公司	56.43
	山东	高密华荣实业发展有限公司	56.53
	四川	南充临江东方投资集团有限公司	56.54
	浙江	江山市国有资产经营有限公司	56.58
	江苏	无锡市惠山国有投资控股集团有限公司	56.59
	浙江	衢州市衢江控股集团有限公司	56.61
	湖南	临武县舜发城乡发展投资有限公司	56.63
	四川	宜宾市翠屏区国有资产经营管理有限责任公司	56.68
	福建	闽侯县建设投资集团有限公司	56.75
	湖北	潜江市城市建设投资开发有限公司	56.79
	江苏	泰州市金东城市建设投资集团有限公司	56.81
	湖北	湖北松滋金松投资控股集团有限公司	56.92
	山东	莒南县城市建设投资集团有限公司	56.93
	江苏	东台市城市建设投资发展集团有限公司	57.03
	江苏	江苏安东控股集团有限公司	57.03
	湖南	吉首华泰国有资产投资管理有限责任公司	57.07
	云南	安宁发展投资集团有限公司	57.11

续表

负债率区间	省份	单位名称	负债率
50%~59.99%	四川	南充市嘉陵发展投资有限公司	57.22
	湖南	湖南洞庭资源控股集团有限公司	57.26
	河南	中牟投资集团有限公司	57.55
	湖南	醴陵市渌江投资控股集团有限公司	57.56
	福建	泉州市鲤城区国有资本投资集团有限公司	57.57
	江苏	江苏润城城市投资控股集团有限公司	57.61
	江苏	响水县灌江控股集团有限公司	57.62
	贵州	贵州金凤凰产业投资有限公司	57.62
	四川	古蔺县国有资产经营有限责任公司	57.68
	湖南	永州潇湘源城市发展集团有限公司	57.68
	四川	泸州汇兴投资集团有限公司	57.70
	四川	成都都江堰投资发展集团有限公司	57.73
	安徽	定远县城乡发展投资集团有限公司	57.77
	湖北	仙桃市城市建设投资开发有限公司	57.78
	山东	龙口市城乡建设投资发展有限公司	57.79
	浙江	温州市鹿城区城市发展集团有限公司	57.84
	浙江	长兴交通投资集团有限公司	57.88
	江苏	南通市通州区惠通投资有限责任公司	57.89
	湖南	岳阳惠临投资发展有限公司	57.99
	江西	上饶市广信投资集团有限公司	58.03
	河南	林州市城市投资集团有限公司	58.10
	河南	新密市财源投资集团有限公司	58.20
	江西	瑞金市国控建设投资有限公司	58.28
	安徽	固镇县国有资本投资运营(集团)有限公司	58.29
	福建	平潭综合实验区城市发展集团有限公司	58.32
	安徽	颍上县慎祥实业发展有限公司	58.37
	安徽	安徽大别山国有资产投资(控股)集团有限公司	58.40
	江苏	建湖县城市建设投资集团有限公司	58.46
	福建	福建石狮国有资本运营集团有限责任公司	58.46
	广东	深圳市坪山区城市建设投资有限公司	58.46
	江苏	扬州市邗江城市建设发展有限公司	58.48
	江苏	启东城投集团有限公司	58.49
	江苏	苏州市相城国有资本投资有限公司	58.57
	湖北	天门市城市建设投资有限公司	58.58

续表

负债率区间	省份	单位名称	负债率
	贵州	清镇市建设投资(集团)股份有限公司	58.75
	浙江	德清县建设发展集团有限公司	58.84
	湖南	长沙天心城市发展集团有限公司	58.87
	湖南	株洲金城投资控股集团有限公司	58.90
	江苏	江苏海州湾发展集团有限公司	58.97
	江西	于都县城市资本投资管理有限公司	58.98
	湖南	长沙开福城投集团有限责任公司	59.03
	浙江	龙游县国有资产经营有限公司	59.09
	江苏	南通市崇川高新产业园区发展(集团)有限公司	59.15
	江苏	高邮市城市建设投资集团有限公司	59.21
	广东	肇庆市高要建设投资开发集团有限公司	59.22
	四川	泸州兴阳投资集团有限公司	59.26
	广东	江门市新会银海集团有限公司	59.29
	贵州	贵阳白云城市建设投资集团有限公司	59.32
	河南	郑州金水投资集团有限公司	59.35
	河南	郑州二七国有资产经营有限公司	59.43
50%~59.99%	江苏	常熟市城市经营投资有限公司	59.45
	江苏	江苏海润城市发展集团有限公司	59.47
	浙江	宁波象港开发控股集团有限公司	59.49
	山东	临朐沂山实业有限公司	59.50
	山东	寿光市惠农新农村建设投资开发有限公司	59.52
	湖南	株洲循环经济投资发展集团有限公司	59.55
	湖南	长沙市雨花城市建设投资集团有限公司	59.57
	浙江	杭州富阳城市建设投资集团有限公司	59.59
	江西	赣州市章贡区建设投资集团有限公司	59.64
	江苏	射阳城市建设发展集团有限公司	59.66
	山东	潍坊市城区西部投资发展集团有限公司	59.72
	山东	临沂振东建设投资有限公司	59.85
	浙江	浙江兴上合城市开发集团有限公司	59.87
	江苏	滨海县城镇建设发展有限公司	59.87
	山东	曹县商都投资有限公司	59.95
	浙江	余姚市舜财投资控股有限公司	59.98
	安徽	合肥北城建设投资(集团)有限公司	59.99

续表

负债率区间	省份	单位名称	负债率
60%~69.99%	辽宁	沈阳市和平区国有资产经营有限公司	60.04
	新疆	伊宁市国有资产投资经营(集团)有限责任公司	60.05
	湖北	武汉市汉阳控股集团有限公司	60.08
	福建	南安市发展投资集团有限公司	60.21
	江苏	南京溧水城市建设集团有限公司	60.33
	湖北	恩施城市建设投资有限公司	60.39
	安徽	太和县国有资产投资控股集团有限公司	60.43
	安徽	来安县城市基础设施开发有限公司	60.44
	江苏	江苏苏海投资集团有限公司	60.53
	河南	荥阳城市发展投资集团有限公司	60.58
	安徽	安徽郎川控股集团有限公司	60.80
	浙江	浙江瓯海城市建设投资集团有限公司	60.83
	山东	山东济莱控股集团有限公司	60.83
	山东	荣成市经济开发投资有限公司	60.84
	安徽	芜湖市鸠江建设投资有限公司	60.89
	四川	成都市成华发展集团有限责任公司	60.90
	贵州	仁怀市城市开发建设投资经营有限责任公司	60.94
	新疆	库尔勒城市建设(集团)有限责任公司	60.98
	四川	四川简州空港城市发展投资集团有限公司	61.01
	江苏	江苏创鸿资产管理有限公司	61.01
	江西	上饶市信州区投资控股集团有限公司	61.06
	山东	乳山市国有资本运营有限公司	61.07
	江苏	溧阳市城市建设发展集团有限公司	61.12
	浙江	嘉兴市南湖投资开发建设集团有限公司	61.23
	山东	青岛融汇财富投资控股集团有限公司	61.29
	安徽	利辛县城乡发展建设投资集团有限公司	61.38
	福建	闽西兴杭国有资产投资经营有限公司	61.56
	广东	广东南海控股集团有限公司	61.56
	浙江	乐清市国有投资有限公司	61.58
	山东	济南章丘控股集团有限公司	61.63
	江苏	淮安市清江浦投控股集团有限公司	61.87
	四川	成都陆港枢纽投资发展集团有限公司	61.89
	陕西	西安市长安城乡建设开发有限公司	61.98
	浙江	永康市国有资本投资控股集团有限公司	62.04

续表

负债率区间	省份	单位名称	负债率
60%~69.99%	浙江	玉环市国有资产投资经营集团有限公司	62.15
	江苏	泰兴市城市投资发展集团有限公司	62.16
	江苏	淮安市淮阴区城市资产经营有限公司	62.16
	浙江	浙江安吉两山国有控股集团有限公司	62.18
	浙江	金华市婺城区城乡建设投资集团有限公司	62.20
	江苏	淮安市宏信国有资产投资管理有限公司	62.23
	贵州	息烽县城市建设投资有限公司	62.33
	湖北	武汉洪山大学之城国资投资集团有限公司	62.39
	安徽	泗县城市建设投资有限公司	62.41
	浙江	桐乡市国有资本投资运营有限公司	62.44
	江苏	南京建邺国有资产经营集团有限公司	62.47
	四川	成都市锦江投资发展集团有限责任公司	62.51
	四川	江油鸿飞投资(集团)有限公司	62.53
	河南	郑州中原发展投资(集团)有限公司	62.56
	江苏	江苏福如东海发展集团有限公司	62.57
	广东	广州市番禺信息技术投资发展有限公司	62.59
	浙江	遂昌县国有资本投资运营集团有限责任公司	62.63
	江苏	徐州市贾汪城市建设投资有限公司	62.68
	江苏	江苏华靖资产经营有限公司	62.69
	江苏	江苏洪泽湖建设投资集团有限公司	62.69
	新疆	博乐市国有资产投资经营有限责任公司	62.77
	江苏	无锡锡山资产经营管理有限公司	62.79
	江苏	阜宁县城市发展投资集团有限公司	62.84
	江苏	江阴国有资本控股(集团)有限公司	62.92
	山东	青岛崂山科技创新发展集团有限公司	62.97
	江西	江西黄岗山投资股份有限公司	62.98
	江苏	富皋万泰集团有限公司	63.00
	浙江	东阳市国有资产投资有限公司	63.02
	山东	潍坊凤凰山国有资本投资运营管理有限公司	63.06
	四川	成都西盛投资集团有限公司	63.08
	陕西	西安世园投资(集团)有限公司	63.27
	江苏	盐城市大丰区城市建设集团有限公司	63.28
	四川	广汉市广鑫投资发展有限公司	63.30
	浙江	淳安县新安江生态开发集团有限公司	63.38

续表

负债率区间	省份	单位名称	负债率
60%~69.99%	山东	济宁市兖州区惠民城建投资有限公司	63.43
	河南	新郑市投资集团有限公司	63.50
	浙江	嵊州市投资控股有限公司	63.51
	浙江	温岭市国有资产投资集团有限公司	63.58
	山东	新泰市统筹城乡发展集团有限公司	63.63
	浙江	常山县城市投资集团有限公司	63.78
	浙江	宁波市海曙开发建设投资集团有限公司	63.80
	江苏	镇江市丹徒区建设投资有限公司	63.83
	浙江	宁波市江北区城市建设投资发展有限公司	63.88
	安徽	凤阳县经济发展投资有限公司	63.91
	福建	福鼎市城市建设投资有限公司	63.91
	福建	福清市国有资产营运投资集团有限公司	63.93
	安徽	濉溪建设投资控股集团有限公司	63.98
	四川	成都香城投资集团有限公司	64.08
	山东	淄博市临淄区九合财金控股有限公司	64.09
	河南	济源投资集团有限公司	64.10
	江苏	江苏金坛建设发展有限公司	64.13
	浙江	舟山市普陀区国有资产投资经营有限公司	64.15
	河南	新安县发达建设投资集团有限公司	64.16
	江西	江西省芦溪城市发展投资集团有限公司	64.22
	江苏	扬州龙川控股集团有限责任公司	64.31
	浙江	绍兴市上虞区国有资本投资运营有限公司	64.33
	山东	潍坊恒建集团有限公司	64.35
	贵州	贵阳南明投资(集团)有限责任公司	64.52
	浙江	龙港市国有资本运营集团有限公司	64.71
	浙江	嘉兴市嘉秀发展投资控股集团有限公司	64.74
	江苏	南京江宁国有资产经营集团有限公司	64.74
	江苏	苏州市吴江城市投资发展集团有限公司	64.77
	江西	九江市濂溪区城投(集团)有限公司	64.77
	江苏	泰州海陵城市发展集团有限公司	64.84
	湖南	株洲新芦淞产业发展集团有限公司	64.84
	江苏	常州天宁建设发展集团有限公司	64.85
	浙江	浙江省天台县国有资产经营有限公司	64.86
	江苏	睢宁县润企投资有限公司	64.88

续表

负债率区间	省份	单位名称	负债率
60%~69.99%	云南	曲靖市麒麟区城乡建设投资(集团)有限公司	64.90
	安徽	安徽乐行城市建设集团有限公司	64.93
	四川	宜宾市叙州区国有资产经营有限公司	64.93
	浙江	绍兴市越城区城市发展建设集团有限公司	64.94
	江苏	新沂市城市投资发展集团有限公司	64.95
	山东	山东晟鸿城市建设发展集团有限公司	64.97
	山东	兰陵县国有资产运营有限公司	65.06
	浙江	宁波市北仑区现代服务业发展集团有限公司	65.22
	浙江	平阳县国诚控股有限公司	65.23
	江苏	太仓市国有资本投资控股有限公司	65.26
	江西	南昌市新建区城市建设投资发展有限公司	65.41
	安徽	宁国市国有资本控股集团有限公司	65.46
	福建	福建省晋江市建设投资控股集团有限公司	65.50
	江苏	张家港市国有资本投资集团有限公司	65.61
	江苏	海安市城建开发投资集团有限公司	65.61
	浙江	台州市黄岩国有资本投资运营集团有限公司	65.63
	江西	南昌市红谷滩城市投资集团有限公司	65.65
	浙江	浙江省新昌县投资发展集团有限公司	65.71
	福建	漳州市龙海区国有资产投资经营有限公司	65.74
	江苏	宝应县城市建设投资发展有限公司	65.74
	浙江	海盐县国有资产经营有限公司	65.82
	江西	赣州市南康区城市建设发展集团有限公司	65.87
	四川	眉山市东坡发展投资集团有限公司	65.94
	广东	广东顺德控股集团有限公司	65.95
	江苏	沛县城市建设投资发展集团有限公司	66.15
	江苏	宿迁裕丰产业投资发展管理集团有限公司	66.26
	江西	余干县发展控股集团有限公司	66.26
	浙江	温州市洞头城市发展有限公司	66.36
	山东	青岛上合控股发展集团有限公司	66.38
	江苏	无锡市广益建发控股集团有限公司	66.38
	山西	阳城县国有资本投资运营有限公司	66.39
	四川	南充市顺投发展集团有限公司	66.42
	浙江	平湖市国有资产控股集团有限公司	66.49
	浙江	宁波市鄞城集团有限责任公司	66.51

续表

负债率区间	省份	单位名称	负债率
60%~69.99%	山东	潍坊三农创新发展集团有限公司	66.54
	江苏	南京高淳国有资产经营控股集团有限公司	66.56
	浙江	台州市椒江区国有资本运营集团有限公司	66.57
	新疆	昌吉市国有资产投资经营有限责任公司	66.58
	浙江	杭州市拱墅区城市建设发展控股集团有限公司	66.63
	江苏	常州新运城市发展集团有限公司	66.64
	浙江	杭州市临安区国有股权控股有限公司	66.65
	浙江	瑞安市国有资产投资集团有限公司	66.78
	山东	邹城市城资控股集团有限公司	66.91
	河南	兰考县城市建设投资发展有限公司	66.99
	浙江	苍南县国有资产投资集团有限公司	67.19
	山东	滨州市滨城区经济开发投资有限公司	67.22
	江苏	泰州市兴化国有资产投资控股有限公司	67.25
	浙江	宁海县城投集团有限公司	67.25
	贵州	遵义市红花岗城市建设投资经营有限公司	67.31
	浙江	慈溪市国有资产投资控股有限公司	67.37
	浙江	杭州临平城市建设集团有限公司	67.47
	浙江	宁波市奉化区投资集团有限公司	67.47
	浙江	浦江县国有资本投资集团有限公司	67.47
	江苏	昆山国创投资集团有限公司	67.52
	浙江	湖州吴兴城市投资发展集团有限公司	67.64
	浙江	桐庐县国有资本投资运营控股集团有限公司	68.30
	山东	青岛市即墨区城市开发投资有限公司	68.44
	浙江	嘉善县国有资产投资集团有限公司	68.47
	浙江	建德市国有资产经营有限公司	68.62
	浙江	杭州西湖投资集团有限公司	68.65
	江苏	宜兴市城市发展投资有限公司	68.71
	浙江	开化县国有资产经营有限责任公司	68.74
	江苏	江苏海州发展集团有限公司	68.88
	江苏	仪征市城市发展投资控股集团有限公司	68.93
	浙江	舟山市定海区国有资产经营有限公司	68.96
	浙江	绍兴市柯桥区国有资产投资经营集团有限公司	68.98
	四川	成都经开产业投资集团有限公司	69.01
	浙江	兰溪市城市投资集团有限公司	69.01

续表

负债率区间	省份	单位名称	负债率
60%~69.99%	浙江	台州市路桥公共资产投资管理集团有限公司	69.04
	山东	滕州信华投资集团有限公司	69.15
	江苏	扬州市运和城市建设投资集团有限公司	69.23
	四川	成都市武侯国有资本投资运营集团有限责任公司	69.36
	安徽	宿州埇桥城投集团(控股)有限公司	69.51
	江苏	江苏武进经济发展集团有限公司	69.54
	江苏	江苏宿城国有资产经营管理有限公司	69.65
	江苏	无锡市新发集团有限公司	69.66
	浙江	诸暨市国有资产经营有限公司	69.72
70%及以上	浙江	杭州余杭城市发展投资集团有限公司	70.01
	湖北	武汉临空港投资集团有限公司	70.05
	贵州	贵阳泉丰城市建设投资有限公司	70.29
	四川	成都市金牛城市建设投资经营集团有限公司	70.36
	浙江	杭州萧山国有资产经营集团有限公司	70.38
	浙江	金华市金东城市建设投资集团有限公司	70.57
	山东	青岛市城阳区阳光城阳控股集团有限公司	70.84
	山东	济南市中财金投资集团有限公司	71.08
	新疆	新疆天富集团有限责任公司	71.14
	山东	青岛海诺投资发展有限公司	72.36
	江苏	苏州市吴中城市建设投资集团有限公司	72.44
	江苏	南京大江北国资投资集团有限公司	72.79
	山东	青岛西海岸新区融合控股集团有限公司	72.81
	江苏	南京市六合区国有资产经营(控股)有限公司	73.04
	江苏	南京钟山资产经营管理集团有限公司	73.32
	江苏	常高新集团有限公司	73.41
	山东	新东港控股集团有限公司	73.92
	浙江	永嘉投资集团有限公司	74.26
	安徽	芜湖市镜湖建设投资有限公司	74.28
	浙江	义乌市国有资本运营有限公司	74.39
	山东	济南历城控股集团有限公司	74.40
	山东	聊城市安泰城乡投资开发有限责任公司	74.91
	江苏	南京栖霞国资投资集团有限公司	75.69
	福建	厦门海沧投资集团有限公司	75.93
	江苏	苏州苏高新集团有限公司	76.15

续表

负债率区间	省份	单位名称	负债率
70%及以上	山东	青岛融海国有资本投资运营有限公司	76.21
	湖北	武汉市硚口国有资产经营有限公司	77.13
	四川	成都市兴城建实业发展有限责任公司	78.78
	山东	济南历下控股集团有限公司	80.53
	浙江	杭州钱塘新区建设投资集团有限公司	82.86

注："区县"指县级行政单位、已实现区政合一的功能区，暂不统计直辖市；每个区县选择本级管理的总资产最大的城投公司纳入榜单（总资产不低于200亿元），由上级政府（国资）控股但管理权仍在区县的城投公司也被纳入统计。

资料来源：根据各公司年度审计报告等公开资料统计。

附录九
2023年全国区县级城投公司主体信用评级情况

单位：家

数目	省份	单位名称	等级	评级单位
26	福建	闽西兴杭国有资产投资经营有限公司	AAA	中诚信国际
	浙江	杭州萧山国有资产经营集团有限公司	AAA	新世纪评级
	浙江	义乌市国有资本运营有限公司	AAA	中诚信国际
	浙江	杭州市拱墅区城市建设发展控股集团有限公司	AAA	东方金诚
	山东	青岛西海岸新区融合控股集团有限公司	AAA	联合资信
	浙江	杭州上城区国有资本运营集团有限公司	AAA	新世纪评级
	山东	青岛上合控股发展集团有限公司	AAA	大公国际
	四川	成都市武侯国有资本投资运营集团有限责任公司	AAA	大公国际
	江苏	苏州苏高新集团有限公司	AAA	新世纪评级
	浙江	杭州临平城市建设集团有限公司	AAA	新世纪评级
	四川	成都市锦江投资发展集团有限责任公司	AAA	大普信评
	福建	福建省晋江市建设投资控股集团有限公司	AAA	中诚信国际
	浙江	杭州西湖投资集团有限公司	AAA	新世纪评级
	浙江	杭州余杭城市发展投资集团有限公司	AAA	中诚信国际
	江苏	江阴国有资本控股(集团)有限公司	AAA	中诚信国际
	江苏	苏州市相城国有资本投资有限公司	AAA	大公国际
	江苏	太仓市国有资本投资控股有限公司	AAA	中诚信国际
	辽宁	大连金普新区产业控股集团有限公司	AAA	联合资信
	江苏	常高新集团有限公司	AAA	联合资信
	江苏	苏州市吴江城市投资发展集团有限公司	AAA	大公国际
	江苏	张家港市国有资本投资集团有限公司	AAA	中诚信国际
	浙江	杭州高新国有控股集团有限公司	AAA	新世纪评级

续表

数目	省份	单位名称	等级	评级单位
26	广东	广东南海控股集团有限公司	AAA	中诚信国际
	广东	广东顺德控股集团有限公司	AAA	中诚信国际
	广东	深圳市福田投资控股有限公司	AAA	中证鹏元
	广东	深圳市龙华建设发展集团有限公司	AAA	中证鹏元
193	浙江	绍兴市柯桥区国有资产投资经营集团有限公司	AA+	大公国际
	浙江	诸暨市国有资产经营有限公司	AA+	新世纪评级
	浙江	余姚市舜财投资控股有限公司	AA+	中诚信国际
	浙江	绍兴市上虞区国有资本投资运营有限公司	AA+	新世纪评级
	浙江	嵊州市投资控股有限公司	AA+	新世纪评级
	江苏	南京大江北国资投资集团有限公司	AA+	新世纪评级
	浙江	慈溪市国有资产投资控股有限公司	AA+	中证鹏元
	浙江	浙江省新昌县投资发展集团有限公司	AA+	新世纪评级
	浙江	桐乡市国有资本投资运营有限公司	AA+	中诚信国际
	四川	成都香城投资集团有限公司	AA+	大公国际
	浙江	杭州市临安区国有股权控股有限公司	AA+	新世纪评级
	河北	曹妃甸国控投资集团有限公司	AA+	东方金诚
	四川	成都陆港枢纽投资发展集团有限公司	AA+	东方金诚
	浙江	浙江安吉两山国有控股集团有限公司	AA+	新世纪评级
	浙江	海宁市资产经营公司	AA+	联合资信
	四川	成都空港兴城投资集团有限公司	AA+	联合资信
	四川	成都天府大港集团有限公司	AA+	远东资信
	四川	成都经开产业投资集团有限公司	AA+	联合资信
	浙江	杭州富阳城市建设投资集团有限公司	AA+	联合资信
	江苏	江苏武进经济发展集团有限公司	AA+	东方金诚
	浙江	嘉兴市嘉秀发展投资控股集团有限公司	AA+	新世纪评级
	浙江	浙江瓯海城市建设投资集团有限公司	AA+	东方金诚
	江苏	如东县东泰社会发展投资有限责任公司	AA+	中证鹏元
	浙江	温岭市国有资产投资集团有限公司	AA+	中诚信国际
	四川	成都湔江投资集团有限公司	AA+	中证鹏元
	四川	成都都江堰投资发展集团有限公司	AA+	联合资信
	浙江	东阳市国有资产投资有限公司	AA+	新世纪评级
	浙江	浙江兴上合城市开发集团有限公司	AA+	中证鹏元
	浙江	台州市黄岩国有资本投资运营集团有限公司	AA+	远东资信
	浙江	平湖市国有资产控股集团有限公司	AA+	中诚信国际

续表

数目	省份	单位名称	等级	评级单位
193	江苏	昆山国创投资集团有限公司	AA+	中证鹏元
	四川	成都西盛投资集团有限公司	AA+	中诚信国际
	浙江	乐清市国有投资有限公司	AA+	新世纪评级
	浙江	湖州吴兴城市投资发展集团有限公司	AA+	联合资信
	浙江	海盐县国有资产经营有限公司	AA+	联合资信
	浙江	临海市国有资产投资控股集团有限公司	AA+	新世纪评级
	四川	成都温江兴蓉西城市运营集团有限公司	AA+	联合资信
	江苏	江苏金坛建设发展有限公司	AA+	联合资信
	江苏	南京溧水城市建设集团有限公司	AA+	新世纪评级
	江苏	泰州市兴化国有资产投资控股有限公司	AA+	中诚信国际
	湖南	浏阳市城乡发展集团有限责任公司	AA+	中诚信国际
	江西	丰城发展投资控股集团有限公司	AA+	中证鹏元
	浙江	平阳县国诚控股有限公司	AA+	中证鹏元
	山东	济宁市城运集团有限公司	AA+	中证鹏元
	湖南	宁乡市城发投资控股集团有限公司	AA+	联合资信
	江苏	南京江宁国有资产经营集团有限公司	AA+	中诚信国际
	浙江	嘉善县国有资产投资集团有限公司	AA+	新世纪评级
	浙江	长兴交通投资集团有限公司	AA+	中证鹏元
	江苏	南京高淳国有资产经营控股集团有限公司	AA+	中诚信国际
	福建	平潭综合实验区城市发展集团有限公司	AA+	联合资信
	山东	潍坊三农创新发展集团有限公司	AA+	东方金诚
	浙江	台州市路桥公共资产投资管理集团有限公司	AA+	中诚信国际
	江苏	溧阳市城市建设发展集团有限公司	AA+	联合资信
	江苏	江苏润城城市投资控股集团有限公司	AA+	中证鹏元
	四川	四川简州空港城市发展投资集团有限公司	AA+	中证鹏元
	江苏	盐城市大丰区城市建设集团有限公司	AA+	大公国际
	湖北	武汉临空港投资集团有限公司	AA+	中诚信国际
	江苏	南京市六合区国有资产经营(控股)有限公司	AA+	新世纪评级
	江西	贵溪市发展投资集团有限公司	AA+	中证鹏元
	浙江	宁波市奉化区投资集团有限公司	AA+	中证鹏元
	四川	成都新津城市产业发展集团有限公司	AA+	东方金诚
	江苏	南京栖霞国资投资集团有限公司	AA+	联合资信
	湖北	湖北光谷东国有资本投资运营集团有限公司	AA+	大公国际
	江苏	常州新运城市发展集团有限公司	AA+	中诚信国际

续表

数目	省份	单位名称	等级	评级单位
193	江苏	启东城投集团有限公司	AA+	中诚信国际
	江苏	丹阳投资集团有限公司	AA+	东方金诚
	安徽	肥西县产城投资控股(集团)有限公司	AA+	联合资信
	江苏	扬州市邗江城市建设发展有限公司	AA+	联合资信
	浙江	德清县建设发展集团有限公司	AA+	联合资信
	江苏	扬州龙川控股集团有限责任公司	AA+	中证鹏元
	江苏	泰兴市城市投资发展集团有限公司	AA+	东方金诚
	江苏	无锡市新发集团有限公司	AA+	中诚信国际
	陕西	神木市国有资本投资运营集团有限公司	AA+	中诚信国际
	山东	青岛融汇财富投资控股集团有限公司	AA+	中诚信国际
	江苏	江苏句容福地生态科技有限公司	AA+	中证鹏元
	浙江	嘉兴市南湖投资开发建设集团有限公司	AA+	大公国际
	山东	青岛昌阳集团有限公司	AA+	中诚信国际
	江苏	泰州市金东城市建设投资集团有限公司	AA+	中证鹏元
	山东	济南章丘控股集团有限公司	AA+	中诚信国际
	浙江	台州市椒江区国有资本运营集团有限公司	AA+	中诚信国际
	湖南	醴陵市渌江投资控股集团有限公司	AA+	大公国际
	江苏	沛县城市建设投资发展集团有限公司	AA+	中诚信国际
	浙江	永康市国有资本投资控股集团有限公司	AA+	新世纪评级
	江苏	宜兴市城市发展投资有限公司	AA+	新世纪评级
	山东	济南市中财金投资集团有限公司	AA+	中诚信国际
	湖北	武汉市江夏国有投资控股集团有限公司	AA+	新世纪评级
	浙江	玉环市国有资产投资经营集团有限公司	AA+	东方金诚
	浙江	宁波象港开发控股集团有限公司	AA+	中证鹏元
	江苏	淮安市清江浦城投控股集团有限公司	AA+	远东资信
	河南	中牟投资集团有限公司	AA+	大公国际
	浙江	江山市国有资产经营有限公司	AA+	远东资信
	四川	成都市金牛城市建设投资经营集团有限公司	AA+	东方金诚
	山东	高密华荣实业发展有限公司	AA+	大公国际
	山东	济南历下控股集团有限公司	AA+	东方金诚
	江苏	江苏创鸿资产管理有限公司	AA+	中诚信国际
	江苏	江苏海州发展集团有限公司	AA+	新世纪评级
	福建	福清市国有资产营运投资集团有限公司	AA+	中诚信国际
	山东	青岛市即墨区城市开发投资有限公司	AA+	中证鹏元

数目	省份	单位名称	等级	评级单位
	江苏	泰州海陵城市发展集团有限公司	AA+	大公国际
	江苏	江苏海润城市发展集团有限公司	AA+	新世纪评级
	江苏	东台市城市建设投资发展集团有限公司	AA+	中诚信国际
	江苏	海安市城建开发投资集团有限公司	AA+	中证鹏元
	浙江	杭州钱塘新区建设投资集团有限公司	AA+	东方金诚
	河南	郑州中原发展投资(集团)有限公司	AA+	中诚信国际
	湖南	长沙县星城控股集团有限公司	AA+	联合资信
	山东	济宁市兖州区惠民城建投资有限公司	AA+	中证鹏元
	山东	青岛融海国有资本投资运营有限公司	AA+	中证鹏元
	山东	青岛市城阳区阳光城阳控股集团有限公司	AA+	东方金诚
	山东	齐河城投建设集团有限公司	AA+	大公国际
	江苏	常州天宁建设发展集团有限公司	AA+	新世纪评级
	新疆	新疆天富集团有限责任公司	AA+	联合资信
	山东	威海市环通产业投资集团有限公司	AA+	东方金诚
	江苏	南通市通州区惠通投资有限责任公司	AA+	东方金诚
	江苏	淮安市宏信国有资产投资管理有限公司	AA+	联合资信
193	浙江	仙居县产业投资发展集团有限公司	AA+	大公国际
	江苏	仪征市城市发展投资控股集团有限公司	AA+	联合资信
	河北	迁安市兴源水务产业投资有限公司	AA+	中证鹏元
	陕西	西安世园投资(集团)有限公司	AA+	中证鹏元
	山东	济南历城控股集团有限公司	AA+	中诚信国际
	江苏	富皋万泰集团有限公司	AA+	联合资信
	江苏	苏州市吴中城市建设投资集团有限公司	AA+	中诚信国际
	浙江	绍兴市越城区城市发展建设集团有限公司	AA+	中诚信国际
	山东	威海市文登区蓝海投资开发有限公司	AA+	远东资信
	广东	广州市增城区城市建设投资集团有限公司	AA+	中证鹏元
	浙江	宁海县城投集团有限公司	AA+	新世纪评级
	浙江	武义县国有资本控股集团有限公司	AA+	远东资信
	安徽	合肥北城建设投资(集团)有限公司	AA+	中证鹏元
	江苏	南通市崇川高新产业园区发展(集团)有限公司	AA+	中诚信国际
	山东	邹城市城资控股集团有限公司	AA+	中证鹏元
	江苏	南京建邺国有资产经营集团有限公司	AA+	联合资信
	湖南	长沙开福城投集团有限责任公司	AA+	新世纪评级
	河南	新郑市投资集团有限公司	AA+	东方金诚

续表

数目	省份	单位名称	等级	评级单位
	浙江	宁波市海曙开发建设投资集团有限公司	AA+	新世纪评级
	山东	寿光市惠农新农村建设投资开发有限公司	AA+	中证鹏元
	湖南	长沙市望城区城市发展集团有限公司	AA+	中诚信国际
	江苏	淮安市淮阴区城市资产经营有限公司	AA+	东方金诚
	安徽	合肥东部新城建设投资有限公司	AA+	中诚信国际
	山东	淄博市临淄区九合财金控股有限公司	AA+	中证鹏元
	江苏	无锡市惠山国有投资控股集团有限公司	AA+	联合资信
	江苏	江苏华靖资产经营有限公司	AA+	新世纪评级
	四川	成都市兴城建实业发展有限责任公司	AA+	东方金诚
	陕西	西安未央城市建设控股有限公司	AA+	中证鹏元
	江苏	盐城城北开发建设投资有限公司	AA+	远东资信
	湖北	武汉市汉阳控股集团有限公司	AA+	中诚信国际
	贵州	仁怀市城市开发建设投资经营有限责任公司	AA+	大公国际
	浙江	瑞安市国有资产投资集团有限公司	AA+	新世纪评级
	江苏	无锡市广益建发控股集团有限公司	AA+	联合资信
	福建	福建石狮国有资本运营集团有限责任公司	AA+	大公国际
193	江苏	无锡市滨湖国有资产运营（集团）有限公司	AA+	中证鹏元
	浙江	温州市鹿城区城市发展集团有限公司	AA+	中证鹏元
	山东	烟台市福山区国有控股集团有限公司	AA+	联合资信
	山东	烟台芝罘财金控股集团有限公司	AA+	中诚信国际
	湖南	长沙天心城市发展集团有限公司	AA+	联合资信
	湖南	长沙市雨花城市建设投资集团有限公司	AA+	大公国际
	山东	滕州信华投资集团有限公司	AA+	大公国际
	河南	巩义市新型城镇建设有限公司	AA+	东方金诚
	山东	龙口市城乡建设投资发展有限公司	AA+	中证鹏元
	山东	日照兴岚控股集团有限公司	AA+	东方金诚
	山东	淄博市张店区国有资产运营有限公司	AA+	中证鹏元
	山东	青岛崂山科技创新发展集团有限公司	AA+	联合资信
	山东	山东济莱控股集团有限公司	AA+	中诚信国际
	浙江	宁波市鄞城集团有限责任公司	AA+	东方金诚
	江西	南昌市红谷滩城市投资集团有限公司	AA+	中诚信国际
	湖南	长沙市芙蓉城市建设投资集团有限公司	AA+	东方金诚
	河南	济源投资集团有限公司	AA+	大公国际
	浙江	宁波市江北区城市建设投资发展有限公司	AA+	联合资信

续表

数目	省份	单位名称	等级	评级单位
	陕西	西安莲湖投资控股有限责任公司	AA+	中证鹏元
	福建	厦门海沧投资集团有限公司	AA+	中诚信国际
	福建	闽侯县建设投资集团有限公司	AA+	中诚信国际
	江苏	徐州兴铜城市建设投资控股集团有限公司	AA+	联合资信
	江苏	常熟市城市经营投资有限公司	AA+	中诚信国际
	浙江	宁波市镇开集团有限公司	AA+	联合资信
	山东	临沂市兰山区城市开发建设投资集团有限公司	AA+	中诚信国际
	江苏	南京钟山资产经营管理集团有限公司	AA+	新世纪评级
	福建	南安市发展投资集团有限公司	AA+	中诚信国际
	湖北	武汉洪山大学之城国资投资集团有限公司	AA+	联合资信
	山东	诸城市经开投资发展有限公司	AA+	联合资信
	浙江	宁波市北仑区现代服务业发展集团有限公司	AA+	中诚信国际
	河南	郑州金水投资集团有限公司	AA+	中诚信国际
193	福建	泉州市鲤城区国有资本投资集团有限公司	AA+	安融评级
	湖南	长沙麓山投资控股集团有限公司	AA+	新世纪评级
	江苏	无锡锡山资产经营管理有限公司	AA+	联合资信
	陕西	西安市雁塔区未来城市更新投资集团有限责任公司	AA+	中诚信国际
	广东	台山公控发展集团有限公司	AA+	联合资信
	山东	青岛海诺投资发展有限公司	AA+	中诚信国际
	广东	珠海汇华控股集团有限公司	AA+	中证鹏元
	陕西	西安市碑林城市开发建设投资有限责任公司	AA+	中证鹏元
	安徽	合肥滨湖国有资本运营控股集团有限公司	AA+	中证鹏元
	辽宁	沈阳市和平区国有资产经营有限公司	AA+	中诚信国际
	陕西	榆林市榆阳区国有资产运营有限公司	AA+	中证鹏元
	广东	深圳市坪山区城市建设投资有限公司	AA+	中证鹏元
	山东	肥城市城投控股集团有限公司	AA+	中证鹏元
	山东	济南槐荫城市建设投资集团有限公司	AA+	中诚信国际

注："区县"指县级行政单位、已实现区政合一的功能区，暂不统计直辖市；每个区县选择本级管理的总资产最大的城投公司纳入榜单（总资产不低于200亿元），由上级政府（国资）控股但管理权仍在区县的城投公司也被纳入统计。

资料来源：根据各公司年度评级报告等公开资料统计。

Abstract

The Annual Report on Development of LGFV Sector in China (2024) is an industry-wide authoritative annual report focusing on the development of China's urban construction and the LGFVs (referred as "Local Government Financing Vehicle"). It aims to provide a comprehensive picture of the operation status and quality of LGFVs by deeply analyzing the government's investment and financing activities and their effects in the process of urban construction and urbanization in China, providing a scientific basis for the high-quality development of the industry and government decision-making.

The book is composed of seven parts, mainly through the relevant policies of the development of the LGFV sector, the theoretical basis and latest developments of the industry development, the statistical analysis and comparative study of the real business data of LGFVs, the evaluation of the current situation and business conditions of the industry, the selection of typical LGFVs as cases, in-depth analysis of their business models and transformation experience, inviting industry experts and business executives to conduct interviews, obtaining first-hand information and professional insights, etc. The development trend and transformation path of China's LGFV sector in terms of external environment, state-owned enterprise reform, business development, management improvement, and innovation mechanism are deeply analyzed and discussed, providing strategic suggestions and theoretical guidance for the sustainable development of the LGFV sector.

Through the analysis and research of the above content, we find that, firstly, the LGFV sector has maintained a stable development trend as a whole under the dual drive of policy support and market demand, but the regional differences are significant. Secondly, the LGFVs have continued to make efforts in traditional

business areas such as infrastructure building, land consolidation, and public utilities, and is also actively exploring emerging areas such as financial innovation business. Thirdly, the LGFVs have achieved certain results in state-owned enterprise reform, digital transformation, and management improvement, but still faces challenges such as financing difficulties and transformation pressure. Fourthly, the sustainable development of the LGFV sector requires continuous optimization of the policy environment, business innovation capacity enhancement, risk management strengthening, and further promotion of diversified development.

In promoting urbanization construction and promoting economic and social development, LGFVs have indeed played a central role. However, at the current stage of development, continuous deepening of reform and high-quality development are the top priorities of LGFVs. They should closely follow national policy guidance, optimize business structure, strengthen internal management, and enhance market competitiveness. At the same time, the government should continue to increase support for the LGFV sector, improve relevant policies and regulations, and create a good external environment for the sustainable development of LGFVs.

In the future, the LGFV sector will usher in new development opportunities in terms of deepening reform, innovation-driven, and green development, contributing to the promotion of China's urban construction and urbanization process.

Keywords: LGFV Sector; LGFV ; Urbanization

Contents

I　General Report

Abstract: In 2023, the effect of monetary policy tightening in developed economies such as the United States and Europe will appear. Global inflationary pressures will ease, the growth rate of the world economy will continue to slow down, and a series of "steady growth" policies in our country will take effect. The domestic economy will be repaired moderately, but it will still face the main challenge of insufficient effective demand. To this end, the central and local governments adhere to the general tone of seeking progress while maintaining stability, focus on expanding domestic demand, enhancing confidence, preventing risks, implement macro-control accurately and effectively, and maintain a proactive fiscal policy and a prudent monetary policy, providing solid support for the development of the real economy. In the context of major changes in the relationship between supply and demand in the real estate market, combined with the continuation of the local government debt to resolve the "suppression of increase and storage" idea and the unsustainability of land finance, the fundamentals of urban investment companies are under pressure and enter a critical period of transformation and upgrading. 2024 is a critical year for the implementation of the reform and deepening of state-owned enterprises, and it is also a critical year for

城投蓝皮书

linking the previous and the next. Under the working tone of "seeking progress while maintaining stability, promoting stability through progress, and establishing first and then breaking", urban investment companies will practice the responsibility of state-owned enterprises in the reform and transformation, actively participate in key areas such as "three major projects" and rural revitalization, accelerate the transformation of industrialization and the construction of a modern industrial system, vigorously develop new quality productivity, and continue to explore high-quality sustainable development paths.

Keywords: LGFVs; Debt Resolution; Investment and Financing; State-owned Enterprise Reform

Ⅱ   Development Environment

B.2   Analysis on Policy of the LGFV Sector in 2023   / 037

Abstract: This report focuses on sorting out the relevant policies in the fields of finance, taxation and finance, urbanization, and reform of state-owned assets and state-owned enterprises in 2023, and analyzes the future policy changes and their impact on the urban investment industry. In 2023, fiscal and taxation policies will make renewed efforts, from preventing and controlling local government debt risks to stabilizing the local property market, with more pertinence and accuracy of implementation. The construction of new-type urbanization will continue to put people first, continuously improve and strengthen the urban functions of districts and counties, and promote implementation from key areas such as rural revitalization, "three major projects", "dual carbon" industry, and digital industries. With the formal introduction and implementation of the state-owned enterprise reform and deepening improvement action plan, the urban investment industry has entered a stage of high-quality development in an all-round way, focusing on enhancing the core functions, core competitiveness and innovation of enterprises, making good use of practical policies, strengthening and optimizing the main business, and committed to achieving substantive results in the improvement of operating efficiency, enterprise risk prevention and control, and the establishment of world-class enterprises.

Keywords: Finance and Taxation; New-type Urbanization; State-owned Enterprises; LGFVs

B.3　Analysis on Bond Market in 2023 　　　　　　　　/ 057

Abstract: In 2023, under the support of the policy of stabilizing growth and the "package of bonds", the issuance and net financing scale of urban investment bonds improved significantly year-on-year. However, in the fourth quarter, under the requirements of speeding up the issuance of bonds and strictly controlling new hidden bonds, the issuance review of urban investment bonds has been tightened, and the net financing has turned negative. At the same time, under the influence of the State Office's "Document No. 35", the proportion of urban investment bonds borrowing new and repaying old has further increased. Looking forward to 2024, with the classification management of the State Office's "Document No. 35" and the implementation of differentiated financing policies, the net financing of urban investment is likely to decline compared with 2023, and the chemical bonds will still be the focus of work throughout the year. At the same time, it is necessary to pay attention to the differentiation of urban investment financing and interest payment pressure under the "list system" and classified management, and still need to pay attention to the actual improvement of urban investment fundamentals under the promotion of "blanket bonds" program, and be vigilant against the liquidity problems under the intensification of maturity pressure and the high proportion of borrowing new and repaying old. In addition, it is also necessary to pay attention to the possibility of market disturbances caused by less than expected bonds.

Keywords: City Investment Bond Market; Credit Status; Debt Resolution

城投蓝皮书

Ⅲ　Business Prospects

B . 4　Infrastructure Construction Business Analysis in 2023　　／072

Abstract：a series of policy measures to boost the economy, among which infrastructure construction investment played an important role as an economic stabilizer. This article analyzes the current business situation of infrastructure construction. From the analysis results, it can be seen that infrastructure construction investment is still the main operating business of the vast majority of LGFVs, with a relatively high proportion of revenue. However, the overall trend is characterized by "large in the middle and small at both ends", indicating that some enterprises have entered the stage of business diversification, and the proportion of infrastructure business is relatively low. However, at the current stage of development, most LGFVs engaged in infrastructure construction have low gross profit margins and are affected by the macroeconomic situation, especially those with a high proportion of infrastructure business. The difficulty of improving and optimizing their business structure in the short term will continue to increase, adding a lot of uncertainty to the market-oriented transformation of LGFVs. With the deepening reform of state-owned assets and enterprises, the industrial transformation of urban investment companies has been effectively implemented, and the proportion of infrastructure business will be reduced according to local conditions and in stages.

Keywords：LGFVs；Infrastructure Construction；Investment and Financing

B . 5　Land Consolidation Business Analysis in 2023　　／087

Abstract：With the substantive changes in the demand of the real estate, land consolidation has developed from a single land development and consolidation to a comprehensive land consolidation that is in line with social and economic development. In the sample analysis, more than 30% of LGFVs carry out land consolidation business, and LGFVs are still the main force in local land acquisition. Affected by the continuous downturn of the secondary land market, the backlog of land inventory is large, and the development is limited, which brings a lot of pressure to the company's land cost expenditure, resulting in a low proportion of overall revenue, but the gross profit margin of land consolidation business is high. In the future, some enterprises will still carry out land consolidation business as their core business, especially the land development business in first- and second-tier cities still has great potential.

Keywords: Land Market; Land Consolidation; LGFVs

B.6 State-owned Asset Management Business Analysis in 2023 / 105

Abstract: The development of urban construction has entered the "stock era" from the "incremental era", and asset management will become the key for LGFVs to create new business growth poles and achieve the transformation and development of enterprise entity and marketization. From the perspective of development status, in 2023, LGFVs are transforming from heavy asset investment and financing construction to urban comprehensive operation service providers. The gross profit margin of the business has achieved significant growth compared to the previous year, indicating a significant improvement in asset management efficiency and continuous improvement in profitability. At the same time, due to differences in the quality of operating assets and profitability, there are significant differences in the revenue scale of different LGFVs. From the perspective of business structure, the proportion of revenue from comprehensive operations and housing leasing is relatively high, indicating that the operating assets of most urban investment companies are still dominated by traditional assets. With the launch of a new round of deepening and upgrading actions for state-owned enterprise reform,

asset management business will focus on revitalizing existing assets, achieving stable operation and maximizing value.

Keywords: Asset Management; Inventory of Existing Assets; Market-oriented Transformation

B.7 Public Utilities Business Analysis in 2023   / 118

Abstract: The diversification level and construction level of public utility construction funds in China continue to improve, and the infrastructure conditions and service capabilities of public utilities have significantly improved. Local governments have created a group of public utility comprehensive platform enterprises with strong service capabilities, which not only achieve innovation in business, but also achieve significant results in cost control. This article studies and analyzes the situation of public utility industries such as water, electricity, gas, and heating. It uses relevant data to sort out the development status of the water, electricity, gas, and heating industries, and summarizes the public utility business situation of LGFVs in 2023 from the aspects of business overview, profitability, and operation mode. On this basis, this article looks forward to the development trends of LGFVs' water, electricity, gas, and heating utility businesses, and believes that LGFVs should further strengthen their ability to guarantee sewage treatment facilities, unleash the potential of the rural sewage market, and promote the integration of urban and rural water management; actively participate in the new electricity market and introduce electrical automation technology; adapt to the trend of low-carbon energy transformation, actively respond to national environmental policies, and promote the utilization of clean energy; the "Internet plus heating" model is used to introduce digital technology in the heating industry to promote the green, low-carbon, efficient and intelligent development of the heating industry.

Keywords: Public Utilities; Digitalization; Data Assets

B.8 Financial Business Analysis in 2023 / 132

Abstract: In October 2023, the Central Financial Work Conference first proposed the goal of "accelerating the construction of a strong financial country", focusing on promoting high-level financial opening up, adhering to the fundamental purpose of financial services for the real economy, and committed to achieving deep integration and mutual promotion between finance and the real economy. This article summarizes the development status of the financial business market in 2023, analyzing the financial business of LGFVs from the aspects of small loan business, financing guarantee business, financing leasing business, commercial factoring business, asset management business, etc., focusing on the business overview, profitability level, and operation mode of LGFVs' financial business. On this basis, the development trend of the financial business of LGFVs is forecasted, and it is believed that there are several obvious trends: vigorously developing inclusive finance to serve the real economy; the regulatory system is becoming increasingly perfect, and internal integration is accelerating; relying on the advantages of urban investment, develop supply chain finance; emphasize the empowerment of local production and finance, and develop financial investment.

Keywords: Financial Business; Microloans; Inclusive Finance; Integration of Industry and Finance

B.9 Business Analysis of the Cultural Tourism Industry in 2023

/ 144

Abstract: 2023 is a year of strong recovery of the cultural and tourism industry. It is also a year that advocates the upgrading of cultural and tourism consumption, and new hot spots, new phenomena and new models of consumption continue to emerge. At the same time, the cultural and tourism industry has an important impact on promoting national economic development, expanding residents' consumption and boosting consumer confidence. The

important role of the tourism industry as a new growth point of the national economy and a strategic pillar industry of the national economy has become increasingly prominent. With the "expansion of the tourism empowering effect", the Ministry of Culture and Tourism, local governments and cultural and tourism-related institutions have paid more and more attention to the development of the cultural and tourism industry. This report proposes the future development trend of the cultural and tourism industry business of urban investment companies through the analysis of the overall situation of the development of the cultural and tourism industry in our country in 2023 and the specific situation of the cultural and tourism industry business of urban.

Keywords: LGFVs; Cultural Tourism Industry; Cultural Tourism Urban Investment

Ⅳ   Exploration and Practice

Abstract: As our country's economy enters the stage of high-quality development, urban investment groups are facing the development needs of transformation and upgrading, and the combination of industry and finance has become an important development direction. More and more urban investment groups have begun to develop industrial capital with the help of financial capital, enhance the core competitiveness of enterprises, and achieve long-term development. Hangzhou Urban Investment Capital Group Co. , Ltd. is an important carrier for the integration of industry and finance and the investment in new industries of Hangzhou Urban Construction Investment Group Co. , Ltd. and an important growth pole to improve the scale of operation. With the professional and characteristic "3 +X" business landscape and "123" investment management strategy, it has achieved good development results, and put forward innovative ideas for the urban investment group in our country to make full use of financial capital to promote the development of the industrial economy. It not only has important practical significance but also has high reference value.

Keywords: Urban Investment Capital; Integration of Industry and Finance; Supply Chain

B.11 Fuzhou Urban Investment Group Promotes the

Transformation and Development of State-owned

Enterprises with New Infrastructure   / 167

Abstract: Fuzhou Urban Construction Investment Group Co. , Ltd. took the opportunity of implementing the key project "5G + Smart City" of the National Development and Reform Commission, and launched a series of innovative scenarios such as urban digital base, smart parking, smart community and smart construction site. With the continuous deepening of technological progress and the development concept of "people-oriented", the Group has carried out the "Fuzhou Resilient City Comprehensive Security Capacity Enhancement Project", intelligently transformed infrastructure such as road, bridge and pipeline networks, and built a global intelligent sensing "infrastructure network"; at the same time, it has implemented digital life services and urban governance platforms, and pulled data to build a "comprehensive service network". With the implementation of the "two networks" construction, new business forms within the group continue to emerge, providing the digital and intelligent infrastructure and technical support required for the development of new quality productivity, enabling the group to quickly realize the butterfly change from "old infrastructure" to "new infrastructure". This report introduces that Fuzhou City Investment Group is committed to improving urban quality and driving enterprise transformation and development through new infrastructure.

Keywords: Smart City; Resilient City; New Infrastructure; State-owned Enterprise Transformation

城投蓝皮书

B.12 Xianyang City Investment Group Relies on People's Livelihood Positioning to Implement Multiple Strategies to Solve Urban Parking Difficulties / 176

Abstract: Xianyang City Urban Construction Investment Holding Group Co. , Ltd. , as the main force of Xianyang City's urban construction and operation, has a good way to solve the people's livelihood painpoints such as parking difficulties and parking expensive that Xianyang City is currently facing. First, take the problem of parking difficulties is regarded as an important people's livelihood project to grasp, and strengthen the power and responsibility of parking office planning; secondly, strive for special project financial funds to support the construction of the group's parking project; thirdly, coordinate with government departments to standardize and control parking fee policies, formulate parking regulations, and govern by legal means. At the same time, strengthen the planning and construction of urban parking spaces, explore the sharing mechanism of parking spaces, and realize the effective management and convenient use of public parking spaces by using the smart parking platform " Qin Parking" , so as to better solve the parking problem and help the group transform into a comprehensive urban operator.

Keywords: People's Livelihood Engineering; Smart Parking; Urban Comprehensive Operator

V Experts' Viewpoint

B.13 Break through the Predicament of Local Fiscal Revenue and Expenditure and Build a " Big Finance" Operation Pattern / 184

Abstract: The importance of finance as the foundation and key pillar of national governance is self-evident. Currently, local governments are facing a dual challenge of increasing fiscal revenue and expenditure gaps, as well as inefficient utilization of funds, assets, and resources. In this context, the government needs to firmly establish a "stewardship mindset" and build a new local fiscal operation model - the "big fiscal" operation pattern - around the core of overall planning, inventory promotion, and improving fiscal security capabilities. This article first provides an in-depth analysis of the current difficulties and underlying causes faced by local fiscal operations; Then, based on the exploration experience of various regions in the practice of "big finance" operation, a path suggestion for building a local "big finance" pattern was proposed, which is to use the four arithmetic operations of "addition, subtraction, multiplication, and division". Specifically, 'addition' aims to strengthen the coordination of financial resources, thereby expanding the effective supply scale of fiscal funds and injecting sufficient blood into fiscal operations; 'Reduction' refers to reducing inefficient or even ineffective fiscal expenditures in order to achieve the goal of reducing costs and increasing efficiency, and avoid the waste of fiscal resources; 'Multiplication' means fully utilizing the multiplier effect of fiscal funds, leveraging social resources like a lever, and achieving the amplification effect of fiscal funds; To eliminate " means to eliminate various obstacles in the process of fiscal operation, improve fiscal efficiency, and ensure the smooth operation of fiscal mechanisms. Finally, this article also proposes key safeguard measures for the construction of a "big finance" system, which will ensure the smooth construction and stable operation of the "big finance" pattern.

Keywords: "Big Finance" System; Government Stewards; Local Fiscal Operation

B.14 New Productivity Empowers LGFVs Transformation   / 196

Abstract: New quality productivity is an important engine for achieving high-quality development. As the main force of infrastructure construction and industrial investment, urban investment companies play an important role in

developing new productive forces and promoting regional economic transformation and upgrading. Based on the connotation and characteristics of new quality productivity, this report analyzes the advantages and disadvantages of urban investment companies in the development of new quality productivity, which not only have the advantages of capital, platform, policy and market, but also face disadvantages such as high debt pressure, low investment efficiency in emerging economic fields, and weak data processing capabilities. This report takes Hefei Construction Investment as a typical case to introduce the effectiveness and experience of urban investment companies in developing new quality productivity, and proposes that urban investment companies should focus on future industries and transform into investment enterprises. Focusing on industrial parks, it has transformed into a science and technology service enterprise; drive the development of new industrial parks with scientific and technological innovation; Cooperate with regional diversified industries, integrate resources, optimize the industrial chain, realize the complementarity and synergy between different industries, and enhance the overall efficiency and competitiveness.

Keywords: New Quality Productivity; Market-oriented Transformation; Data Capitalization

Ⅵ County-level LGFVs

B.15 Analysis and Prospect of the Development of China's

County-level LGFVs in 2023 / 205

Abstract: As the basic unit of our country's administrative management, the county is an important carrier of local development and a key link in the regional economic layout. The development of the county economy has the advantages of large growth potential and low factor cost, but it still faces unbalanced and insufficient structural problems. To effectively release the vitality of county economic development, it is inseparable from the support and guidance of government policies, as well as the positive contributions of district and county urban investment in infrastructure building, people's livelihood service guarantee, and industrial cultivation and development. However, at the moment when the macroeconomic growth rate has slowed down, the "strict supervision" of superimposed local government debt continues, and the debt resolution and operation of district and county urban investment have reached an extremely critical period. In the future, district and county urban investment will take the opportunity of integration and reorganization to accelerate industrialization and market-oriented transformation, and be the "vanguard" of high-quality economic development in the county.

Keywords: District and County Urban Investment; Debt Resolution; Financing; Transformation

B.16　Exploring the Path of Rural Industry Revitalization

　　　—*Taking Yuepu Lake County, Xinjiang as an Example*　　/ 220

Abstract: In the process of building a socialist modern country, the revitalization of rural industry takes the resources of various districts and counties as the sail, and the joint efforts of local units in infrastructure building, financial support, planning and technical support, and job creation as the pulp to jointly promote the long-term voyage of rural revitalization strategy. This article is based on the background of rural revitalization, and summarizes the relevant policies and important significance of rural revitalization, as well as the implementation points of rural revitalization strategies. Taking Yuepuhu County in Xinjiang as an example, it summarizes the exploration of the path of rural industrial revitalization, analyzes the current situation of industries in Yuepuhu County, and the strategies for implementing rural industrial revitalization in Yuepuhu County, such as coordinating the revitalization of county resources, promoting the integrated development of county industries, and fully leveraging regional characteristics. Corresponding suggestions are put forward to address common problems in rural

industrial revitalization, such as weak market risk ability, insufficient innovation source power, talent shortage, and insufficient marketing and brand building.

Keywords: Rural Revitalization; Industrial Revitalization; Industrial Planning; Yuepu Lake County

B. 17 Six Transformation Strategies Lead to Create

"Operational Urban Investment"

—*Taking Yiwu Urban Investment Group as an Example*   / 230

Abstract: As a state-owned capital market operation platform under the current economic and political system in our country, urban investment state-owned enterprises have played an irreplaceable role in promoting urbanization construction, making up for financial gaps, and providing employment. As a state-owned enterprise platform for local governments in Yiwu, Yiwu City Investment is a representative of urban investment state-owned enterprises. With the reshaping of China's economic structure and the slowdown of urbanization growth, City Investment is facing problems such as heavy debt burden, large capital gap, and poor hematopoietic capacity, and bears tremendous pressure for transformation. This paper introduces the reform results of Yiwu City Investment Group, and puts forward the current state-owned enterprise reform and transformation ideas and measures on the basis of summarizing its reform and development experience.

Keywords: Ten Major Sectors; Operational Urban Investment; Yiwu City Investment

Appendix 1

皮 书

智库成果出版与传播平台

✤ 皮书定义 ✤

皮书是对中国与世界发展状况和热点问题进行年度监测，以专业的角度、专家的视野和实证研究方法，针对某一领域或区域现状与发展态势展开分析和预测，具备前沿性、原创性、实证性、连续性、时效性等特点的公开出版物，由一系列权威研究报告组成。

✤ 皮书作者 ✤

皮书系列报告作者以国内外一流研究机构、知名高校等重点智库的研究人员为主，多为相关领域一流专家学者，他们的观点代表了当下学界对中国与世界的现实和未来最高水平的解读与分析。

✤ 皮书荣誉 ✤

皮书作为中国社会科学院基础理论研究与应用对策研究融合发展的代表性成果，不仅是哲学社会科学工作者服务中国特色社会主义现代化建设的重要成果，更是助力中国特色新型智库建设、构建中国特色哲学社会科学"三大体系"的重要平台。皮书系列先后被列入"十二五""十三五""十四五"时期国家重点出版物出版专项规划项目；自2013年起，重点皮书被列入中国社会科学院国家哲学社会科学创新工程项目。

皮书网

（网址：www.pishu.cn）

发布皮书研创资讯，传播皮书精彩内容
引领皮书出版潮流，打造皮书服务平台

栏目设置

◆ **关于皮书**
何谓皮书、皮书分类、皮书大事记、
皮书荣誉、皮书出版第一人、皮书编辑部

◆ **最新资讯**
通知公告、新闻动态、媒体聚焦、
网站专题、视频直播、下载专区

◆ **皮书研创**
皮书规范、皮书出版、
皮书研究、研创团队

◆ **皮书评奖评价**
指标体系、皮书评价、皮书评奖

所获荣誉

◆ 2008 年、2011 年、2014 年，皮书网均
在全国新闻出版业网站荣誉评选中获得
"最具商业价值网站"称号；
◆ 2012 年,获得"出版业网站百强"称号。

网库合一

2014年，皮书网与皮书数据库端口合
一，实现资源共享，搭建智库成果融合创
新平台。

皮书网

"皮书说"
微信公众号

基本子库
SUB DATABASE

中国社会发展数据库（下设 12 个专题子库）

紧扣人口、政治、外交、法律、教育、医疗卫生、资源环境等 12 个社会发展领域的前沿和热点，全面整合专业著作、智库报告、学术资讯、调研数据等类型资源，帮助用户追踪中国社会发展动态、研究社会发展战略与政策、了解社会热点问题、分析社会发展趋势。

中国经济发展数据库（下设 12 专题子库）

内容涵盖宏观经济、产业经济、工业经济、农业经济、财政金融、房地产经济、城市经济、商业贸易等 12 个重点经济领域，为把握经济运行态势、洞察经济发展规律、研判经济发展趋势、进行经济调控决策提供参考和依据。

中国行业发展数据库（下设 17 个专题子库）

以中国国民经济行业分类为依据，覆盖金融业、旅游业、交通运输业、能源矿产业、制造业等 100 多个行业，跟踪分析国民经济相关行业市场运行状况和政策导向，汇集行业发展前沿资讯，为投资、从业及各种经济决策提供理论支撑和实践指导。

中国区域发展数据库（下设 4 个专题子库）

对中国特定区域内的经济、社会、文化等领域现状与发展情况进行深度分析和预测，涉及省级行政区、城市群、城市、农村等不同维度，研究层级至县及县以下行政区，为学者研究地方经济社会宏观态势、经验模式、发展案例提供支撑，为地方政府决策提供参考。

中国文化传媒数据库（下设 18 个专题子库）

内容覆盖文化产业、新闻传播、电影娱乐、文学艺术、群众文化、图书情报等 18 个重点研究领域，聚焦文化传媒领域发展前沿、热点话题、行业实践，服务用户的教学科研、文化投资、企业规划等需要。

世界经济与国际关系数据库（下设 6 个专题子库）

整合世界经济、国际政治、世界文化与科技、全球性问题、国际组织与国际法、区域研究 6 大领域研究成果，对世界经济形势、国际形势进行连续性深度分析，对年度热点问题进行专题解读，为研判全球发展趋势提供事实和数据支持。

法律声明